本书获得2019年度湖北省社科基金一般项目（2019131）、华中科技大学马克思主义学院、中央高校基本科研业务费项目（2019WKYXQN021）等资助

新淘金梦
复合因素下的合同移工跨国流动

刘兴花 著

New Gold Rush:
The Transnational Flow of Contract Migrant Workers under the Effect of Multiple Factors

中国社会科学出版社

图书在版编目（CIP）数据

新淘金梦：复合因素下的合同移工跨国流动 / 刘兴花著. —北京：中国社会科学出版社，2020.8

ISBN 978-7-5203-6782-0

Ⅰ.①新… Ⅱ.①刘… Ⅲ.①劳动力流动—移民—研究 Ⅳ.①F241.22

中国版本图书馆 CIP 数据核字（2020）第124170号

出 版 人	赵剑英
责任编辑	宋燕鹏
责任校对	石建国
责任印制	李寡寡

出　　版	中国社会科学出版社
社　　址	北京鼓楼西大街甲158号
邮　　编	100720
网　　址	http://www.csspw.cn
发 行 部	010-84083685
门 市 部	010-84029450
经　　销	新华书店及其他书店
印　　刷	北京明恒达印务有限公司
装　　订	廊坊市广阳区广增装订厂
版　　次	2020年8月第1版
印　　次	2020年8月第1次印刷
开　　本	710×1000　1/16
印　　张	14.5
插　　页	2
字　　数	240千字
定　　价	89.00元

凡购买中国社会科学出版社图书，如有质量问题请与本社营销中心联系调换
电话：010-84083683
版权所有　侵权必究

献给我的家人

《赠跨国移工》

青壮出洋为哪般,
昼劳夜作任如山。
相思难寄邀明月,
冀待功成把乡还。

序

黎熙元

人口跨国流动是当前全球化进程中显著的现象之一，劳工的跨国流动占其中主要比例。据国际移民组织统计，截至2017年底，国际移民总量约2.58亿人，其中移民工人数量超过1.5亿人。移民工人与其他类型的移民有很多不同，一般移民的跨国流动以自主选择为基础，而移民工人通常在合约规制下流动，其流动行为受诸多因素限制。他们的跨国流动具有一些典型特征，例如，临时性流动，需流入国与流出国合作和劳务中介机构介入，移民工人与国外雇主具有"绑定"关系等。全球化改变一国的产业格局，进而改变劳动市场需求结构，催生了合同移民工人跨国流动。移民工人群体人数众多、需求生成条件特殊，对移入地和移出地都具有重要影响，因而成为学术研究和各国政策研究的重要对象。

学界对移民工人跨国流动的研究，从不同层次和视角入手，产生了多种理论。基于单向流动分析形成的新古典经济学、劳工移民新经济学、二元劳动市场理论、世界体系理论、社会网络理论和累积因果理论、国家主义理论等；基于回流分析形成的跨国主义、结构主义理论、生命周期理论等。每种理论对移民研究的知识增长都有一定贡献，且理论之间很可能相互补充；但各种理论只具有部分解释力，因而带出许多争论。这些理论还有两个共同倾向。一是多以移民工人流入地为背景，或多或少忽略了他们背后的家庭与社区。这样的分析思路有些偏离社会学所独具的学科关怀和洞察力。二是从某种流动形式切入，对单向流动关注最多，回流次之，对重复流动关注最少。跨国流动是复杂的现象，首次流动、回流、重复流动都是重要的子过程，如果想更好地理解移民工人在整个跨国流动过程中的行动选择，就需要将这三个过程连贯起来进行探究。

中国是当前合同移民工人的重要来源地。国家商务部统计，2018年末中国累计派出国外的各类劳务人员达951.4万人，其中一部分合同移民工人通过对外劳务合作派出，此种派出制度与以前的客工制度有相似之处，但与之不同的是，国家和中介市场的角色非常突出，因而这些合同移民工人的行动选择不仅受社会网络影响，还受国家和市场规制。相对于华人华侨的研究来说，国内学界对当前合同移民工人的研究非常少，导致各界对这个群体的生成与变化的认知不足。

《新淘金梦》这本著作是针对当前在中国与三个亚洲国家之间流动的合同移民工人的一项深入研究成果。这项研究成果有几个显著特点。其一是研究主题，这项研究聚焦当前中国对外劳务合作下的劳务派遣，集中探究中国赴亚洲内部日本、韩国和新加坡的移民工人跨国流动，从跨国流动的行动驱动视角出发，探讨整个跨国流动过程中，移民工人的首次流动、重复流动和回流三种行动是如何受社会网络、市场和民族国家的交织作用影响而发生的，尤其是不仅关注移民工人本身，也关注他们和家庭、社区之间的互动，力图呈现移民工人生成的社会立体图景。

其二是理论角度，由于理论界缺乏一种统一的概念框架对流动过程进行综合性解释，作者因而采用了"移民系统范式"进行个案分析，即将网络研究与迁移系统分析相结合，将迁移网络看作系统运作的表达，意图将移民系统范式应用于实证资料分析，进而提供一种更为宽广的情景，对跨国流动进程进行综合理解。

其三是研究发现，移民工人为什么跨国流动、何时回流、为什么回流、是否再次流动等问题都是复杂的，每个阶段的行动都会受社会网络、市场和民族国家的交织作用与影响。因此，合同移民工人呈现出流动形式并存、地域和社区特征突出、国家和市场制约力很强等特点。通过整合跨国流动的多种影响因素，解释其中的多样化机制，打开跨国流动的黑箱，研究结论最终落脚于四个方面的探讨：地理流动和社会流动的关系、国家规制集中化、移民工人管理碎片化、社会网络的正负双重功能。当前的移民工人在这些方面具有与历史上的契约华工和客工不同的特点，他们具有自己的"新淘金梦"。

这项研究的定位是探索性研究，关注移民工人跨国流动所涉及的多方面主题和多种影响因素,并做出了实证分析和理论探索努力。我相信,该著作的出版有助于推进移民工人跨国流动的相关研究,而作者亦将以此为起点,在学术耕耘道路上不断取得新的进步。

二〇二〇年二月二十九日于中大康乐园

目　　录

第一章　导论 ……………………………………………………（1）
　第一节　研究缘起及问题 …………………………………………（1）
　第二节　移民流动研究及反思 ……………………………………（6）
　第三节　理论框架与研究方法 ……………………………………（28）

第二章　全球化不同时期的移工比较 …………………………（47）
　第一节　合同移工与契约华工、客工的比较 ……………………（48）
　第二节　日本、韩国和新加坡的外劳制度与市场 ………………（56）
　第三节　中国的劳务派遣政策和市场 ……………………………（69）
　小　结 ………………………………………………………………（75）

第三章　首次跨国流动 …………………………………………（77）
　第一节　跨国流动的经济与非经济动机 …………………………（77）
　第二节　社会网络的推动 …………………………………………（91）
　第三节　跨国流动的"成本" ………………………………………（99）
　小　结 ………………………………………………………………（117）

第四章　跨国日常体验 …………………………………………（120）
　第一节　社会网络的拖网特征 ……………………………………（121）
　第二节　有限嵌入 …………………………………………………（123）
　第三节　工作艰苦 …………………………………………………（127）
　第四节　语言障碍 …………………………………………………（129）
　小　结 ………………………………………………………………（131）

第五章　回流 ……(133)
- 第一节　合同结束回流 ……(134)
- 第二节　社会网络引致的回流 ……(149)
- 第三节　雇主的辞退 ……(152)
- 小　结 ……(157)

第六章　重复流动 ……(159)
- 第一节　续签合约的重复流动 ……(160)
- 第二节　不同国家就业的重复流动 ……(164)
- 第三节　现代性想象的退去 ……(168)
- 第四节　移工日常的体验 ……(169)
- 第五节　家庭情感责任的束缚 ……(173)
- 小　结 ……(176)

第七章　结论与讨论 ……(178)
- 第一节　跨国流动的行为选择 ……(178)
- 第二节　跨国流动与社会流动 ……(185)
- 第三节　规制集中化与移工管理碎片化 ……(186)
- 第四节　跨国流动与社会网络的多重功能 ……(190)
- 第五节　移工跨国流动：一个逐渐开启的话题 ……(194)

附录　访谈对象基本情况 ……(197)
- 一　详细访谈者 ……(197)
- 二　简略访谈者 ……(201)
- 三　间隙经纪人、劳动局工作人员 ……(202)

参考文献 ……(203)

后　记 ……(222)

第 一 章

导 论

第一节 研究缘起及问题

LXL 在 1987 年出生于 S 省北县①一个村庄里。虽然比同村其他伙伴学历高，但大学毕业后工资却与这些外出打工的人相差无几，每月 2500—3000 块钱。除去保险和各种日常花费，工作四年并没攒下钱。父亲常年在青岛做建筑工，相继供他和妹妹读完大学，而母亲由于患高血压、高血糖、血管瘤、胆结石、胃炎等病，不能干重活，且常年靠药物维持。转眼快到而立之年，没有彩礼、没有房子（家里仍是 20 世纪 80 年代的土房）、没有汽车，使他在彩礼（一般在 5 万元以上）要价较高的家乡捉襟见肘。结婚的巨大经济压力、自己的低工资和家庭的无积蓄都时刻困扰着他。看到村里其他人出国打工挣了不少钱，于是他也决定出国。"家里靠不上，那只能靠自己了"。但出国三年回来，LXL 就属于大龄未婚男青年，找对象将更加困难，且出国打工非常辛苦，父母不希望他出国受苦，于是坚决不同意他出国打工。LXL 为此和父母大吵一架，且僵持了一两个月。出于家庭经济的窘迫，父母无奈地同意了他的决定。

2013 年 3 月 LXL 去北县劳动局劳务输出办公室报名，由于当时没有合适工种，于是他们把 LXL 介绍给市里的劳务中介办事点，并安排到某市一家国际贸易公司②。LXL 顺利通过面试并到北京进行了三个月的日语培训。本来约定 9 月出国，但 LXL 却突然接到劳务中介办事点刘经理的电话，日本那边临时毁约不要人了，可能是加班费增长导致日本雇主单方

---

① "S 省"与"北县"均为化名。
② "劳务中介办事点"为许多对外劳务合作的经营公司提供跨国劳工，该国际贸易公司只是其中一家与其对接的经营公司。

面毁约，具体原因LXL也不清楚，追责也比较麻烦，毕竟LXL还想出国打工，只能吃个哑巴亏，于是没能成功出国。在家待过了2013年的秋天和冬天。由于一直没有接到通知，具体何时出国也不清楚，所以LXL一直没有再找工作，在家里焦急地等待出国消息。2014年2月，接到通知说可以出国了。在出国前又重新培训了一个星期，因为2013年夏天参加的培训已忘得差不多，于是需到北京再参加一周的培训，温故一下。在缴纳的4.2万元中介费中，从姐姐家借了1万元，妹妹家借了2万元，三姨和小姨家分别借了5000元，其他的2000元费用以及体检费、签证费、培训费、飞机票等共1.5万元是父母出的。

2014年3月7日，亲戚们听说LXL要出国，纷纷赶来为他饯行。姨妈、舅舅以及叔叔一共来了两桌，好不热闹。3月8日，父亲将他送到市里的劳务中介处。在父亲的目送下，LXL坐上了去北京的火车，父亲的眼睛里泛着泪光，因为此一别将是三年，但LXL却强忍住了泪水。从北京去日本，LXL平生第一次坐飞机，当时的心情非常激动，自己也算坐过飞机的人了。到日本后，又参加了一个月的培训，因为日本要求技能实习生进入日本后必须参加1—2个月的培训。4月9日，LXL和其他3位中国移工一起拉着行李，坐车从（日本）水户市来到小美玉市，在组合①处填写资料，不久，各家的老板分别来将他们接走。来接LXL的是个看上去三四十岁的中年男子，开着小轻卡。LXL把行李搬到车上，就这样来到了他将要待很久，或许是3年的工作与生活场所——大棚与宿舍，宿舍就建在大棚边上。4月10日，开始了第一天的上班。

YS哲野是日本千叶县的一位农业种植大户，家中共有十几亩稻田，2亩蓝莓和山前一大片板栗，还有几亩地种植花卉和蔬菜苗。每年收入上亿日元，约合人民币五六百万元。不像其他大多数农户是普通农家"散户"，YS哲野的农业种植以注册公司的形式存在。日本的少子化和老龄化使YS哲野很难招到日本年轻人，只招了5—6个50多岁的日本妇女在忙季工作。这些妇女一般不加班，闲时不再来工作。在忙季，她们比中国移工干活时间少且干得轻，但工资却比中国移工高一倍。这些都是YS哲

---

① 日本的"组合"属于日本研修制度的"团体管理型"接收方式，相当于日本本地的劳务接收（中介）机构，主要指中小企业协同组合，可根据行业进行划分，如水洗组合、农业组合等（任艳艳，2013：20）。

野愿意招国外移工的重要原因。YS哲野所加入的地区农业协同组合将各个农户所需的移工数量和要求统一收集起来，并与中国的对外劳务合作企业进行对接，从中国接受面试合格的移工。中国移工就住在大棚旁边的宿舍（由集装箱改造）里，农业、花卉种植的所有程序几乎都由他们来负责，如做土、翻土、搬货、打药等。中国移工的廉价、吃苦耐劳、顺从，及所提供的全天候、全方位的服务让YS哲野省心不少。

全球化连接了LXL与YS哲野，以及无数的中国移工与日本、韩国和新加坡雇主的生命轨迹。越来越多的中国移工与国外雇主相遇。他们在国外的工作多是传统的"3D"（Dirty, Dangerous, Difficult）工作，属低技能或无技能的重复性劳动，如餐饮服务业的厨师、面点师、服务员，农业工人和工业制造业的工人等。2013年，全球共有2.32亿人居住在非出生国（UN-DESA, 2013）。在国际迁移的多种路径中，低技能及无技能的契约劳工在亚洲地区的数量尤其突出（蓝佩嘉，2011：5）。每年亚洲内部的移民流动大约400万人（Battistella, 2014：13），低技能契约劳工的临时迁移是亚洲地区占主导的国际迁移模式（Hugo, 2009）。这一模式的典型特征包括临时的低技能就业、大量私人中介存在、女性移民数量增加、非法移民数量巨大、移入国和移出国之间的合作（Battistella, 2014：10, 14-15），以及劳工移民和国外雇主的"捆绑关系"（Hugo, 2009）六个方面。很大程度上，亚洲地区的劳工移民制度是对欧洲客工制度的一种复制，但亚洲移民中"国家"和中介市场的角色非常突出，形成了与世界其他地区相比更加复杂和刚性的移民体系（Battistella, 2014：5, 11）。

改革开放以降，中国对外劳务输出经历了从无到有、从小到大的过程（贾小刚、高媛，2012：100）。与此同时，日本、韩国和新加坡等亚洲新兴工业经济体成为20世纪80年代以来中国对外劳务输出的重要目的国。中国的劳务输出人员是以劳务派遣（或外派劳务）①的形式出国打工，包括承包工程项下的劳务派遣人员和劳务合作项下的劳务派遣人员（林梅，

---

① 国际劳工组织公约和建议书通过"移民工人"这一概念对"外派劳务"人员加以规范和保护（任艳艳，2013：19），而现有学术研究也将"外派劳务人员""海外劳务派遣人员""移民工人"（Migrant workers）、劳务移民（labor migration）（李明欢，2009）、"海外合同工人"（OCWs, Overseas contract workers）（Goss & Lindquist, 1995）等看作相同的概念使用。在中国台湾地区的移民研究中，学者直接将"移民工人"简称为"移工"。本书将"移工"（即移民工人）和"劳工移民"交替使用，都与"外派劳务人员"同义。

2009）。前者通过中国的对外承包工程企业到国外工作；而后者则需通过对外劳务合作企业到国外为国外雇主工作。中国海外劳务派遣的结构图如下（见图1—1）。

```
国外工作            非洲、新加坡等工程工作        日、韩、新加坡企业工作

国外劳务输入中介                                  国外劳务中介

正式的中国劳务派遣公司   对外承包工程企业          对外劳务合作企业
（上层中介）

半正式—非正式中介代理    公司业务代理人            个体劳务中介
（底层中介）

中国基层社会            中国半技能、低技能或无技能移工
```

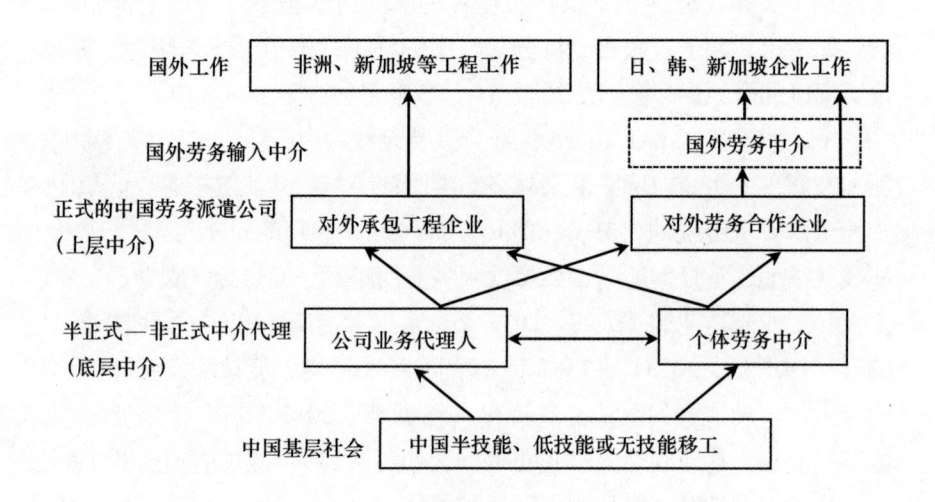

图1—1　中国移工劳务派遣（即跨国流动）结构

图1—1中，中国基层社会的半技能、低技能或无技能移工通过半正式（对外承包工程企业或对外劳务合作企业的公司业务代理人）或非正式（个体劳务中介）的底层中介介绍，经由上层中介——对外承包工程企业或对外劳务合作企业——派遣出国。通过对外承包工程方式出国的移工集中在南亚、西亚、中亚和东南亚的新加坡，以及非洲和欧洲的俄罗斯等；而通过对外劳务合作方式出国的劳工集中在亚洲的日本、韩国和新加坡等国家（贾小刚、高媛，2012：101；王辉耀，2014：17）。对外承包工程和对外劳务合作反映了两种不同的跨国流动模式，这种不同主要体现在移工与中国劳务派遣公司的关系，以及与国外劳务输入中介和国外雇主的关系上，且移工在国外的工作和生活特征也不同。

因此，本书聚焦对外劳务合作下的劳务派遣，集中探究中国赴亚洲内部日本、韩国和新加坡的移工跨国流动，从跨国流动的行动驱动视角出发，探讨整个跨国流动过程中，移工的首次跨国流动、重复流动和回流三种行动是如何受到社会网络、市场和民族国家的交织作用影响而发生的。在流动过程中移工每一个阶段的行动都会受到多层次的和多种因素的影

响。要理解移工的跨国流动过程，必须要理解背景环境、结构要素、个体动机、中介角色、移民参与和移民继续的原因以及在某个时点停止的原因等（Battistella，2014：2）。在亚洲的临时劳工移民系统中，移工的社会网络（包括亲属、同乡①和朋友②网络）、市场（包括移民中介或经纪市场和国外雇主市场）和民族国家（移入国和移出国的法律制度和劳工输入政策）都是移工跨国流动黑箱的重要组成部分。移工跨国流动的研究呈现理论"碎片化"特征，甚至不同研究者会得出不同研究结论，缺乏一种统一的概念框架对劳工移民的迁移过程进行综合性解释（Goss & Lindquist，1995）。但也有研究者指出，每一种理论对移民研究的知识增长都有一定贡献，一种移民理论并不必然与另一种理论相悖，它们很可能是相互补充而非相互对立的（Massey et al.，1993；Battistella，2014：2）。移工为什么跨国流动、流动到什么地方、何时回流、为什么回流、是否会再次跨国流动等问题是复杂的（Edwards，2013）。在此意义上讲，无论是个体主义（或功能主义）③的理解，国家主义（或结构主义）④的理解（Goss & Lindquist，1995），还是市场主义（或经济全球化）的理解，都有失偏颇。研究移工的流动过程，打开跨国流动的黑箱，不仅要关注移工的经验和勾勒出移工的网络，还要考虑移工的流动如何受国家和市场的规制和机会的双重影响。移工的跨国流动同时受自由化的市场和复兴的国家干预的影响（Peck & Tickell，2002），移民中介在亚洲移民情景下发挥了重要作用，而国家也是跨国流动强有力的组织力量，移民管理的碎片化、市场的分散化与国家管理的集中化特征并存（Lindquist，et. al.，2012）。

---

① 同乡网络指来自同一市、县、乡镇甚至村庄的一种乡缘关系，在很大程度上与移工在国外的"同事网络"重合，后者指同在国外打工的其他中国移工同事，因此，此处的"同乡网络"涵盖范围要大于一般意义上的同乡网络。

② 移工在以前工作或学习中认识的关系较好的同事和同学都可归入"朋友"范畴。

③ 此处"个体主义"理解指方法论上的"个体主义"，高斯和林奎斯特（Goss & Lindquist，1995：318-320）也将其做"功能主义"的理解。他们认为，人口移动的功能理论基于一种新古典的发展经济学和现代理论，将迁移看作农业经济中的剩余劳动力转移到城市工业部门的一种方式，这是一种微观社会的方法，假定社会进程是个体行动的聚合，它假定了方法论上的个体主义。功能理论强调个体决策的聚合效应将最终导致空间不平等的减少和个体迁移动机的逐渐降低，进而减缓移民流。

④ "国家主义"（或结构主义）的视角则关注宏观的过程，即产生社会空间不平等和限制个体生活机会的宏观过程，并认为迁移并不是个体理性选择的聚合效应，而是全球和国家经济内社会空间不平等系统化再生产的结果（Goss & Lindquist，1995）。

第一，以往关于移工的跨国流动研究，主要从不同层次和视角入手，出现了多样化的理论，但各种理论对跨国流动都具有部分解释力，如何对驱动跨国流动的多样化机制进行整合并解释，有助于更好地理解移工的行动驱动机制。第二，以往研究多关注移工的首次跨国流动即为什么出去，对迁移过程的其他阶段，如回流则关注较少（Battistella，2014：18），对重复流动关注更少。基于以上不足，本书要具体探讨以下有关问题：移工的首次跨国流动为什么会发生？他们的移动何以可能？移工在何种情况下会选择重复流动和回流？在整个跨国流动过程中，社会网络、市场和国家因素是如何影响移工跨国行动（首次跨国流动、重复流动和回流）的？打开移工跨国流动的黑箱，对移工整个跨国流动过程中的行动驱动因素进行探究，对理解中国移工的跨国流动具有非常重要的理论意义和实际价值。移工的整个跨国流动过程如图1—2。

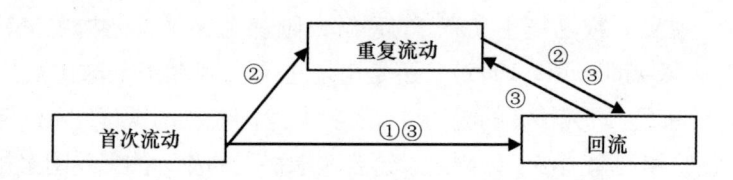

图1—2　移工的整个跨国流动过程

移工在进行首次流动后，会面临回流和重复流动两种选择。本书的重点是首次流动、重复流动和回流，这三个过程并不是序次排列的，因为重复流动和回流的顺序不确定。劳工移民主要遵循三种路线：第一，"首次流动—回流"；第二，"首次流动—重复流动—回流"；第三，"首次流动—回流—重复流动—回流"。

第二节　移民流动研究及反思

尽管国内移民研究和国际移民研究有很多相似的地方，但至少从社会科学的分析立场出发，两种文献的发展在某种程度上彼此分离（White，2015：2）。虽然国际移民流较国内移民流受到更高程度的管制，且目前和未来大量人口的转变很可能涉及国内移民流而非国际移民流（De Jong

& Gardner, 1981：2），但国际移民流仍是不可忽视的一种移民流动类型。由于本研究涉及跨国移工的首次流动、重复流动和回流，"跨国移工"与"国际移民""国内农民工"的研究又具有某种程度的相似性和交叉性，因此将简单回顾国内外关于劳工移民流动的相关研究，并在反思的基础上提出本书的理论分析框架与研究方法。

一 移民首次流动研究回顾

移民研究有一系列理论模型，意图解释为什么国际移民会产生，虽然这些理论模型解释同一件事情，但却采用不同的概念、假定和参考框架。

（一）移民首次流动的理论研究回顾

第一，新古典经济学的宏观经济模型，主要解释在经济发展过程中的劳工移民（Harris & Todaro, 1970）。它关注国家间工资和就业机会的差异，国际移民由劳动力丰富的低工资国家流动到劳动力稀缺的高工资国家，最终实现工资和就业机会的均衡。劳动力市场是国际移工流产生的主要机制。对应宏观经济模型的是个体选择的微观经济模型（Sjaastad, 1962）。该模型认为，个体是迁移决策的主体，基于成本收益的计算决定迁移与否，迁移目的是寻求人力资本的最大回报，即个体收入最大化。为获取预期收益，必须要进行相应投资，包括金钱成本、机会成本和心理成本。

第二，与新古典经济学强调个体是独立的移民决策主体不同，劳工移民的新经济学将家庭作为跨国移民决策的分析单位（Stark & Bloom, 1985；Stark, 1991）。该理论认为，移民是家户的一种集体决策行为，是发展中国家更为广泛的家户生存策略的一部分，这些移民是短期的、目标导向的，很可能是家庭中的男性（Sana & Massey, 2005）。该理论假定，未来、资本、保险和信贷市场是不完善或不存在的，家庭可通过一个或多个成员移入国外的其他部门工作来应对风险。在家户中成本与收益共享，移民和非移民就成本和收益的分布规则形成一致的隐性合约安排。家庭中的"利他主义"确保隐性合约安排的自我实施，但这种利他主义并不纯粹，而是一种"温和适度的"利他主义，即这种默契约定出于双方当事人自顾的调整。移民被当作克服当地市场失败的一种工具，可通过家庭收入来源多样化分散生产风险（Stark, 1984a；Taylor, 1986；Stark, 1991）。

一是移民决策与移民汇款。劳工移民的新经济学是移民理论中唯一一个将移民决策和移民结果相结合的理论，移民汇款就是这种联系。它最突出的贡献是将移民决策和汇款行为以及家户的汇款使用相结合（Massey et al., 1993）。一般认为，移民汇款会克服风险和当地信贷市场的约束，积极影响当地的创收活动，但实证研究中对移民汇款的使用存在较大争议，一种观点认为移民汇款可用来分散风险，用于家户在当地的生产性投资（Stark, 1991; Taylor, 1999）；另一种观点认为汇款不是用于生产性投资，而是满足家户日常的基本需要和孩子的教育支出，提高家庭成员的生活水平和生活质量（Cohen, 2005; Durand et al., 1996）。

二是移民决策与家户最初的绝对收入、相对剥夺感。与新古典经济学不同，该理论将移民置于更为广泛的社区情境中，将家户的移民决策和在当地的收入分布相结合，认为最初的绝对收入、期望的绝对收入和相对剥夺感都会对跨国迁移产生显著影响，即使包含相对剥夺感，期望的绝对收入获得对移民仍有非常积极的效应（Stark & Taylor, 1989）；在控制最初的绝对收入和期望的绝对收入后，家户的移民决策直接与最初的相对剥夺感有关，更高相对剥夺感的家户，相比相对剥夺感较少的家户，更可能输送移民到国外劳动力市场（Stark, 1984b; Stark & Taylor, 1989）。家户最初绝对收入的影响存在较大争议，争论焦点是家庭经济地位与移民决策的关系。

可概括为两种观点：家庭经济地位和移民决策之间的关系，呈"U"形或倒"U"形关系。倒"U"形关系指移民来自收入或财富分布的中等偏下阶层，因为富有的人没有迁移的动机，贫穷的人又缺乏移动的费用和风险的应对资源，即最富和最穷的家庭劳动力外出的可能性是最小的（Durand & Massey, 1992；盛运来，2007）；"U"形关系则指低层和上层的家庭较中间阶层的家庭更可能移民（杨云彦、石智雷，2008），这与家庭的风险承担地位相关。低收入家庭体会到食物或收入的匮乏，在亏损状态下，他们体验到较少的风险厌恶，或可能成为风险的寻求者；而相对富裕的家庭体会到没有迁移带来的机会成本，这种丧失的机会驱使他们忽视甚至欢迎与这些机会相联系的风险；中间阶层的家庭则对目前的状态比较满意，因此更可能规避改变（Tversky & Kahneman, 1981）。

家庭贫困、农村未来市场、信贷市场和保险市场等的不完善以及在社区中相对剥夺的不利地位等都可能使家庭做出让部分家庭劳动力外出挣钱的决策。劳工移民的新经济学指出家庭因素对劳动力迁移的决定作用。移民研究的论述前提，也从新古典经济学的个体独立转变为劳工移民新经济学的家户成员相互依赖。两种移民理论分歧的观点，体现在个体独立制定决策还是家户集体制定决策，个体收入最大化还是家户收入风险最小化，决策的经济情景是完全的和功能完善的市场，还是缺失的和功能不完善的市场，移民决策的社会情境是绝对收入，还是参照群体的相对收入（Massey et al.，1993）。

第三，移民网络理论和累积因果属中观层次理论。移民网络理论是基于亲属连带、朋友连带和共享的社区连带而形成的一系列人际关系，这些人际关系连接了移出地和移入地的移民、先前的移民和非移民，通过这些网络，人们获得信息、社会和经济帮助，增加了国际移动的可能（Hugo，1981；Massey，1990；White & Johnson，2015：73－74）。社会网络理论有以下陈述：一是，一旦个体进行了跨国移动，那么他很可能再次移动。二是，控制个体的迁移经验，与具有先前国际迁移经验的人相关的个体或与实际生活在国外的人有联系的个体国际迁移的可能性会增加；移动的可能性会随着关系的亲密而增加，有一个兄弟会比堂兄弟、邻居或朋友的影响更大。三是，来自国际移民较为普遍的社区的个体，较那些没有普遍移民的社区，会更加倾向于国际迁移（Massey et al.，1993）。

在移民网络和社会资本理论基础上，梅西等人提出累积因果理论（Massey，1988）。当移民网络形成后，信息会更加广泛地传播，从而不断推动移民潮，移民行为产生了自身的延续性，不再与最初特定的客观环境相关，即使这些早期的政治、经济环境发生变化，移民行为仍将持续；移民的汇款，通过影响家户的土地所有、农业生产和收入分配等，来影响家户成员的迁移。移民对土地所有和农业生产的影响，主要通过资本密集的方法，降低了农业劳动力的需求；对收入分配的影响，则是通过相对剥夺感实现，底层人受到汇款激励开始迁移（Massey，1990）。每一个新移民都会为其他一些人产生与目的地的新的连带，进而推动他们中的一些人迁移，并创造更多的网络连带。随着社会连带的储存和国际移民经验的增加，移民逐渐变得具有较少选择性，且逐渐从社会经济等级中的中层转移到下层（Massey，1990；梁玉成，2013）。

网络理论的关键假设是社会网络连接产生了有利于其他人移民的条件，如传递信息、降低成本、减少风险、增强潜在的未来收入流等（Palloni et al.，2001）。累积因果理论的关键条件是移民网络的形成、扩散和制度化。但也有学者提出相反看法，即在移出地的社会网络既可能起到促进移民的作用，也可能起到阻碍作用。在居住地有亲戚和朋友将减少迁移的可能性，非经济因素，如与社区的紧密联系、较强的当地亲属连带、社区的高投资和新社区的融合困难，都将增强他们不迁移的倾向（Ritchey，1976；Haug，2008）。

第四，机构理论。移民机构是移民网络的重要组成部分，在国际移民延续中发挥重要作用，这些机构可以是人口走私者、招募的代理，或人权组织等（Goss & Lindquist，1995；Jessica，2008）。该理论指出，一旦国际移民开始，私人的机构和志愿组织将产生，来满足由于大量人口寻求进入资本富裕的国家和这些国家限制性的人口签证的不均衡而引发的需求。这种不均衡和障碍，产生了对企业和机构而言的丰厚利润，出于利益的获取，机构开始推动移民的移动，从而产生移民黑市（Massey et al.，1993）。移民代理机构活动中的可见连接，指招募宣传材料的发放；监管的连接是控制移民过程的规则和制度，以及与移民工人之间的合同；关系的连接是移出地和移入地代理活动的互补。历史上这些移民代理机构在移民招募方面扮演了重要的角色，而在当今时代，它们的存在对临时劳工移民也非常重要，无论在最初的决策还是移入地的适应方面（Fawcett，1989）。移民机构的确立，对潜在移民而言的可获得性，将促进移民的发生（Jessica，2008）。

第五，二元劳动市场理论和世界体系理论属宏观层次的理论范式。二元劳动市场理论由皮奥雷（Piore，1979）提出。该理论认为，国际迁移来自当代工业社会强有力的结构化劳动力需求。发达国家劳动力市场的经济双重性，指主要劳动力部门的福利待遇好，工资高，工作稳定，环境舒适，而次级劳动力部门则工资低，工作不稳定，属传统"3D"行业，这种次级劳动力部门，本地劳动力不愿进入，因此需引进国外廉价劳动力。世界体系理论认为，国际移民是发展中国家资本主义市场形成的一种自然后果，资本主义的经济关系渗透进边缘的、非资本主义的社会，从而产生移往国外的人口，国际移民最终与两个国家间的工资率和就业率并没有多少关系，它所遵循的是市场形成的机制和全球经济的结构。二元劳动市场理论和世界体系理论都将移民看作一种均衡机制，但忽略了微观层次的决策过程，集中关注更高层次的一种影响力量，前者将移民与现代工业经济的结构化需要相联系,后者将移民看作经济全球化和国家间市场渗透的一种自然结果(Massey et al.,1993;Portes & Walton,1981;Sassen,1988)。

第六,移民系统理论将网络与移民系统相联系。博伊德(Boyd,1989)指出,移民应当被看作由移出国和移入国之间的联系呈现和演化的一种动态系统,未来实证的和概念的提炼,需将联系的组成部分和在此种联系下发生的变化相关联。移民系统理论的关键陈述:一是,系统内的国家不需地理上接近,因为流动反映一种政治和经济关系,而不是物理关系;二是,多极化的系统是可能的,一系列分散的核心国家接收了来自重叠的移出国的移民;三是,同一个国家也许属于多个移民系统,但多样化的成员也许会在移出地较移入地更加普遍;四是,随着政治和经济形势的变化,系统不断演化,稳定性并不意味着一个固定的结构,国家也许会加入系统或退出系统(Massey et al.,1993)。福塞特(Fawcett,1989)提出移民系统理论中"非人际联系"(nonpeople linkages)的概念框架,分析了移民系统包含的12种联系,且探讨了它们对国际移民的适用性,如何产生、指导和促进移民流持续。具体而言,联系类型(Types of linkages)包括可见的联系(Tangible linkages)、规制的联系(Regulatory linkages)和关系的联系(Relational linkages);联系的种类则包括国家之间的联系、大众文化的联系、家庭和个体网络,以及移民代理的行动联系。关于移民系统的方法并没有达成共识,移民系统模型是模糊的,大多数国际移民的研究仅处理了这些潜在解释因素的一小部分。

第七,国家理论。由移民网络产生的移民系统是一种非规制系统,而与此相对的是由国家和市场所组织的,针对循环迁移的规制系统,即移工被假定依据固定合同期限由移出国到移入国再回到移出国,这种趋势尤其在亚洲太平洋系统中非常显著(Lindquist et al.,2012)。国家理论从三个方面——经济、政治和国家政策实施能力——强调移民政策的作用,移入政策产生于一种政治过程,即官僚、立法、司法和公共竞技之间的竞争利益共同影响了移民的数量和特征(Massey,1999),体现为经济扩张时的准许政策和经济收缩时的限制政策;移民相对数量增加引发的对移民的约束(Massey,2015)。

世界体系理论和机构理论都指出移民产生于社会的结构变革,而这种结构变革在经济发展过程中伴随市场的产生和扩张而发生,由生计经济到市场制度的变化需社会制度和文化实践的重组（Massey，1988）；接收国二元劳动市场理论解释了后工业社会对低工资劳工移民的持续需求（Piore，1979）；新古典经济学和劳工移民新经济学则主要阐释了人们应对结构性力量所产生的动机，前者强调长期移民追求个体经济收入最大化（Sjaastad，1962；Todaro & Maruszko，1987），后者强调临时移民追求家庭收入来源的多样化和分散风险，目的在于管理经济危机和克服移出地失败、无效和缺失的信贷、保险和资本市场（Stark，1991）。经济动机（或经济目的）一直是国际移民理论强调的重点，但近些年一些研究越来越强调移工的非经济动机在其行为决定中的重要作用，对海外现代性的想象和对未知的冒险、探索和体验也是许多移工跨国打工的重要驱动因素（蓝佩嘉，2011：165—170）。

推动移民流延续的社会结构和组织，虽然都包括社会网络和社会资本理论，但一般国际移民和国际劳工移民具有较大差异，前者可产生一种自我延续的过程，被学者称为"累积因果"，后者则由于移工接收国严格的制度限制而导致社会网络和社会资本发挥的作用非常有限，甚至很多情况下并不能称为"移民流"，而只是"临时"劳工移民。国家理论重点强调移民政策对移民数量的影响和政策的实施能力。在亚洲的国际劳工移民研究中，"国家"发挥了更加刚性的作用，如"遣返"作为一种强制退出策略（Cassarino，2014：154）受到一些学者的关注。但"国家理论"很少讨论在既定的移民政策下移工的个体行动选择，即国家临时劳工政策对移工的适用及移工个体对这些政策的回应。

综上所述，这些移民理论都在解释移民的发生和延续，但不同的模型反映了不同的研究主体、关注点、内在逻辑、研究兴趣、条件、命题和假设（Massey et al.，1993）。这些理论并不互相排斥，移民最初的动机可能是异质性的，有些基于个体收入最大化，而有些则希望通过临时的国外工作克服移出地市场的失败，无论是新古典经济学还是劳工移民的新经济学，社会网络和社会资本都构成了一个很有价值的资源，减少迁移成本和降低迁移风险，增加移民的预期净收益，移民机构则在移民的跨国移动，尤其是临时劳工移民的移动中发挥着重要作用，而二元劳动市场和世界体系理论则构成了移民跨国移动的宏观结构背景，影响了移民的跨国移动结果，国家理论对移民流动进行规制，构成了移民流动的重要制度因素。

(二) 实证研究回顾

关于移民的发生和持续的实证研究成果非常丰富,这些成果既包括国际移民研究,也包括国内移民研究。大多数研究集中于微观和中观层次,包括个体、家庭和社区等。本研究集中探讨劳工移民的跨国流动,因此将关注劳工的跨国流动和国内流动的影响因素,其他类型移民如永久移民、难民等不在本研究回顾中。

第一,微观因素。移民决策的制定和决策实施的能力,与行动者的个体特征(指人格因素)有关,如接受风险的能力、适应新环境的能力和个体效能,也与个体和家庭的社会、经济和人口学特征相关(De Jong & Gardner, 1981:7)。

一是个体和家户的人口学特征。影响移民的个体人口学特征主要包括性别、年龄、婚姻状况和个体生命周期。现有研究往往以性别或(和)婚姻状况作为分类依据,对外出务工群体进行分析。在国内劳动力外出务工研究中,外出群体存在明显的性别失衡,数量上男性多于女性,婚姻状况对劳动力流动有很强的负向作用(何军、洪秋妹,2007),已婚妇女的流动可能性低于未婚妇女(李聪等,2010)。女性外出务工多在结婚前或孩子完成中学教育后,而男性外出时间一般没有限制(李小云,2006)。也有研究认为,已婚女性劳工多在结婚前或孩子处于学龄前或小学阶段出国打工,且在部分家庭中女性外出丈夫留守是一种理性的家庭策略,而并非有特殊原因(刘兴花,2015b)。在中国,女性移民数量整体少于男性,但许多其他亚洲国家,女性移民较男性移民增长得更加迅速(Lauby & Stark, 1988)。

影响移民的家庭人口学特征,主要包括家庭劳动力数量、家庭生命周期阶段、18岁以下(或未成年)孩子数量[①]、60岁以上老年人的数量等。一般假定认为,家庭劳动力数量对劳动力外出务工有正向影响(胡士华,2005;杨云彦、石智雷,2008),但实证研究显示,家庭劳动力数量和家庭成员的外出可能性之间没有显著正向关系,也有研究指出,家庭中劳动力外出的可能性加大并不意味着单个劳动力外出的可能性也增加(盛来运,2007)。有年轻孩子的男性,会比刚结婚的男性更加可能移动,因为前者具有更大的经济压力(Massey et al., 1987);一些中国家庭跨国务工

---

① 也有研究将"孩子的数量"定义为 6—16 岁的学龄孩子(盛运来,2007)。

的重要原因之一是孩子出生后家庭经济压力增加（刘兴花，2015b），但也有研究认为，尽管有孩子与参与劳动市场呈正向关系，但孩子的存在可能约束国际移民行为，因为在孩子成长和发展的早期阶段需尽量避免家人间的分离（Massey & Riosmena，2010）。未成年孩子的数量对外出务工的影响在学界存在争议，如有研究指出，孩子数量增加对女性就业有阻碍作用（Lindstrom & Giorguli，2007）。家庭中老年人数量①对家庭成员外出务工的影响也存在争议。一方面，家庭中老年人作为一种"半劳动力"，帮助照顾幼童，操持家务和农活，增加家庭成员外出务工的概率（盛运来，2007；刘兴花，2015b）；另一方面，"老年人"如果需赡养，则对家庭成员外出务工，尤其是女性外出务工具有负向效应（苏群、刘华，2003；吕开宇等，2008）。

二是个体人格因素。个体人格因素或人格特征主要指个体接受风险的能力、适应新环境的能力和个体效能（De Jong & Gardner，1981：7）。就风险态度与移民之间的关系而言，风险倾向和移民呈积极的相关关系，农村留守者较移民和移民家庭成员有更多风险规避，即在本质上，中国的城乡移民和他们的家庭成员较留守者是较少风险规避的。在控制传统的移民决定因素（年龄、家庭背景、地理距离等）后，风险容忍和移民之间呈正相关关系，更加喜欢冒险的个体将更加可能迁移（Akguc et al.，2016）。

三是移民受个体和家户社会经济学特征的显著影响。个体的社会经济学特征包括：工作情况（移出时的就业状态）、经济收入（经济资本）、教育程度（文化资本）、移民经验和技能（人力资本）、自有不动产和自有事业等。与明显对自己工作比较满意的人相比，无业的和正在寻找工作的人对移民的一些经济决定要素，如家庭收入、期望收入的增加等更加具有回应性（DaVanzo，1978）。移出地较低的经济收入水准，促使他们跨地区或跨国界流动追求更高收入，个体或家庭收入的最大化是劳动力流动的主要动机（刘兴花，2015b；周皓，1999；杜鹰、白南生，1997，40—43；罗小锋，2010；Reyes，2001）。与技术移民不同，非技术移工在移入国的工作多从事低地位、低收入、没人愿意做的职业，很少考虑到他们的

---

① 家庭中"老年人的数量"，一般学者定义为60岁以上的半劳动力（盛运来，2007），也有学者认为可以包括50岁以上的祖辈（刘兴花，2016）。

人力资本特征和职业工作经历（Semyonov & Gorodzeisky，2004）。移民经验是人力资本的重要体现，一旦个人具有移民经验，那他再次迁移的可能性非常高（Massey & Espinosa，1997）；大部分海外移工从事无技能或半技能工作（Semyonov & Gorodzeisky，2004），但他们相比留守下来的人，往往更具技能和动机（White & Lindstrom，2005：311－346）。如果个体拥有房屋、土地和已确立的小商业，那将降低移民移出的可能，因为这三个条件构成了国际移工的重要动力（Massey & Espinosa，1997）。

家户社会经济学特征包括家庭的社会经济情况（社会经济地位SES、家庭的财富积累状况、家庭绝对收入和相对收入水平）、家庭一般社会资本、家庭具体社会资本、家庭的物质资本。家户的社会经济情况对移民的影响在上文已论述过，不再赘述。家庭社会资本可区分为家庭一般社会资本和与移民相关的具体社会资本（Massey & Espinosa，1997），前者指家庭中父母或兄弟姐妹是否有移民经验，后者指配偶或孩子是否有移民经验。社会资本理论认为，与当前或先前具有移民经验的人认识是一个有价值的社会资产，因为这些联系将被用来获取信息和帮助，以减少移民的成本和风险，增加在目的地获得工作的可能（Massey，1990）。也有研究指出，要区分家户成员间移民行为的相关性，是由于社会资本或社会网络效应的存在，还是家户内的一种共同策略（Palloni et al.，2001）。家庭的物质资本包括土地、房屋不动产、商业企业，家庭拥有这些物质资本将降低移出可能。一般社会资本除家庭内的社会资本外，还包括社区、亲属、同学朋友和同事关系构成的社会资本。这些社会网络连带在移出地和移入地都会产生重要作用。社会网络在移出地对移民行为会产生推动和抑制效应，而在移入地主要发挥推动作用。在当前劳动力市场发育不完全情况下，以直系血缘关系为基础的社会网络是农村外出务工者获得城市就业信息和就业机会的重要途径（杨云彦、石智雷，2008）。

四是家庭压力。家庭压力指家庭成员（父亲、母亲、配偶和其他亲属）关于个体假定的或实际的移动的一种感受之和，即偏向于留下来、不关心，还是鼓励移动三种情况（De Jong et al.，1985）。这种家庭压力很可能反映了家庭关于不同家庭成员迁移与留守的劳动市场回报的一种计算（White & Johnson，2015：72）。更进一步说，资助移动的家庭或个体资源的可得性是移民行为的关键性决定因素（De Jong et al.，1985）。但以往研究主要分析家庭压力的经济来源，对家庭压力的情感体现却很少研究。

五是移民动机。移民的动机可能是为了获得移入地的权力、声望或金钱汇款，还可能为了开眼界，增加见识，或证明自我能力。一般移民和跨国劳工移民在移民的动机方面存在很多差异，跨国劳工移民在社会地位（及声望）、舒适、财富、自主等方面处于移入地的劣势。蓝佩嘉（2011：163—171）则指出，经济诱因是印度尼西亚和菲律宾移工到中国台湾打工的最主要驱动力，但除金钱压力和经济贫困外，还有其他因素影响了移工的决定，如母国社会对成就、探索等概念的建构，以及在后殖民、全球化的脉络中所形塑的对现代性的想象。迁移不仅意味着收入的提高，更成为一种对全球现代性的朝圣之旅，移工可消费更多的物质商品，保持白皙的皮肤，以及享受大都市的生活风格。

第二，中观因素。一是移民中介机构。在亚洲的临时移民系统中，移民中介的角色对移工跨国流动的发生和持续非常重要。中介主要指劳工招募者、中介经纪人和输送中介等。没有移民中介的干预，大多数移工的跨国流动不可能发生（Battistella，2014：5-6）。学者展开了关于"移民中介道德伦理和可靠性"的探讨，主要包括中介责任视角和制度安排视角。中介责任视角认为，移民成本和负担增加的责任主要归因于中介（Lindquist et al.，2012），因为中介的不道德、欺骗导致移工招募和选择过程中的过度交易成本，移工工资被各层中介吸掉，如果无法完成合同，则移工及其家庭将陷入巨大债务（Hugo，2009）。制度安排视角则认为，移工中介并不能受谴责，因为他们面对复杂的制度安排和承担多样化的角色。日益增加的政府规制创造了由专家所指挥的复杂文书系统，进而增加了成本（Lindquist et al.，2012）。

移民招募机构和中介业务的迅速发展，主要有"国家权力持续"和"中介自我维续"两种视角。项飚指出，国家允许中介成为一种自主形式的同时，还控制了它们的"脖子"（引自 Lindquist et al.，2012）。与项飚的国家权力持续视角不同，林奎斯特（Lindquist，2010）从劳工招募和移植入手，指出正式机构依赖于非正式的移工招募者来连接农村地区，这是印度尼西亚劳工移民的一种关键因素。在这种招募政体中，中介人并不是外在于移民社会环境的，恰是社会网络中的朋友和亲属，因此信任是印度尼西亚劳工招募中的重要资源，中介业务也往往因为持续的新中介参与而自我延续和持续扩大（Lindquist et al.，2012）。

二是社会和文化规范。社会和文化规范会影响移民的价值和期望，如社区规范和性别角色会影响人口学的亚群体移民模式，年轻人很可能被期望移民，获得汇款以满足家庭的需要；而这些规范的存在，可能会在个体的价值和期望中呈现，因为规范一定程度上被个体内化（De Jong & Fawcett，1981：55）。文化规范对性别角色的规定使一些研究集中关注经济压力导致的临时劳工移民和文化规范对女性家庭责任界定之间的紧张和冲突（Hofmann & Buckley，2012）或女性处理家庭道德经济和女性自主之间的紧张和焦虑。

综上所述，一系列因素会对流动决定产生影响，这些特征包括：第一，个体特征和家户特征，尤其是人口学和社会经济学变量；第二，社会和文化规范；第三，人格因素，如是否已做好冒险准备或适应的准备（Haug，2008）；第四，机会结构，如移民中介机构；第五，移民动机，往往与经济因素和非经济因素相关联。

二　移民回流研究回顾

在国际移民研究和国内农民工研究中，回流都是非常重要的一个研究主题，它属于移民流动过程的重要子过程。

（一）移民回流研究的理论回顾

关于国际移民回流的理论分析框架，主要包括新古典经济学理论、劳工移民的新经济学、失望理论、结构理论、跨国主义和社会网络理论，回流移民是一个多面向的和异质性的现象（Cassarino，2004；陈程、吴瑞君，2015；Cerase，1974）。

第一，新古典经济学理论强调移入地和移出地之间的工资差异，以及个体在移入国更高的收入期望（Todaro，1969：140）。新古典经济学中回流被看作一种"失败"的移民体验，移民在移入地并没有获得预期收益。该理论假定，个体不但最大化他们的收入，且最大化他们在国外停留的时间长度，以实现永久的居住和家庭团聚，回流包含了误算的移民成本和没有获取更高的预期收入。因此，根据预期的收益、就业和持续时间情况，回流是国外失败体验的一种结果或因为他们的人力资本并没有获得预期的回报（Cassarino，2004）。

第二，失望理论又称为"失败型回流"，与新古典经济学理论相似，将移民的回流看作一种失败的体验,即移民在刚到达移入地后面临工作、语言、人际关系、气候、食物等多方面问题,且会遇到使他们感到困惑和羞辱的来自当地人的偏见和刻板印象,因此在移入地的痛苦、恐惧和被遗弃的体验激励了他们回流。该理论将移民早期回流归因于无法很好地适应移居国的社会环境,这也是失望理论与新古典经济学理论的主要区别,前者关注影响移民移入地适应的多样化因素,而后者关注移民的经济因素(Cerase,1974)。

第三,劳工移民的新经济学将移民理论从新古典经济学的个体独立转变为相互依赖(Stark,1991:26)。该理论认为,回流是家户理性"计算策略"的一种结果,来自移民目标成就的实现,并将回流看作移民成功的国外体验的自然结果,因为移民在国外实现了他们的目标,如更高收入和储蓄的积累,这种目标的实现和对家乡与家庭的依附和依恋可共同解释回流移民(Cassarino,2004)。回流被认为是已提前准备的移民计划的一部分,回流形塑了移民的倾向,使他们与移入地的人相比工作更加努力(Stark,1991:392),积攒更多的钱(Galor & Stark,1990),且获取更多的额外技能或工作培训,他们只在国外待有限时间的计划,影响了在移入地社会的行为模式和专业的提升(Cassarino,2004)。

第四,结构主义理论强调回流并不仅是个体体验,还涉及移出地的社会和制度因素,因此回流是一个情景问题(Cassarino,2004)。根据回流者的预期、期望和需求将回流类型分为"失败型回流""保守型回流""归根型回流"和"革新型回流"四种类型(Cerase,1974)。对回流移民类型的划分,意图表明移出地的情景或情形因素是一个决定移民经验成功与否的先决条件。与前三种理论不同,结构主义理论集中关注一旦移民回流,回流者对移出地社会的影响程度,这一分析框架涉及移民回流对移出国的影响。根据结构的方法,回流动机是对家庭和家户的依恋,以及需重新适应家乡的市场和权力关系;储蓄和汇款对移出地并没有真实的影响,家户成员垄断了经济资源,使其没有产生乘数效应,回流移民的消费模式倾向于非生产性投资和显而易见的投资,如他们会购买房子和汽车而不是农业现代机械,这种消费模式再生产和孕育了核心与边缘国家的不平等关系(Cassarino,2004)。回流移民不会改变边缘国家最初的一种结构约束。结构主义的方法建立在一种假定之上,即移出国和移入国间有很少的信息沟通和交流,回流基于移出国不完整信息之上，且返乡者也不会去移动充足的资源和技能来应对移出地的真实情景（Cassarino，2004）。

第五，与前四种理论的单向流动不同，跨国主义和社会网络理论，使移民不再被看作一种移民循环的结束，而是移民过程的一个阶段（Cassarino，2004）。跨国主义旨在更好地理解移入国和移出国间的社会经济联系（陈程、吴瑞君，2015），回流动机是对家乡和家庭的依附与依恋，以及有利于回流的移出地的社会经济条件，回流并不必然是永久的和准备好的，它具有特定的社会和历史背景，当有足够的资金来支持移出地的家户且当祖籍国的情况对他们有利时才会回流（Cassarino，2004）；社会网络理论则将回流看作一种有形或无形资产，在迁移过程中建构的社会网络有助于保护回流的主动有效性，同时增加资源和信息的可利用性（引自陈程、吴瑞君，2015）。跨国主义和社会网络理论强调移民与回流地的一种联系，回流不再局限于移居地和回流地之间的单向选择。

第六，除以上几种回流理论外，还有回流的生命周期理论。该理论将劳动力流动简化为两个阶段，即年轻时候外出打工挣钱，年龄大了后回家乡务农、务工或经商。在城市和农村推拉力都没有变动的情况下，那些"生命周期"到了特定阶段的迁移劳动力，也会按预期回到农村（石智雷、杨云彦，2012）。

第七，回流的国家主义。关于亚洲临时劳工移民的回流研究，很大程度上不同于主流的国际移民研究，因为亚洲移工的回流不仅是一种个体选择行为，更受到市场和国家的双重制约。亚洲的移民政策是鼓励回流的，甚至是强制回流的。结构化的和个体的因素导致了移民的发生、继续和结束（Battistella，2014—9）。个体的因素主要包括个体动机，而结构的因素则与民族国家的政治相关。迁移被看作个体自愿行为的同时，政府管制又使迁移的自发行为难以存在（Xiang，2014：170-171）。亚洲的低技能劳工只能在移入国停留有限时间。这种临时迁移方案伴随着法规的制定，以确保廉价"劳动力"及时离场，如在签证时间有限的情况下逾期居留将被驱逐出境（Castles & Ozkul，2014：30）。回国很多时候是与移民周期的结束相联系，甚至与排斥或驱逐相混合（Cassarino，2014：154）。与其他迁移周期阶段相比，移民回流得到较少关注（Battistella，2014：18）。回到移出国是临时劳工移民的一个基本特征（Hugo，2009）。移工回流并不是迁移周期的一个阶段，而是临时停留的一种结束（Cassarino，2014：164）。但也有学者指出，移工在一段跨国历程结束后可能会进入循环流动中，开始一段新的跨国务工旅程（Wickramasekara，2014：53）。

新古典经济学和失望理论都对移民回流秉承一种"失败范式"，而劳工移民的新经济学则秉承一种"成功范式"，回流移民被看作一种成功，在国外持续的时间依据是家户的保险、购买力和储蓄的需要。一旦这些需要满足，回流就会产生。因此新经济学打破"失败移民"形象，超越了"回流移民仅是对消极工资差异的一种回应"（Cassarino，2004；陈程、吴瑞君，2015）和"不能很好适应移入地社会"的解释（Cerase，1974）。生命周期理论则将年龄看作重要因素，作为一种获取经济利益的资本。新古典经济学和劳工移民的新经济学将回流主要归因于经济因素，失望理论则归因各种非经济因素，而生命周期理论则归因于年龄因素。这四种理论都没有将移民的决定和策略与移出地的社会、政治和经济等情景因素相关联，结构的方法对这一缺陷进行了弥补，认为回流并不仅是个人问题，且首先是一个社会和情景问题，是被情形和结构因素所影响的（Cassarino，2004），该理论关注的重点是移民回流在何种程度上会对回流地产生影响。以上理论都将回流看作一种单一流向，而跨国主义和社会网络理论则将移民回流看作移民的一个阶段，而不是移民计划的结果。国家主义则强调国家对回流的规制，与移民政策和国家政治密切相关。

（二）移民回流研究的实证回顾

国内劳工回流的研究领域已有一些成果。根据移民的回流意愿、回流时间长短和回流规模等对回流进行分类，主要包括主动型和被动型回流、暂时型和永久型回流、个体和家庭回流，其中以暂时型的个体的被动型回流为主（江小容，2007：12—14；郭秀秀，2011：19）。关于回流个体的人口学和社会经济学特征分布，主要体现在性别、年龄、婚姻状况和受教育程度等方面。相比男性而言，女性回流者居多；已婚者较未婚者回流多，尤其是已婚女性回流较多；步入中年的个体回流较多；初中及以下文化程度返乡居多，但创业型回流中个体受教育程度相对较高（金沙，2009：13—14）。

对移民回流原因及影响因素的分析，许多讨论是在主动型和被动型回流①的分类中进行的（杨龙，2006：I），也有许多讨论是针对影响回流的推力和拉力因素。综合以往关于农民工的实证研究，主要分为以下几种视角。

第一，制度视角。传统制度主义关注在给定的制度条件下，作为一种机会分配结构的制度对不同社会位置群体机会获得的影响。制度主义阐述了一种城市的推力因素和农村的拉力因素。

第二，家庭视角，从家庭的基本责任与利益出发，认为当家庭经济责任被较好履行时，或需返乡履行某些义务或承担某些责任时，农民工会选择回流（郭云涛，2011）。该视角既强调经济资源的重要性，也认为婚姻、抚养、子女教育等非经济因素对劳动力回流决策具有重要影响（白南生，2002）。

第三，与家庭相关的另一种视角是情感视角。这种视角认为对家乡环境的归属感和认同感而产生的恋乡和恋家情结是农村劳动力回流的重要原因，可将这种回流看作想和家乡紧密联系的意愿而引起的回流（金沙，2009：63）。因恋家而回流和为家庭回流是两种不同回流形式（黄余国，1999），但也有研究将这种情感视角与家庭视角相结合，认为养老育幼、结婚生育和乡土情结等都包含在情感因素中（江小容，2007：24），很大程度上家庭视角和情感视角实则为一种视角。

第四，投资视角，多以农民工"回乡创业"为主（陈如，1996；Wang & Fan，2006），即农民工自身具备回乡创业的条件，且家乡具有吸引人的创业机会（黄晶，2010：II）。也有学者将这种"回乡创业"形式称为"创新型回流"（江小容，2007：12）。

第五，个体素质视角。农民工个体素质和技能主要体现在学历和掌握技能方面。学历低的农民工是回流劳动力主体，他们在城市多从事苦力劳动（吕少辉，2009：1，36）。

---

① 关于"主动型回流"和"被动型回流"的含义不同学者有不同看法，有学者认为由于家庭因素产生的回流属被迫返乡行为，是被动型回流（金沙，2009：30—31），也有学者认为这是个体的自愿选择，是主动型回流（郭秀秀，2011：11）。但可明确，这种分类是基于个体回流意愿是主动选择还是被迫选择，因此家庭因素而产生的回流既可能是主动型回流，也可能是被动型回流。也有学者将这两种类型的回流称为"自由型回流"和"强迫型回流"（江小容，2007：14）。

第六，经济视角，着眼于劳工经济追求的满足，与家庭视角中的"达到家庭经济预期"具有异曲同工之妙。这种视角不仅考虑经济预期的满足，且考虑移出地和移入地的生活成本、相对贫困感等因素，认为迁移目标是攒一笔钱，而家乡是使用这笔钱的最好地方（引自金沙，2009：16），因为家乡的生活成本更低，且基于相对购买力水平的相对贫困感会更低（Stark，2003），而城市的生活成本较高（金沙，2009：60）。

农村劳动力的回流，主要可从农村和城市的制度、家庭、情感、投资、个体素质和经济因素六方面进行讨论和研究。这六种因素并不相互独立，往往几个因素同时发生作用，共同促进劳动力的回流，且个别因素间具有密切关系，如家庭因素和情感因素、家庭因素和经济因素等。以往研究只阐述了影响劳动力回流的众多因素，并没有明确指出劳动力在何种情况下会受到哪种因素影响，即对这些因素发挥作用的条件或情形予以限定。这种简单全面的"罗列式"分析并不能深入分析劳动力回流的原因，以及明确各因素发挥作用和影响的条件。

三 移民重复流动研究回顾

移工在经历首次流动后，往往面临重复流动的选择。在移民理论研究中，移民的重复迁移或重新迁移研究并不多。移民是否选择再次迁移，哪些移民会选择再次迁移等问题并没有获得充分关注（Battistella，2014：16）。亚洲的整个劳工系统是围绕临时合同和临时停留而建构的，移工在目的国的典型特征是工作和停留时间的短期持续性（Battistella，2014：17-18），因此他们的回流和重复流动既是个体选择，很大程度上也是制度和结构的产物。"循环迁移"是如何定义的，它与"临时迁移"又有什么关系，循环迁移的驱动机制是什么，学界对此进行了探讨。

（一）循环迁移的定义和特征

循环迁移又称"重复迁移"。学界普遍认为对"循环迁移"定义非常困难（Castles & Ozkul，2014：27）。斯凯尔顿（Skeldon，2012：46）指出，以往关于循环移民的研究多强调跨国主义和社会网络的重要性，这种形式的循环迁移以个体和群体跨越边界的自由选择为基础，而目前的循环迁移模型限制个体和群体选择自由，可看作限制的循环迁移。在这种意义上循环迁移与临时迁移有同等意思（Skeldon，2012：53）。循环迁移只是临时迁移的一种新标签（Castles & Ozkul，2014：28），而有学者（Wickramasekara，2011：1）则直接将重复迁移定义为具有重复特征的临时移动，既不同于传统的永久定居，也不同于"一次性"的迁移和回流。他还将循环迁移分为"自发的"和"管制的"两类（Wickramasekara，2014：52）。

循环迁移的定义纷繁复杂。有学者指出，"休假回国"和"再次聘用"是循环迁移的两种类型，后者指移工在完成合同后被雇主重新聘用且为同一雇主工作，无论工作地点是否发生变化，但也有学者指出"休假回国"严格意义上不属于循环迁移，因为移动是最初迁移事件的一部分，"再次聘用"低估了真实程度上的循环迁移，循环移民可为同一国家的不同雇主工作，或在首次移民经验后移动到不同国家就业，因为循环的基本标准是同一个移民参与到循环的迁移中，而与目的国无关，迁移的方式可以是正式的或非正式的，迁移的目的是工作（Wickramasekara，2014：52－53）。因此，重复迁移指多于一次的移出和回流的重复性迁移体验，是在移出国和一个或多个目的国之间的重复移动（Wickramasekara，2011：9）。

劳工移民参与到许多启程与回程中，被称为"旋转门迁移"（Battistella，2014：18）。这种循环迁移，在政府文件中往往被称作"三赢局面"，即输入国满足了劳动力需求，输出国则获得了外汇，移工也有了保障就业的机会（Lindquist et al.，2012）。但学者对此提出质疑。目前的循环移民项目与德国的"客工项目"一样，都使用流动的劳工潜力，是基于"轮换法则"实施的，典型特征是劳工移民具有限定性的劳动时间、限制性的劳动市场和居住权，无法与家人团聚，长久定居的可能性很小，对移入国的社会和文化影响较小，对基础设施的需求很少，获得相对低的工资等（Castles & Kosack，1973：39－43）。因此这种移民由国家和市场共同规制和组织，在一种规制体系内发生，不同于非规制的移民网络，这种趋势在亚洲—太平洋的移民系统中非常显著（Lindquist et al.，2012），尤其是在东亚，循环迁移甚至是简单和纯粹的临时迁移项目（Castles & Ozkul，2014：42）。

虽然许多移工在国外工作一段时间后确实很想回国（Agunias & Newland，2007：1－2），但不可否认，移工的迁移自由受到限制。测量正常迁移流非常困难，测量循环迁移更加困难。目前的循环迁移研究，许多原因导致循环迁移和循环流动的理论研究相对缺失（Wickramasekara，2014

: 52, 55）。为了了解循环迁移的复杂本质，应该从多维度——微观（如个体和家庭）、中观（如社区和地区）和宏观（如国家和世界）——进行调查和分析（Chapman & Prothero, 1983 - 1984 : 622）。

（二）循环迁移的驱动因素

大多数研究将迁移看作"一次性"事件，后来一些研究逐渐发现大多数移动是重复移动（DaVanzo, 1983）。多数关于重复迁移影响因素的研究是在自发循环迁移框架下探讨，这些因素主要包括个体的人口学特征、社会经济学特征和国家间（或地区间）的工资差异。

个体的人口学特征主要包括性别和年龄，而社会经济学特征则包括受教育程度、移入地和移出地的工作、以往的迁移经验、迁移专用性社会资本、迁移专用性人力资本，在移入地是否结婚、对流入地的语言熟悉程度、是否获得移入地的职业培训等。此外，还包括家庭连带（与家庭分离的心理成本、家庭汇款需要）以及地区间的工资差异。具体而言，对墨西哥到美国的移民尤其是合法移民，先前到美国的移民经验、在美国的职业成就，及与迁移相关的特定人力资本的获得都将增强重复迁移（Massey & Espinosa, 1997）；赴德国的客工，在与移出国有社会和家庭连带，以及获得职业培训后可能会离开德国，在德国有工作且结婚，语言流利的客工则较少离开德国，这些客工重复迁移的原因主要是汇款和一些家庭考虑；从美国回国的波多黎各移民，可能使家庭、就业和收入遇到困难，因此回流的波多黎各移民面对高失业率而被迫再次迁移，循环移民很可能利用移出国和移入国两边的有利机会，或出于最小化与家庭长期分离带来的心理成本（Constant & Zimmerman, 2011）。在国外合法的居住、在国外的时间以及家庭陪伴与永久迁移具有正向相关关系，男性、低教育程度（小学教育）、来自农村（欠发达）地区，且有过积极的临时迁移体验（第一次迁移）都会影响他的后续循环迁移（Vadean & Piracha, 2009）；受教育程度高的（DaVanzo, 1983）、技能工人和创业者（Aydemir & Robinson, 2006）更倾向于循环迁移；再次迁移的概率会随年龄增加而降低，年龄大的不倾向于循环迁移（Lee, 2008）。

在自发的循环迁移中，跨国主义和累积因果的解释比较流行。管制循环迁移与自发循环迁移不同，移民工人的行为在很大程度上受移入国和移出国的国家、市场影响，移民行为不再被看作单纯的个体理性决定，还要受移民管理的限制。这种移民工人的管制在移民的首次跨国流动、回流和重复流动中都具有非常重要作用。现有的关于管制循环移民的研究，主要集中在临时迁移项目和循环迁移项目的比较、循环迁移对移工个体和家庭的生活与个体人权的影响（Castles & Ozkul，2014：27－49），重复移民与初次移民的汇款行为差异（Lee，et. al.，2011）、国家政府和市场对循环移民的规制（Lindquist et al.，2012）等。目前关于管制的跨国劳工移民的重复迁移研究很少，重复迁移的本质和机制需进一步探究和理解（Constant & Zimmerman，2011），尤其是很少关注个体的循环迁移决定是如何受社会网络、市场和国家多重因素交互影响的。

四 反思

综上所述，劳工移民的首次流动、重复流动和回流是跨国移动周期的重要组成部分，这三种流动行为并不必然是一种固定序次决策，因为在首次流动后可选择重复流动或回流，在重复流动后可选择回流，或在回流后可选择重复流动，即遵循"首次流动—重复流动—回流"，或"首次流动—回流"，又或"首次流动—回流—重复流动—回流"等模式。将劳工移民各阶段的行为结合起来考虑，有助于更好地理解劳工移民的行动决定及其多样化的驱动机制。因此，基于以上考虑，以往劳工移民研究在做出重要理论和实践贡献的同时，还有一些不足需指出。

第一，核心概念的界定仍较为模糊，争议较大。"国际移民"[①]的定义及其与"国际劳工移民"的关系在以往研究中争议颇大。国际移民的定义要考虑两个维度，其一，必须要跨越国界，且具有改变常住地的意图；其二，没有时间维度的限制，即使跨越国界的时间很短，但在当时（at that time）就是移民，即使后来个体的定居意图没有实现。大量的移动者也会跨越国界改变临时居住地，但他们并不是移民，使用"流动"（Mobility）或"移动"（Movements）可作为一种更一般的术语，来覆盖任何距离和任何持续时间的地理流动，包括临时移动（Bilsborrow，2015：112，146）；而也有学者指出，移民并非特指以迁移到地主国长期定居或意欲成为公民的人，在移民研究中，移民的流动或定居是一个开放性问题。还有学者采取"折中"做法，将人口迁移和人口流动统称为人口转移（杜小敏、陈建宝，2010）。李明欢（2009）则

[①] International migration 可翻译为"国际移民"或"国际迁移"。

指出,"国际移民"的定义有三个基本要点:一是跨越主权国家边界;二是在异国居住的连续性时间跨度;三是迁移的目的性。可根据迁移的数量、距离、动机、时间,迁移者的身份、目的和法律等角度对国际移民进行分类。根据迁移的数量可分为个别迁移、小群体迁移和大规模迁移等;根据迁移的距离可分为短程迁移和长途迁移等;根据迁移的动机可分为生存性迁移和发展性迁移,或自愿迁移与被动迁移;根据法律的角度分为合法迁移和非法迁移,或正规迁移与非正规迁移;以时间分为短期迁移和长期迁移,或临时迁移和永久迁移;以迁移者身份可分为工作迁移、家庭团聚迁移以及学习迁移等。其中,工作性迁移又包括技术移民、合同移民工、项目制移民工、季节性移民工、边境工人等。"是否有改变常住地的意图(或定居意图)"是学者关于"国际移民"争论的焦点,这进一步导致了一些术语使用的争论,如"流动""移动"和"迁移"等。目前关于"国际劳工移民"的研究,这几种术语大致可交替使用,如李明欢(2009)指出,合同移民工是国际移民类型中工作性迁移的重要移民类型,蓝佩嘉(2011:5)也认为在国际迁移的多种路径中,低技术及非技术的契约劳工是迁移的一种重要路径。

除以上争论外,"循环迁移"(或循环流动)的概念争议也较大。正如上文所讨论的,有学者指出"休假回国"和"再次聘用"属于循环迁移,也有学者指出"休假回国"不属于严格意义上的循环迁移,而"再次聘用"则属于非常狭义的理解,循环迁移指可为同一国家的不同雇主工作,或经历首次跨国流动后到不同国家就业,循环的基本标准是同一个移民参与到循环的迁移中,而与目的国无关(Wickramasekara,2014:52-53)。出现这些争议的原因是循环迁移不仅是一种个体选择,还是一种国家移民政策的产物,如一些移入国只允许劳工移民在本国工作固定的一段时间,至多允许"再次聘用"(即为同一雇主工作)而不能在循环迁移时更换雇主,因此就不存在"为同一国家的不同雇主工作"这种说法。在进行具体实证研究时,需对"循环迁移"的概念进行明确界定,以使概念的定义得到有效理解。

第二,在研究问题上,首次流动、重复流动和回流是劳工移民跨国移动的重要子过程或行动决定。为更好理解劳工移民在整个跨国过程中的行动决定,需将这三种行动选择综合起来进行探究,只研究其中一种行动是不完整的。以往大多数研究集中探讨其中一种行动决定,如单独讨论首次流动、重复流动或回流，而将三者综合起来进行讨论的研究很少，尤其是对回流和重复流动的研究并不充分，即使国内有少数研究将三个过程结合起来进行探究，也是将三个决策——外出、回流还是再迁移看作序次决策（王子成、赵忠，2013），而实际上这三个行动并非简单的序次决策，如外出后可在不回流的情况下直接再次迁移。因此，需考虑这三种行动决策中的复杂性，将三种行动决策综合起来进行探究。这种综合考虑的方法，尤其适合纵贯史的历时研究。

第三，在理论上，无论是首次流动、重复流动还是回流的理论都非常多，既包括微观的个体、家庭因素，还包括中观的社区、社会文化规范，以及宏观的国家和市场的因素。跨国劳工研究一定要置于国际移民和全球化大背景下，否则将不能对劳工的跨国移动做出很好的理解。现有国际劳工移民的研究，往往从单一视角出发，如研究首次跨国迁移的新古典经济学、劳工移民新经济学、劳动市场分割和世界体系理论、社会网络理论和累积因果理论、国家理论，重复跨国迁移的跨国主义、社会网络和累积因果理论，以及回流的新古典经济学、失望理论、劳工移民的新经济学、结构主义、跨国主义和社会网络理论、生命周期理论、国家主义等。也有学者提出对这些理论进行综合，如福塞特（Fawcett，1989）分析了移民系统中包含的 12 种联系，且探讨了它们对国际移民的适用性，如何产生、指导和促进移民流的持续。具体而言，联系类型（Types of linkages）包括可见的联系（Tangible linkages）、规制的联系（Regulatory linkages）和关系的联系（Relational linkages）；联系的种类则包括国家间的联系、大众文化的联系、家庭和个体网络，以及移民代理的行动联系。每一种联系类型下都可对不同的联系种类进行探讨，如可见的联系中，家庭和个体网络的联系包括移民的汇款和与家人的通信，移民机构活动则表现为劳工招募和宣传材料发放；规制的联系中，国家间的联系体现为国家间的临时劳工政策，家庭和个体网络的联系则指家庭的责任和社区的凝聚团结，移民机构的活动则包括与移工的合同，以及管理移民过程的规则；关系的联系中，国家间的联系体现为劳动力的供需互补和经济的依赖，而移民机构的活动则指移入国和移出国代理活动的互补。这些关于移民系统中联系的方法既适用于一般的国际移民，也适用于特殊的国际劳工移民，但他只是提出了这些联系，并没有对这些联系及其在劳工移民移动决策中的作用进行探讨，关于移民系统的方法并没有达成共识，移民系统模型是模糊的，且目前大多数国际移民的研究仅处理了这些潜在解释因素的一小部分，即并没有对这些联系进行综合的探讨与理解，而劳工移民的行动往往是多种因素共同作用和决定的，任何单一的理论和视角将不能确切地解释移工的行动决策。

总之，无论在概念上、理论上还是研究问题上，国际劳工移民的流动决策都是非常值得学术界关注的问题，尤其在亚洲临时劳工移民系统内，跨国移工流动与横向的、自发的、不断扩张的、超越民族国家的移民流动有很大差异，这种流动受国家和市场力量的作用和制约（项飙，2011），因此需进行深入的实证探究。

第三节 理论框架与研究方法

一 相关概念界定

对相关概念进行准确清楚的界定，有助于减少不必要的学术争论，促进学术对话的开展。

劳务输出人员、外派劳务人员（或劳务外派人员）、海外劳务派遣人员、国际移民、国际劳工移民、跨国移民工人、跨国劳工、跨国劳工移民、海外合同工人、合同移民工、外劳、契约华工：目前学界关于跨国务工人员的称呼非常多。劳务输出①人员指一国向他国输出的以满足社会和他人某种需要并索取相应报酬的活劳动，此处"劳务输出"采取狭义定义，仅涉及劳动力这一生产要素在国际的流动（钟颖，2012：5）。因此"劳务输出"与广义的"对外劳务合作"②（包括境外就业和外派劳务，

---

① "为规范管理，今后对向国（境）外派遣劳务人员统称'对外劳务合作'，不再使用'劳务输出'或其他表述"（《对外贸易经济合作部、监察部、公安部、国家工商行政管理局关于加强对外劳务合作归口管理有关问题的通知》，1996-04-29，http://www.mofcom.gov.cn/article/b/bf/200207/20020700031324.shtml）。但在实际运作中，"劳务输出"的用法仍被许多地方政府使用，如 2015 年笔者在实地调查中发现"北县劳动局劳务输出办公室"这一牌匾赫然立在北县劳动局门口。

② 从 1992 年开始，国务院把对外劳务输出划分为对外劳务合作和境外就业两种，并进行归口管理。对外劳务合作由外经贸部（现称商务部）归口管理，而中国公民自谋出路境外就业不被视为劳务合作，不在国际贸易范围之内，归劳动部（现为劳动和社会保障部）管理。由此形成劳务输出两家共管的局面。2008 年 7 月，国务院新的"三定"方案决定：境外就业管理正式纳入商务部，归商务部对外投资和经济合作司管理，从而结束多年的劳务输出分类管理体制，按照"统一政策、统一管理"的原则，把境外就业和外派劳务统称为对外劳务合作（林梅，2009）。

而外派劳务又包括承包工程项下的外派劳务和劳务合作项下的外派劳务）等同，即劳务输出人员既包括境外就业人员，又包括外派劳务人员。外派劳务人员（或劳务外派人员）和海外劳务派遣人员具有相同含义，指通过对外承包工程和对外劳务合作两种劳务派遣形式到国外工作的劳动人员，分别对应对外承包工程下的劳务输出和对外劳务合作下的劳务输出（赵晶，2013：8）。国际移民[①]的定义较为复杂且争议较大，不同学科定义也不同，但可明确的是，国际移民可根据迁移的数量、距离、动机、时间、迁移者身份等进行分类，而国际劳工移民只是其中一种类型（李明欢，2009）。国际劳工移民、跨国移民工人、跨国劳工和跨国劳工移民等概念相同，秦永红和胡兰（2010）将国际劳工移民分为三类：包括永久劳工移民、合同劳工移民和季节性劳工移民；李明欢（2009）则将国际劳工移民分为技术移民、合同移民工、季节性移民工、非固定移民工、项目制移民工、边境工人和往返流动移民工七种类型。根据三位学者对国际劳工移民的分类，海外合同工人和合同移民工概念等同，都是国际劳工移民的重要类别之一，指根据合同安排前往非祖籍国工作者，相关合同对于其所从事工作的种类、时间均有明确限制，即合同工人不得在未获移入国主管当局批准的情况下自行改换雇主，也不可自行更换工作。合同到期后，无论其所从事项目是否结束，均必须回国。如果延期，则必须在到期之前就完成合同延期的相关手续并获得主管当局的批准（李明欢，2009）。"外劳"指外籍劳动者，这一称呼主要针对国外本地居民和本国研究者而言。契约华工发生在中国的明末清代，指为生活所迫而签订契约到海外劳动的中国人，大致可分为南洋的"猪仔"华工、拉丁美洲的契约苦力、美国的"赊单"苦力三种类型。

国际劳工组织公约和建议书通过"移民工人"这一概念对"外派劳务人员"加以规范和保护（任艳艳，2013：19）。对菲律宾国际劳工移民的研究主要使用"海外合同工人"（Goss & Lindquist，1995）这一术语，而在中国台湾地区的移民研究中，学者直接将"移民工人"简称为"移工"或"外劳"。考虑到本研究的对象是劳务合作下的劳务派遣人员，因此将"跨国移工"（即跨国移民工人）、"跨国劳工移民""跨国劳工"和"合同移工"交替使用，如无特殊说明，即通过对外劳务合作下的劳务派

---

① 国际移民的定义探讨详见第二节第四部分"反思"部分。

遣到国（境）外与国（境）外雇主签订雇佣合同，且为其工作的劳动人员。

流动、移动、迁移和转移：学界对劳动力"流动""移动""迁移"和"转移"的争论非常多，争论焦点在"是否具有定居意图"。一般认为，人口迁移是以改变居住地为目的，而人口流动则指不以改变常居住地为目的的跨越一定地区的人口移动行为（孙福滨、李怀祖，2000），还有学者将人口迁移和人口流动统称为人口转移（杜小敏、陈建宝，2010）。在目前国际劳工移民中，这几种术语可交替使用①。在本研究中，跨国劳工的"流动""移动"和"迁移"交替使用，主要以"流动"和"移动"为主。此外，本研究中"流动"指"跨国流动"，首次流动、重复流动和回流分别指首次跨国流动、重复跨国流动和跨国后回流。

流动行为、流动行动、流动决策（或决定，Decision-making）：关于行为、行动、决策的概念定义非常多，在某种程度上流动行为与流动行动概念等同，都是个体对流动的一种行动选择，而决策（或决策制定）在最一般意义上指导致移民行为的一种意图（an intention）或部署（disposition）的形成，在这种意义上流动决策与流动行为、行动的概念接近。在本研究中，流动的行为、行动或决策指同一个概念，即流动的实践。本研究并不对流动决定和实际的行为进行区分，移民的首次跨国流动、重复流动和回流可被看作一种流动行为、流动行动或流动决策。

重复流动（或循环流动）：学界对"循环流动"（或循环迁移）的概念争议较大②。在本研究中，循环流动指同一个移民参与到循环的流动中，而与目的国无关（Wickramasekara，2014：52-53），既包括为同一国家不同雇主工作，也包括为同一国家同一雇主继续工作（即再次聘用），还包括到不同国家就业③。在本研究中，跨国劳工的"循环流动""循环迁移"和"重复流动"可交替使用。

回流　　国内学界对移民"回流"的基本定义是，以农民身份进入城市务工的农村居民中，有相当一部分人在经历了务工生涯（至少三个

---

① 具体讨论见第二节第四部分的"反思"部分。
② 具体讨论见第二节第四部分的"反思"部分。
③ 本研究中，再次聘用和到不同国家就业是两种主要的重复流动形式，这两种形式可能单独存在，也可能在同一移工身上发生，如移工在再次聘用结束后到不同国家就业，或到不同国家就业后选择再次聘用。

月）后，又重新回到他们的户籍所在地，回归后至调查期限内（至少一年）没有外出就业的现象（郭秀秀，2011：6）。国际劳工移民研究中的"回流"指从劳工移民的移入国回到移出国的一种行为。回流的时间限定问题是一个开放性问题，本研究并不对回国的时间长度进行限定，只要移工从流入国回到流出国即属移工回流，合同移工的回流可能发生在首次流动后，也可能发生在重复流动后。

遣返　　一国对其境内违法犯罪的外国人（包括非法移民）所采取的，强制或限定期限令该外国人离开所在国，返回其国籍国或原经常居住国的一种法律手段。遣返与驱逐出境的主要区别是被要求离境的外国人被遣送的目的国是否确定。遣返是将被要求离境的外国人遣送至其国籍国或原经常居住国，而驱逐出境只要求该外国人离开该国国（边）境，驱逐国不需也没有义务为该外国人指定目的地（田艳，2014：4）。本研究中移工非法就业后很可能面临被遣返的风险，因此将"遣返"这一国家政策实践纳入移工流动行动的讨论极其必要。

劳务中介（劳务代理）、劳务派遣、外派劳务　　"海外劳务派遣"指劳工移民通过国内海外劳务派遣单位在国外受雇劳动并取得报酬的经济活动（常凯，2011），主要形式有对外承包工程和对外劳务合作。外派劳务与海外劳务派遣的概念等同。对外承包工程项下的外派劳务（或劳务派遣）、对外劳务合作下的外派劳务（或劳务派遣）[①]、国内的劳务派遣三者彼此不同。对外承包工程下的外派劳务，劳务人员受雇于有关企业（指具有对外承包工程经营资格的总包商或分包商）而非外方雇主；对外劳务合作项下的外派劳务，与国内劳务派遣相似，都涉及劳务派遣单位、劳动者和用人单位三个参与者，但与国内劳务派遣不同的是，一般情况下，劳务派遣单位与劳动者间并非劳动合同关系，是派遣合同关系，和用人单位间是一种商业关系，双方的合同是一种商务合同，而劳动者与海外直接雇主是劳动合同关系（常凯，2011）。劳务中介（劳务代理）既可指输送劳动者到国外进行工作的经济活动，也可指劳务中介组织，前者是一种动词的指涉，而后者是一种名词指涉。

---

① 对外劳务合作下的外派劳务（或劳务派遣），指组织劳务人员赴其他国家或地区为国外的企业或机构（统称国外雇主）工作的经营性活动（资料来自《对外劳务合作管理条例》第二条）。此处"对外劳务合作"是狭义定义，不包括对外承包工程。

本研究在"对外劳务合作下的外派劳务"范畴内进行，而劳务中介在本研究中采取狭义定义，指劳务中介组织和个人，包括上层中介（具有对外承包工程经营资格的企业和对外劳务合作经营资格的企业）和底层中介（各种半正式的公司业务代理人和非正式的个人劳务中介等）。

外劳制度（外国劳动力制度）、移工制度　　制度较政策的内涵更广且包含政策，本研究中"制度"指一系列与跨国劳工相关的制度与政策，外劳制度（外国劳动力制度）和移工制度都指劳工输入国针对外籍劳动力输入所制定的制度及政策，外劳制度和移工制度是同一概念。

相对剥夺感　　并没有一个明确定义，朗西曼（Runciman）指出，需满足四个条件，个体会感觉到相对剥夺感（个体对于 X 的相对剥夺感）：第一，他没有 X；第二，他看到一些人（可能在过去或未来也包括他自己）有 X（无论这是否是真实的）；第三，他想要 X；第四，他将他应当有 X 看作可行的（Runciman, 1966：10）。"相对"的概念来自第二个和第四个条件，"剥夺感"则是由第一个和第三个条件来定义。参照群体可能是社区成员，也可能是整个社会成员或其他群体（Stark & Yitzhaki, 1988）。

来源国（origin）—目的国（destination）、原生国（home country）—地主国（host country）、移出国—移入国、流出国—流入国、派遣国（sending country）—接收国（receiving country）、劳务输出国（labor export country）—劳务输入国（labor import country）　　这六对不同称谓是对劳工移民来自的国家和前往工作的国家的不同侧重点的称谓。除最后一组称谓由于人权保护理念而受到一定限制外（范姣艳、殷仁胜，2013：43），其余五对称谓可交替使用，分别表示移民工人来自的国家和前往工作的国家。本书将交替使用这六组称谓，即来源国、原生国、移出国、流出国、派遣国和输出国交替使用，目的国、地主国、移入国、流入国、接收国和输入国交替使用。在引用相关文献时，将保留原有文献中的称谓使用方法。

二　理论框架：移民系统下的复合因素驱动——跨国流动驱动机制

学界关于"临时性"跨国移工的研究相对较少，且在持续减少中，因为在移民政策中移工只是过客，短期签证引入的客工（有些地区称"外劳"），他们并不被认为是移入地的永久居民，但这并不能成为忽视跨国移工群体研究的原因,因为在当代国际移民中,国际劳工移民是重要组成部分,他们真真实实存在,且与一般意义上的国际移民流动和国内劳工流动不同。将这一"跨国劳工群体"作为研究的主要对象,拉回到研究的中心,是国际劳工移民研究的内在要求和重要旨趣。而恰恰是这种"临时性"特征,对他们的流动行为和选择具有非常重要的影响(Dustmann & Görlach,2015)。大多数临时移民从国际层次来研究(Edwards, 2013)。跨国移工受国家间政策的约束和制约,但在进入流入地劳动市场后,他们的决定和行动仍有高度弹性,是否继续工作及如何工作的决定视许多变数而定(Espenshade,1995)。这种弹性使以短期身份到新国度工作的移工日后可能非法留下来,或提前结束旅程回国。在上述劳工移民首次流动、重复流动和回流研究基础上,本书试图从跨国流动的驱动机制入手探讨跨国移工的流动行为,以及解释为什么会产生不同的流动选择。移工的跨国流动是如何受到社会网络、国家和市场等因素的影响的。

　　国际劳工移民研究在众多学科领域(经济学、社会学、地理学、政治学、人口学等)经历四十多年发展,大多数研究关注海外劳工的流出与回流,以及劳工输出的成本与收益,但由于研究者采取不兼容的理论方法、选择性的多样化情景,以及实证分析的一系列变量,这些研究的整体结果仍模糊不清。学界对移民(包括劳工移民)研究或移民理论最基本的批评是它的"碎片化"性质。由于缺少对劳工移民进程综合理解的一种概念框架,不同研究者得出不同研究结论。有学者(Fawcett & Arnold, 1987)指出,目前综合解释框架的缺失可归因于实证数据的缺乏,对移民流的充分解释要考虑移出地和移入地的条件状况,而目前移民研究很少给予移民流两端的要素同等关注,如果同时关注移民流两端,那数据也会受到限制,仅涉及聚合层次的分析。他们为了未来综合理论的发展,提出"移民系统范式"的解释框架。

　　本书的分析框架是"移民系统理论"(或移民系统范式)。较早将国际迁移放入移民系统框架的是麦克唐纳(McDonald),他的假定基于国家间移入和移出因素以及两种因素的高度相互作用,劳工需求和潜在劳工的匹配,受到现行移入政策和劳工需求特征以及输出国政府的态度和输出供给的影响,大量变量可潜在改变系统行为,继而影响迁移的数量和质量(引自Salt,1989)。有学者(Mabogunje,1970)采用正式的系统模型来分析欠发达国家的乡城移民,并强调乡村(移出地社区)和城市(移入地社区）两个亚系统对个体行动产生的影响，亚系统是移民转变的重要构成部分，乡村亚系统可能鼓励或阻碍移动，而城市亚系统也会采用接受或拒绝的态度，以及产生回流。除亚系统外，环境也会影响移民流，这里"环境"指社会经济条件、政府政策、交通和通信设施、社会福利发展等。如果人们的移动没有产生预期的互动效应，则可探究多样化的环境因素，确定哪些因素影响了系统的有效运作。因此，移民（由乡村人向城市人）的转变既需在特定环境下进行，也需在农村—城市两个亚系统中进行。

这种迁移系统的方法后来被其他学者（Kanaraglou）采用。两位学者（Mabogunje 和 Kanaraglou）与其他移民系统理论应用的学者不同，他们强调均衡概念，强调系统任何一部分的变化都会被系统其他部分的调试所匹配。他们的研究依赖于系统分析的正式假定，但其他系统方法的应用却更加依赖移民研究的传统指示。越来越多的学者采用后一种研究假定，即将网络研究与迁移系统的分析相结合，将迁移网络看作一种系统运作的表达（Salt，1989；Fawcett，1989；Boyd，1989），强调将国际移民看作一种相互依赖的动态系统。虽然关于移民系统范式的研究许多，但对于"什么构成了移民系统的方法"学者并没有达成共识（Fawcett，1989），且一些学者认为，移民系统模型是模糊、不确定的，且不允许对移民趋势进行具体预测（Jessica，2008：8）。移民系统范式是针对移民研究理论的碎片化而出现的，意在提供一种更为宽广的情景，对移民进程进行综合理解（Fawcett & Arnold，1987）。由于该方法不成熟，因此有学者将其称为"理论"（Massey et al.，1993），也有学者认为不能称其为"理论"，而仅是一种"概念框架"或"范式"（Fawcett & Arnold，1987）。综合不同学者的观点，移民系统理论（或范式）主要概括为以下六点。

第一，关注移民流两端，解释每个地方的流动性和稳定性。将移民与"一般的社会进程"相联系，后者指"情景因素"，这种情景因素可概念化为四种类型：国家间的联系、家庭和私人网络的联系、大众文化的连接、移民机构的联系；

第二，强调地区间多样化的联系，包括信息、商品、服务、观念和人的流动；

第三，对地区间进行比较，关注作为系统动力的地区间的差异和不均衡；

第四，关注系统的互联性，系统中一部分的变化将对另一部分的变化产生影响；

第五，迁移是一种动态过程，是随着时间而发生的事件序列，包括流出、回流和循环迁移；

第六，多极化系统是可能的，包含一系列的移民接收国和移出国，同一国家可接收不同国家的移民，同一国家的移民也可能去不同国家。系统内的国家既可能地理上相近，也可能不相近，但具有政治经济关系。

在移民系统研究中，基础共识是强调移入国和移出国间的相互关联（Jessica，2008），以及移民发生在一种结构框架中，且可通过某种行动方式来影响结构，个人的流动决定受一系列混合因素的影响，而这种结构和情景因素是地区间反应的超过个体层次的聚合层次的联系，包含了社会经济的、文化的、政治的、家庭的以及其他的一些要素，如国际经济形势、地区物理和社会经济条件、广泛的制度结构和移入移出政策等（Fawcett & Arnold，1987；Salt，1989；Fawcett，1989）。只有在研究中考虑这些结构情景因素，才可能推动移民研究知识的累积，对个体流动的决定因素和结果给予充分的解释（Fawcett & Arnold，1987）。该范式非常强调移民如何与一般的社会进程相联系，这里"一般的社会进程"指情境因素。福塞特和阿诺德（Fawcett & Arnold，1987）分析了三种情境化因素：国家间的关系和对比、大众文化的连接、家庭和个人网络。在此基础上，福塞特（Fawcett，1989）又增加了一种情境化因素，即移民机构的活动。至此移民系统范式中共有四种情境化因素（或联系分类）：国家间的关系、大众文化间的联系、家庭和个人网络、移民机构的活动。移民系统范式既可应用于一般意义上的国际移民，也可适用于国际劳工移民。从移民系统范式可知，国家间的临时劳工政策、劳动力市场、家庭和社会网络以及移民机构都对跨国劳工产生着重要影响，是移工跨国流动的情境化因素。要想准确理解移工的跨国流动行为如何与一般的社会进程发生联系，就要将移工的行为选择与情境化因素相结合，探究在具体的情境化因素下移工的跨国流动行为选择。移民系统范式只是提供了一种综合分析的概念框架，但实际上并不需事无巨细地将所有联系考虑在内，因此，本书借鉴移民系统的分析框架，考虑移入国和移出国两端的情况，纳入民族国家、市场和社会网络三种要素，对移工的整个跨国流动过程（包括首次流动、重复流动和回流）进行探究。

梅西（Massey，2015）指出，目前所有的国际移民研究都可概括到一个综合性框架中，这一框架主要包含国际移民的五个主要特征：第一，移出国产生倾向于迁移的流动人口的结构性力量；第二，接收国产生对劳工移民的持续需求的结构性力量；第三，通过跨越边界来回应这些结构性力量的人们的动机；第四，在全球化过程中所产生的推动跨越时空的移民流延续的社会结构和组织；第五，政府所实施的回应这些力量的政策，以及政府在实践中如何运作以形塑进入或退出国家的移民的数量和特征的政策。上述观点表明，移民受多种因素而非单一因素影响。因此，研究移工的跨国流动也需考虑多样化的因素。

在图1—3中，跨国移工的跨国流动何以可能，不同的跨国流动选择如何做出，都受民族国家、市场和社会网络三种因素影响。基于移民系统范式和以上影响移工跨国流动的多重因素，本书提出"复合因素驱动"概念。"复合因素驱动"指移工在跨国流动中的不同行为并非受单一因素影响，而是受社会网络、市场和国家的共同影响，因此应将移工跨国流动的决策放入一种复杂框架下讨论。

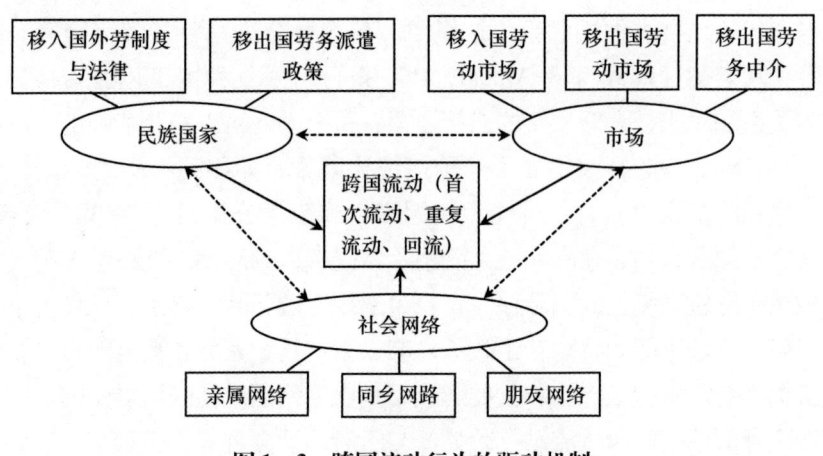

图1—3 跨国流动行为的驱动机制

世界体系理论所形成的核心国家（core nation）、半边缘国家（semi-periphery nation）和边缘国家（periphery nation）的格局中（Wallerstein，1974），移工输出国往往处于半边缘和边缘的位置，而移工流入国则往往处于核心位置。移工流入国和流出国作为独立民族国家，不可避免卷入全球资本主义世界体系中。为更好地适应经济全球化，同时宣称民族国家主权，民族国家制定了相关政策制度规制劳工跨国流动。民族国家对移工跨国流动的影响主要体现在移入国的外劳制度与法律和移出国的劳务派遣政策的影响。移入国的外劳制度与法律决定了移工通过何种方式进入、进入的数量（配额管制）、进入的行业领域和具体职业、最长停留时间、进入后的行为规制与权利（如不能随意更换雇主、每周的最长加班时长等），以及对违法犯罪行为的处理（如遣返）等。移出国的劳务派遣政策主要体现在规范跨国移工和外派企业之间的关系，尤其是在出国前的劳工招募（如外派企业的资格获取、合同的签订、服务费和押金的收取等）和出国后的劳工管理服务（如劳务纠纷的处理、安排随行管理人员等）方面。

市场因素的影响主要体现在移入国的劳动市场需求、移出国的劳动市场供给和劳务中介市场的影响。移入国二元劳动市场的存在导致次级劳动市场对外籍劳工的需求较大，次级劳动市场主要是传统"3D"行业（Piore，1979），如制造业、建筑业、餐饮服务业、农业和渔业等。移入国市场对外籍劳工的需求是民族国家输入劳工的主要原因。移出国的市场因素主要是移出国的劳动市场（低人力成本与高消费成本间的矛盾）和外派劳务市场。移出国劳动市场中存在大量廉价劳动力，他们拥有较低的收入和较高的生活等各项支出，移出国和移入国劳动市场的比较收益是推动移工跨国流动最为重要的因素。外派劳务市场则是亚洲内部移工跨国流动何以可能的重要手段和途径。跨境劳务中介是外派劳务市场化运作的核心环节（李明欢，2011）。

社会网络对移工跨国流动的影响主要体现在亲属网络、同乡网络[①]（包含同事网络）和朋友网络的影响。社会网络贯穿于整个迁移过程中，且在不同阶段具有不同作用（Sagynbekova，2016：234），如最开始的提供信息，影响首次流动决策，迁移过程中的降低成本，促进对新环境的适应，克服孤独感和想家感，汇款回家，以及由于家庭原因而回流等。社会网络不仅在迁移过程的不同阶段发挥不同作用，且不同的社会网络类型（亲属网络、朋友网络和同乡网络等）所发挥的作用也存在差异。

[①] 同乡网络指与移工来自同一地区的一种乡缘关系，可以来自同一个市、县、乡镇甚至村庄等。这种"同乡网络"很大程度上与国外的"同事网络"重合，后者指同在国外打工的其他中国移工同事，因此，此处的"同乡网络"涵盖范围要大于一般意义上的同乡网络。

民族国家、市场和社会网络三种行动驱动因素并非了然独立，而是相互影响和制约。民族国家和市场之间既相辅相成又相互影响。民族国家输入外劳与它们的劳动市场需求密切相关，国家间劳动市场的互补推动了民族国家的输入和输出政策制定；劳工的输入和输出虽然起源于市场的需求和供给，但却受国家间移民制度的约束；而移出国的劳务中介也会受移出国劳务派遣政策和移入国外劳制度的影响。民族国家、市场与社会网络间也具有双向关系。社会网络既可与市场相互促进，如在移工的招募过程中，广泛的非正式社会网络将移工与正式劳务中介相连接（Lindquist et al., 2012），还会受市场和民族国家的制约，如在进入移入国后，移入国的外劳制度和市场需求不允许携带家属，由于严格的配额管制和工作地点的分散导致跨国移工出现"拖网效应"；此外，社会网络还可能对民族国家的权威造成挑战，如移工非法就业时社会网络发挥着重要作用。

通过上述研究思路的整理和分析，本书的基本框架如图1—3。本书框架的基本分析单位是移民个体，但会在分析时涉及移工家庭对个体的影响。

三 研究方法

本书要回答的问题是移工跨国流动行动呈现了何种差异，首次流动、重复流动和回流这三种行动的驱动机制是什么？社会网络、市场和国家是如何影响移工的跨国流动行动的？

（一）移工个体——分析单位的选择

分析单位指一项社会调查中所研究的对象，也称研究对象，它不同于调查对象，也不是研究内容或研究主题（风笑天，2008：44）。调查对象指直接提供信息与资料的对象，它不一定是研究对象，研究内容是分析单位的属性或特征。分析单位可用来考察和总结同类事物特征并解释其中的差异，社会科学研究中，最基本的分析单位是个体（巴比，2009：97）。之所以要明确分析单位，因为跨国移民研究中有移民个体和家庭作为分析单位之争。虽然家庭作为基本决策单位在一些发展中国家比较适合，但本研究将从"移工个体"出发进行研究，因为实证资料显示，移工个体比家庭作为分析单位更能准确解释跨国流动的行动选择，将家户建构为一个整体，家户内部具有明确目标、策略和计划可能会掩盖家户内部意见的不一致性（Haas & Fokkema, 2010），但本书并不否认家庭对个体跨国流动选择的影响，相反会探究家庭作为一种社会网络是如何影响个体行动选择的。

（二）研究个案及其拓展

本书的研究个案是 S 省北县①。选择北县作为研究个案，首先在于它的典型性。典型性是个案所必须具有的属性，它不是个案"再现"总体的性质（代表性），而是个案集中体现某一类别的现象的重要特征，至于这个类别所覆盖的范围有多大，则是模糊不清的（王宁，2002）。随着全球资本主义的扩张和经济全球化的发展，中国的跨国移工数量不断增加。2016 年末，中国在外各类劳务人员②96.9 万人，截至 2016 年 12 月，中国对外劳务合作累计派出各类劳务人员 850.8 万人③。S 省作为农业人口大省，外派劳务人数从 2008—2016 年连续 9 年位居全国第 1，每年约有十几万人跨国务工，如 2016 年期末 S 省在外各类劳务人员数量近 12 万人④。由于亚洲内的国际劳工移民中非法移民数量较多，大量非法劳工移民并未包括在统计数据内，因此实际的跨国劳工人数会多于这些数据，或远多于这些数据。北县位于 S 省东南部，辖 20 处乡镇（街道），1195 个行政村，总面积 1952.42 平方公里，属人口大县，农业人口数量一直保持在 80 万—90 万人，占全县总人口的 75% 以上。依赖巨大的农业人口储备，北县近些年出现一股"出国劳务"热潮。据不完全统计，北县每年的外派劳务人员在 2300 人左右，遍及日本、韩国、新加坡、欧洲、非洲等国家和地区（北县商务局网站，2013）。这些跨国劳工大部分通过正规劳务合同输出，从事无技能或低技能工作，每年年末在外劳务人员保持在 1 万人左右。北县在 S 省对外劳务合作中占据重要地位，因此研究 S 省北县的跨国移工流动具有非常重要的意义。

第二，选择北县作为个案，可满足资料丰富性要求。自 20 世纪 90 年代，对外劳务输出在北县的某些乡镇就已出现，陵镇、官镇、阎镇、阳镇四个靠近北县县城的村庄首先发展对外劳务输出，后来逐渐转移到

---

① 本书使用的地名包括北县、安镇、陵镇、官镇、阳镇和阎镇等都是化名。
② 包括承包工程项下的外派劳务人员和劳务合作项下的外派劳务人员。
③ "2016 年我国对外劳务合作业务简明统计"，数据来自商务部对外投资和经济合作司，网址：http://hzs.mofcom.gov.cn/article/date/201701/20170102504425.shtml。
④ 资料来自商务部网站，网址：http://www.mofcom.gov.cn/。

安镇等其他乡镇。安镇对外劳务输出已有十几年历史，跨国务工也逐渐被人们认识和了解。本书以安镇为主要研究点，适当扩散至陵镇、官镇和阎镇等其他乡镇，以期能够对劳工跨国流动的整个过程进行探究和把握。

第三，可进入性原则。本书的田野调查地点选在研究者家乡，笔者对北县的风俗习惯、语言和文化等都非常熟悉，且周围很多人（亲戚、朋友、同学等）都有出国打工经历，为获取丰富的一手和二手资料奠定了重要基础。

既然个案不是统计样本，它并不一定需具有代表性，那个案的扩大化推理何以可能？王宁教授（2002）以罗伯特（Robert K. Yin）的《个案研究：设计与方法》为基础指出，个案研究的"扩大化推理"逻辑是一种分析性推理，所谓分析性的扩大化推理是直接从个案上升到一般结论的归纳推理形式。提高个案的可外推性的解决办法是选择具有典型性的个案，而判定某个个案是否具有典型性，要先弄清楚某一类的共性及其所包含的特征。所有个案研究者都不想将研究仅局限于个案本身（狄金华，2011：29）。本书的结论并不想局限于所研究的个案北县，也并不是简单为了加深对北县的认知，而是希望对个案的结论进行提升和扩展。北县劳工的跨国流动无论从资料的历史跨度、流入国和从事行业与职业的多样性，还是各种正式非正式的劳务中介等来看都比较完善。本研究将从民族国家、市场和社会网络出发进行考察，将跨国流动行动的研究看作结构约束下的个体行动选择。

（三）田野调查与资料搜集

质性研究"强调在自然情境下对社会现象进行整体研究，对当事人的意义建构获得解释性理解，并注意反思研究者个人因素对研究过程及结果的影响"（陈向明，2009：107）。本研究采用质性研究范式下的个案研究。通过具有"典型性"（而非代表性）特征的个案，对研究对象深入观察，从而获得丰富、生动的资料。本研究的对象是S省北县的跨国移工，调查对象主要为跨国移工、移工父母、配偶和孩子（对已婚者而言）、兄弟姐妹等家人、行政村[①]的村委会工作人员（村支书、村会计）、北县劳务输出办公室工作人员，以及其他劳务中介代理人。根据理论饱和原则，

[①] S省北县大多数地区行政村和自然村完全重合。

在每一种类型中分别选取一定的调查对象。因此，本书的访谈对象需涉及上述每一类人。在研究对象的选取上采用典型个案抽样，"它并不是为了将结论推到从中抽取的人群，而是为了说明在此类现象中典型的个案是什么样子"（陈向明，2009：107）。受经费、语言和时间限制，本书并未采用比较流行的多点调查民族志方法（Multi-Sited Field Research），仅对移出国进行了实地调查，关于移入国的一些资料如外劳制度和法律等，主要采用文献法进行收集，而关于移工在国外的生活和工作状况则以移工和家人的叙事为主。

第一，回顾研究和跟踪研究结合。以往研究虽然有关注移工的首次跨国流动（Goss & Lindquist，1995；Lindquist，2010；蓝佩嘉，2011）、重复流动（DaVanzo，1983；Dustmann，2001）和回流（Cassarino，2004；Xiang，2014：167 – 182），但并没有对移工的整个迁移过程进行完整研究，尤其是很少关于移工循环流动和回流的实证研究，这主要因为合适的纵向数据资料难以获得（Constant & Zimmermann，2011）。本书希望尽量弥补这一不足，但由于受访的跨国移工可能处于不同的跨国流动阶段，部分移工已回国，还有一些仍处于最初流动事件（episode）过程中，即尚未发生回流和重复流动行为，有些甚至将要出国但还没有完成各种手续，因此在具体数据资料收集上采用跟踪研究（Follow-up interview）和回顾研究（retrospective data）结合的方法。针对已回国的移工，主要采用回顾研究方法收集资料，而针对将要出国打工和已在国外的中国移工则主要采用跟踪研究方法。

有学者认为，回顾研究可能存在一种危险，即将移民行为总是归结为经济的目的性行为，而忽略了很多流动的社会或其他原因，这种"事后理性"将主导他们对"为什么移动"的回答，而最开始的一些动机很可能被隐藏（转引自 De Jong & Gardner，1981：43 – 44），且记忆是模糊的，很可能对个体流动的实际原因产生影响，但并没有一种简单的方式克服这种问题（De Jong & Gardner，1981：44）。即使采用跟踪研究，移工最初的跨国流动决策很大程度上也需通过回顾的方法。因为无论是跟踪研究还是回顾研究，对多数受访者来说，初次的跨国流动决策资料是通过回顾研究获得，回顾的内容主要包括当时的工作就业情况、收入情况，以及外出的动机，记忆可能模糊，回顾可能存在偏误，可能的解决办法是尽量回顾当时的细节和客观情况，因为对移工个体而言，长距离、长时间的跨国打工可看作个体生命历程中的重大事件,对这些重大事件的决策过程和影响因素,受访者应该会有较为清楚的记忆和认知。因为出国打工的合同期一般在一年到三年,且大部分情况是三年,有一些甚至五年,如果不采用这种"回顾性"的方式收集资料,将耗费较大的时间成本和金钱成本,对研究者来说,移工跨国流动整个过程的跟踪研究可行性也较小,且对个体过去迁移的解释,应当基于当时的个体特征而非调查时的(De Jong & Gardner,1981:122),因此非常有必要对个体最初的迁移决策进行回顾。

　　第二,深度访谈法。深度访谈最主要的目的是"深入事物的内部"(黎相宜,2013:33)。要了解移工跨国流动不同阶段的决策,需从多种渠道了解不同人对跨国流动的真实想法。深度访谈的对象主要包括三类主体:移工个体、移工家人与其他相关人员(村委会工作人员、北县劳务输出办公室工作人员和劳务中介代理等)。其一,移工个体。在初次调查时可分为即将跨国流动、已在国外打工(包括部分回流后再次跨国流动的移工)和已回流三种类型。对即将出国打工和已回国的移工个体,可进行直接的面对面访谈,而针对调查时正在国外打工的移工,则主要通过网上聊天(文字、视频、语音等)获取相关信息。其二,移工家人,包括移工父母(部分已婚者涉及双方父母)、配偶和孩子(对已婚者而言)、兄弟姐妹等。这些对象的访谈在移工国外打工期间也可进行。通过对移工家人的回顾访谈和跟踪访谈获取移工个体跨国流动决策的资料,与移工个体访谈资料相结合,以尽量还原移工最初跨国流动、重复流动和回流的驱动因素。其三,其他相关人员,主要包括村委会工作人员、北县劳务输出办公室工作人员和劳务中介代理等。通过访谈资深劳务中介代理人和北县劳务输出办公室工作人员,了解近几年的北县劳务输出情况,包括劳工的招募和组织、输出的人数、输出者的性别结构、年龄结构、行业工种、流入国等信息,以及影响移工跨国务工的诸多因素,如家庭农业种植、就业机会、工资和亲属连带等。通过访谈村委会工作人员,主要是村支书和村会计,了解部分移工数量较多的村庄的基本情况,如村庄的人口结构(包括性别、年龄、教育等)和收入结构,以对移工跨国流动的背景因素进行更好的把握。

　　本研究采用深度访谈和简略访谈相结合方法,深度访谈32个家庭的37位跨国移工和39位家属,以及5位其他相关人员,简略访谈12位跨国移工和非移工①，共计访谈93人（具体见附录一）。其中，共访谈跨国移工47人②。深度访谈的37位跨国移工和简略访谈的10位跨国移工中，就性别构成而言，分别有男性14位和6位，女性23位和4位，男性共计20位，女性共计27位；就婚姻状况而言，分别有未婚者15位和4位，已婚者22位和6位，未婚者共计19位，已婚者共计28位；就移入国构成③而言，分别有赴日移工29位和8位，赴韩移工2位和1位，赴新加坡移工6位和1位，赴日移工共计37位，赴韩移工共计3位，赴新加坡移工共计7位；就年龄构成而言，大多数移工在18—35周岁，少数移工超过35周岁；就受教育程度而言，43位移工为初中（包括初中未毕业）文化水平，高中、大专和大学本科学历的跨国移工分别有2位、1位和1位；有重复跨国流动（包括续签合约和到不同国家就业）的移工共计7位；除去仍在国外的8位移工④，已回流的移工中，28位移工为正常回流⑤（即合同结束回流），11位移工为异常回流⑥；从事的行业种类比较多，且多为次级劳动市场工作。

第三，文献法。文献法的使用主要包括以下几个方面：一是民族国家层面的流入国外劳制度和中国的对外劳务合作政策和管理条例。二是中国外派劳务的基本情况，通过商务部网站收集了中国2008—2016年外派劳务的基本情况；通过S省北县商务局网站、北县人力资源和社会保障局网站、S省省情网、S省商务之窗等，获得了S省外派劳务的基本情况、北县对外劳务输出的人数、流入国家和行业工种、当地的人均年收入等基本信息。三是流入国中国移工的基本情况，包括通过日本厚生劳动省、入国管理局以及法务省了解到中国赴日移工的基本情况，如务工人数、性别结

---

① 12位简略访谈者中，1位受访者是非出国打工者，1位受访者只有出国打工计划但并没有真正行动。

② 本书研究中访谈对象的选取没有采用随机抽样方法，因此，关于访谈对象的描述分析不能推论跨国移工总体情况。

③ 由于部分移工有重复流动，因此"婚姻状况"和"移入国构成"都为最近一次跨国流动时的情况。

④ 仍在国外的8位移工中，有2位选择了非法就业，而是否已回国并不确定。

⑤ 28位移工按合同规定正常回流，但个别移工在合同结束的前1—3个月回流，这种也算正常回流。

⑥ 异常回流主要包括三种形式：非法就业被遣返、被雇主辞退回流和社会网络引致的回流。

构、从业领域、待遇以及相关的研修生制度。此外，从商务部网站"'走出去'公共服务平台"[①]获取了日本、韩国（大韩民国）和新加坡三个国家对外籍劳务的需求、外籍劳工的行业领域、工作时间、工资、大致人数等基本情况。四是通过移工社交网络平台的动态获取他们在整个跨国流动过程中的相关信息，如移工的 QQ、微信朋友圈等，此外还包括少数移工的国外工作日志等[②]。跨国移工群体具有一定特殊性，移入国的外劳制度和市场需求将移工限制为"青壮年"劳务，他们多数为初中文化水平，识字且会使用网络社交软件，许多移工的 QQ 空间和微信朋友圈记录着他们出国打工过程中的事件与心态，将这些资料与不同人员的访谈资料结合来尽量捕捉移工的跨国流动经历，进一步弥补回顾研究的不足。此外笔者还通过加入一些 QQ 群，如各种"出国劳务群""日本研修生交流群""国外打工交友群"等，从侧面观察中国移工在国外的生活状态。采用这种方法源于经费、语言（日语、韩语和英语）和时间限制，以及移工在流入国的分散，仅从移出国收集资料，并未到流入国实地调查，这也是本研究的一个遗憾。

　　第四，参与式观察法。观察法指对移工的实践、行为和人造物的系统描述。参与式观察构成了对移工跨国流动了解的重要途径。观察方式是去移工家中与移工及其家人进行聊天，观察在首次流动前的决策制定过程中移工与家人的互动；在移工出国打工期间，到移工家中与移工父母和孩子聊天，观察移工出国对家庭及亲人的影响；在移工回国后，家庭物品的增加（如电子产品、汽车）等。所有这些资料的收集并不能从深度访谈中完全获取，因此参与式观察成为一种必要的资料收集方法。

　　在进入正式研究阶段前，曾通过试访谈、实地观察法以及文献法收集到北县跨国移工的一些数据资料，据此形成了后续调查的一些想法与思路。笔者对移工跨国流动的兴趣始于 2013 年，因为 2013 年 6 月笔者的家人——敬爱的哥哥——大学毕业四年后做出了一个"勇敢"的决定即出国打工，这让笔者实感震惊。由于种种原因，前前后后折腾了近一年，2014 年 3 月他才成功办成各种手续到了日本。这激发了笔者对移工跨国流动的研究兴趣。其实早在 2012 年 6 月姐夫的妹妹就已去了日本，而

[①] 商务部网站"走出去"公共服务平台，网址：http://fec.mofcom.gov.cn/。
[②] 本书研究在获得移工许可的情况下使用移工社交平台的动态和相关资料。

2014年12月四爷爷家的堂妹也去了日本，2017年1月三姨家的表妹去了日本。由于少数受访对象与笔者有各种千丝万缕的联系，因此笔者并不想撇清这种关系，而是通过尽可能访问他们及其家人，来获取他们跨国流动的最真实想法和情景因素。其实，在受访移工中，大部分受访移工与笔者并没有任何关系，是安镇附近乡村或北县其他乡镇的移工，对其他移工的"半陌生化"甚至"全陌生化"使笔者时刻保持对"与笔者有关系的"移工回答的一种反思。正式的田野调查始于2015年2月，包括2015年2月、7—9月，2016年1—2月、8月，共计半年多的时间；在非田野调查的时间，笔者也会通过社交网络平台关注移工的空间动态，或与部分移工进行网上聊天等。由于接触的移工与笔者同县，因此语言（方言）沟通非常顺利。这种同乡的"亲近感"和女性身份使他们对笔者没有多少提防。在涉及个别问题时部分移工还会有所顾忌，如在国外打工期间配偶间的感情状况、收入情况等，但大部分移工并不会顾虑太多，他们往往持一种比较开放的心态谈这些话题。

四　文本结构及写作

本书根据研究主题和叙述逻辑需要，连同导论一共七章，各章的具体内容如下：

第一章是导论部分，交代研究缘起和研究问题，回顾梳理国内外劳工移民流动（包括首次跨国流动、重复流动和回流）的相关研究并进行述评，初步提出基本的分析框架与"复合因素驱动"的研究概念。最后，本章还系统介绍研究方法和田野工作情况。

第二章、第三章、第四章、第五章和第六章是本书的主体部分。第二章从历史维度简要评述全球化不同时期的跨国劳工，分析目前中国合同移工（contract migrant workers）的跨国流动与近代中国的契约（indenture）华工、"二战"后亚洲客工（guest workers）的区别与联系，以及目前合同移工产生的国家与市场背景。第三章、第五章和第六章分别探讨中国移工的首次跨国流动、回流和重复流动是如何发生的，为什么会发生，不同移工之间的行为有什么差异，他们的跨国流动行为如何受社会网络、市场和国家因素复合驱动。而第四章则描述并分析移工跨国的日常体验，这些日常体验是移工回流的重要背景。

第七章是结论与讨论部分，将再次探讨社会网络、市场和国家等因素对移工跨国流动行为的影响,并对首次流动、重复流动和回流三种流动行为中的复合因素进行比较和探讨,看同一因素在不同流动行为中的影响差异(见图1—4)。

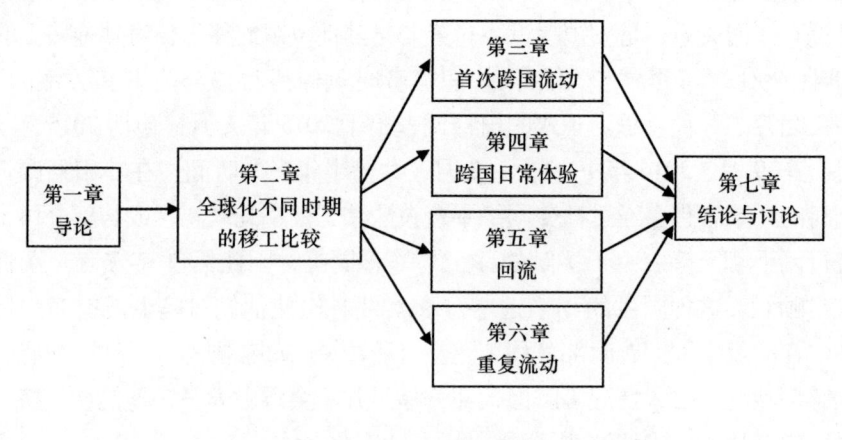

图1—4 文本结构

本研究凸显的主题是移工跨国流动的行为模式选择,包括首次流动、重复流动和回流,以民族国家、市场和社会网络三种因素为切入点,探究在这三种因素的共同作用下,人们的首次流动、回流和重复流动是否发生、如何发生以及为何发生。

最后,关于文本的写作需交代以下几点:第一,在叙述故事过程中,均使用"笔者"指代研究者,并试图尽量从研究对象角度将资料完整呈现。第二,出于学术伦理的要求,笔者对调查中的地点、人物进行处理,均使用化名或字母代替。相应的一些官方网站(如北县商务局网站)也进行匿名处理。第三,本书将涉及多国货币,如日元、韩元、新元和人民币等,在访谈资料处理中,如有需要,会将其他币种按具体情境时的汇率进行必要转换。同时,在文章写作过程中,除非明确指明是何种货币,否则"元"指"人民币"。第四,在实地调查过程中,笔者亲自拍摄了图片,还有一些图片或文字来自移工的网络社交平台动态,如QQ空间、微信朋友圈。需特别指出,书中对图片或文字的使用已获得受访对象允许,且对其出处进行了详细备注。第五,关于调查方言和文本转述。在整个调研过程,笔者使用的语言是S省地方方言,在进行文本转述时,必要时会保留方言词汇和话语。

第 二 章

全球化不同时期的移工比较

> 工业化的社会历史就是劳工迁移的历史。随着移民新时代的到来，国际劳工流动从未像今天一样如此普遍，或具有如此的社会经济意义。
>
> ——Castles，1986；Castles & Miller，1993：260

国际劳工移民一开始就是资本原始积累的一个基本构成（Sharma，1997：33）。临时劳工招募和合同劳工已持续几个世纪（Castles，1986）。亚洲——太平洋移民系统是最新国际移民系统（OECD，1992）。广义上的亚洲——太平洋地区的国际劳工流动共经历三个阶段：契约时代（the age of indenture）、客工时期（the period of guest workers）和合同劳工时代（the era of contract labor）（Goss & Lindquist，2000）。这三个阶段存在某种程度的延续性，主要体现在不均衡发展的角色、二元劳动市场、社会网络和移民机构等方面，但它们也存在一些差异。要理解国际劳工移民的"特殊主义"，就需用历史比较的方法，关注国际劳工移民延续性的同时，更要关注它们时间上的不一致和空间上的具体化。对当前合同移工跨国流动的研究绕不开历史上契约华工和客工的跨国流动，因此本章将运用历史比较方法探讨三者的异同，通过比较，发现目前亚洲合同移工在国际劳工脉络中的发展与变化，进而更好地理解合同移工的特征和处境。

对不同时期劳工比较之后，本章将从国家和市场层面对目前中国与日本、韩国和新加坡三国的劳务合作政策及基本情况进行描述与分析。之所以选择这三个劳工目的国，主要有两个原因：第一，日本、韩国和新加坡是中国对外劳务合作的重要国家，在 2014 年中国 180 多个劳务输出国家和地区中分别占第 1、第 5 和第 3 名（李世军、李理，2014）。研究这三个国家的中国移工，可以对中国合同移工的跨国流动有较好的把握。第二，日本、韩国和新加坡是中国劳务合作项下劳务派遣的重要国家，它们都是亚洲国家，具备亚洲移工跨国迁移模式的一般特征，如移工从事低技能行业、国家和中介市场发挥重要作用，同时三个国家由于外劳制度与法律不同，表现出一定的差异。共性与差异并存，通过比较这三个国家，可对劳务合作项下移工跨国流动行为的一般性与多样性，以及行为的影响因素有较好的理解。

第一节　合同移工与契约华工、客工的比较

本书中的"契约华工"指从19世纪到20世纪三四十年代[①]的出国华工，"客工"指1940年到1970年通过政府客工项目出国的劳工移民，合同移工则指1970年到目前阶段的合同劳工移民，包括20世纪70年代中期以来到中东地区的合同移民和80年代以来亚洲新兴工业经济体[②]移民（Athukorala，1993）。要对不同时期的国际劳工进行比较，就需了解劳工的整个跨国流动过程，包括劳工的产生、劳工流动的实现途径、劳工的构成、劳工的跨国处境以及劳工的回流。因此，对合同移工与契约华工、客工的比较可从五个方面具体展开：产生的结构背景和个体动机、劳工的招募与组织、劳工的性别职业结构、劳工的国外工作生活与身份性质、劳工的回流。

一　劳工的产生

劳工产生既包括结构背景，也包括个体与家庭层面的动机因素。契约华工产生于18世纪后，19世纪初逐渐增加，在19世纪50年代后达到高潮，直到20世纪三四十年代结束，前后两百年出国的华工约一千万人次（陈翰笙等，1985：1）。华工大致包括到拉丁美洲、加勒比地区和大洋洲各岛的苦力贸易、东南亚各地的"猪仔"贩运及美国、加拿大地区的赊单苦力（陈翰笙等，1985：6—9）。一方面，西方资本主义向东方侵略扩

---

① 历史上契约华工产生的具体时间没有定论，一般认为是18世纪后、19世纪初，因此本书以19世纪为契约华工产生及数量不断增加的时间。

② 亚洲新兴工业经济体包括日本、韩国和新加坡等。

张，野蛮掠夺海外殖民地，需补充大量廉价劳动力，然而奴隶贸易被禁止（朴尹正，2014：7；陈翰笙等，1985：1），中国劳工的辛勤劳动、努力工作、自我牺牲的精神和集体主义的精神使他们成为西方殖民者理想的"苦力"（Goss & Lindquist，2000；周敏，1995：37）。另一方面，西方资本主义的入侵导致中国沦为半殖民地半封建社会，小农经济逐渐解体，成千上万劳动者失去生计，不得不外出谋生（钱平桃、陈显泗，2001：274；陈翰笙等，1985：1—2）。契约华工怀揣发财后衣锦还乡的梦想，忍辱求生、辛苦劳作（叶华，2015：287），甘愿为家庭致富自我牺牲，对困难无所畏惧，他们的目的主要有三个：挣钱并积蓄、还债、回中国和家人团聚，过安定和舒适的生活（周敏，1995：55）。

　　客工政策在西欧国家的形成，很大程度上是战后经济扩张的产物（Martin & Miller，1980）。在"二战"后很多国家迅速引进临时劳工招募制度来加速战后重建工作和部分弥补战时人员的丧失（Castles，1986）。因此许多经济学家将劳工输入看作战后西欧经济长期繁荣的一个关键因素（Castles，2006）。美国、加拿大、澳大利亚和新西兰等环太平洋国家也采取客工输入政策。这一时期的客工输入由各国政府发起，并根据客工来源国和输入国的双边协议产生（Constant & Massey，2002）。客工主要来自殖民地和后殖民地社会的非技能工人（Goss & Lindquist，2000），驱使他们跨国流动的因素是输入国的更高收入。

　　经济全球化加速了国际劳工移民的流动。世界体系理论（Portes & Walton，1981）和二元劳动市场理论（Piore，1979）揭示了当前合同移工产生的结构背景以及由此产生的个体动机。资本由核心向半边缘国家和边缘国家的渗透产生了大量以出卖劳动力为生的工人，资本渗透产生的低人力成本与被刺激的消费、发展需求之间的矛盾（汪建华，2013）推动了合同劳工的跨国流动。与此同时，移入国的次级劳动市场对国外廉价劳动力产生需求，劳工主要从事目的国的"3D"行业，属低技能或无技能的重复性劳动。除经济动机驱动外，越来越多的合同移工还受对海外生活的文化想象及对"现代性"的追求、探索与体验的非经济动机驱动（蓝佩嘉，2011：163—166）。

　　契约华工和合同移工本质上都产生于资本扩张，但契约华工产生于中国半殖民地半封建社会时期，不平等的国家政治关系和掠夺性的经济关系是主要的宏观背景因素，客工时代移入国和移出国处于相对平等的政治经济关系,而合同移工时代国家间是平等的政治关系和合作的经济关系。三者的目的都是缓解劳动力短缺,它们都将劳工看作临时性的,假定他们最终会回到故土。在个体动机上,契约华工、客工和合同移工都产生于对金钱追求的经济目的,即赚钱回国,但合同移工还具有基于发展理性的非经济动机,如长见识、磨炼自我和追求暂时的自由,他们将海外旅程看作一种冒险和探索,存在一种对海外的现代性想象。

二 劳工流动的实现途径

国际劳工流动的实现途径,也即劳工流动何以可能、流动的组织架构探讨,具体而言是劳工的招募和组织。契约时期,华工通过签订契约到国外打工。契约(雇工合同)明确规定了雇主和雇工的权利与义务,主要内容包括华工在国外的服务期限、每天工作时长和休息时间、每月工资、生病时的医疗照顾等。从法理上说,签订契约双方应是平等主体,契约具有法律效力(袁艳,2013:64),但很多契约华工是被拐卖或被迫签约(袁艳,2013:31)。无论是猪仔贩运或赊单移民,还是苦力贸易,都是对中国人民的非法掳掠(陈翰笙等,1985:10),世界范围内契约华工的招募和组织存在具体差异,但大体相一致,主要通过两种途径:一种是殖民国家在华机构直接招雇;另一种是中国人作为代理人回国后招诱华工,被招雇的华工可立约而赊欠旅费,由客贩与船主或欧洲经理谈妥,这些客人(指华工)的船费预付或暂欠。华工到达目的地后转卖到雇主手里,客贩可获得旅费或一大笔利润,华工则因微薄的工资而为雇主打工(钱平桃、陈显泗,2001:248)。契约华工的出国打工,存在一个巨大的跨国苦力贸易网络,包括轮船公司、代理机构、商行、著名的家族以及管理机构等。苦力经纪人、运输人、购买者及投资者的网络巨大(袁艳,2013:29)。

与契约华工不同,除受合同约束外,客工和合同移工还受目的国劳工输入政策和制度制约。客工是基于政府双边协议并由政府组织和招募,具有明显官方性质,而目前的合同劳工既受国家的管理,还受商业化运作的影响,并不是单纯由政府组织和招募,还有许多私人机构和地方公共机构作为劳务中介进行劳工招募,即合同劳工的招募更加多元化和市场化,呈现规制集中化和管理碎片化的双重特征(Lindquist et al.,2012)。

契约华工、客工和合同移工的招募中,传统社会网络中的代理人是劳工能够成功被招募的关键要素，但三种劳工的招募和组织主体并不相同。契约华工的招募和组织涉及轮船公司、代理机构、商行、著名家族以及管理机构。客工的招募和组织出自政府的官方行为（Constant & Massey, 2002）。合同移工是通过私有化的中介公司或地方公共机构招募，国外中介机构不能直接进行劳工招募。合同劳工的招募和组织涉及移工个体、移工社会网络、移入国和移出国的劳务中介机构和国外雇主，呈现多元化、商业化、规制集中化和管理碎片化等特征。三者最大的区别是很多契约华工是被暴力掠夺和坑蒙拐骗出国，而合同移工和客工则基于自主自愿原则出国；前者主要通过合同约束劳工，后两者主要通过合同和目的国法律制度和政策来约束。

三 劳工的构成

劳工构成指劳工结构，主要包括性别结构和职业结构。契约华工基本是男性，普遍较贫困，选择出国打工大多只想暂居国外（朴尹正，2014：8），挣钱后回国，在国外（主要是各殖民地）从事种植园、煤矿、铁路等工作。客工时代的劳工大部分仍是男性，从事非技能的农业、服务业和工业（Goss & Lindquist, 2000），女性劳工占比较小且主要从事家政服务业等（Wong, 1984）。合同劳工在性别方面比契约华工和客工更加均衡，女性劳工逐渐增加（李其荣，2008；李明欢，2007），数量得到前所未有的发展，从事家政服务业、护理业，还会在制造业、水产业、餐饮服务业、农业等领域工作。从契约华工到客工再到合同移工，劳工的性别结构由男性构成转变为男性为主，再转变为女性数量迅猛增加，性别构成更加均衡；劳工的职业结构也不断变化，可从事的行业工种不断增加。

四 劳工的跨国处境

劳工的跨国处境主要指劳工在国外的工作和生活情况，及由此引申的劳工身份性质的讨论。很多契约华工被拐卖或被迫签约，因此一开始契约华工与雇主就处于不平等地位。很多雇主拒不履行契约规定，如工作时间远超12小时，每天吃不饱，支付的工资不是钱而是物且必须到指定店铺取物，工作环境恶劣，工作时间长，强度大，可进行买卖，死亡率极高（袁艳，2013：68）。契约是一纸空言，签约后华工完全丧失人身自由（钱平桃、陈显泗，2001：274；袁艳，2013：68），苦难的生活、疾病的折磨、严格的纪律（马骊，2015：57），使很多华工病倒，医疗和生活根本无法保障（叶华，2015：303）。国内外学界就契约华工的身份性质展开过广泛讨论，但观点并不统一，共两种主要观点：大部分学者认为契约劳工制度是一种变相奴隶制，是资本主义原始积累时期的产物（钱平桃、陈显泗，2001：275；引自袁艳，2013：4—5），虽然殖民国当局宣传为自愿移民，但与契约奴隶并无二致，甚至比奴隶所受虐待更惨，因为奴隶是主人的终身财产和劳动工具，而契约华工只是契约期内为主人劳动的奴隶。殖民者往往在很短时间内，用最残忍手段榨尽华工的全部血汗（陈翰笙等，1985：9，13）。也有学者认为，虽然本质上与奴隶制相同，但契约华工从理论上说不是奴隶，因为他们领工资且完成契约后可获得自由，因此契约劳工是从奴隶向自由劳动力转化的一种中间形式（袁艳，2013：6—11）。关于契约华工的身份性质并无明确定论，但不可否认他们在国外工作生活中受到严重奴役、压迫和剥削。

客工与合同移工建立在国家间及劳资间相对平等的基础上，虽然在输入国次级劳动市场工作，工作时间长、环境差、待遇低，但他们比契约移工好很多，部分客工和合同移工也受到雇主剥削和虐待，但与契约华工时代相比相去甚远，更与奴隶制没多少关系。契约华工或多或少被奴役（Goss & Lindquist，2000），而客工和合同移工则基于自主自愿原则。客工制度下各国政府限制客工权利，最小化家庭团聚，限定居留时间，给予相对低的工资，他们在不良的工作条件下工作，对社会基础设施的需求较小且不会参与到劳工抗争中。因此学者卡斯尔斯（Castles，2006）指出，这些国家输入的是"劳动力"而非"人"。合同移工制度基本延续客工制度，尤其是对劳工角色的设定，即移入国输入的是劳动力，它们通过"歧视性"规则否定移民工人的权利。但客工在某些方面要优于合同移工。由于欧洲福利国家采取普遍主义原则分配资源，移工得以享有奠基于住民身份上的经济权和社会权，至少在理论上（虽然与现实仍有差距），移工在欧洲得以享有某种"没有公民身份的成员身份"（蓝佩嘉，2011：45）以及某种程度的实质权利（Brubaker，1989：145 – 162）。合同移工在劳工权利方面不如客工，受移入国严格的制度制约，不像欧洲客工一样具有基于住民身份上的一些权利。

在生活和文化适应方面，三个时期的劳工最初都对输入国的同化不感兴趣，不同的是，契约华工在国外往往聚集生活在一起（周敏，1995：52），欧洲和其他移民社会也出现了客工聚居区,但亚洲由于严厉的劳工输入政策、配额管制等,产生"一个萝卜一个坑"的劳工输入(项飚,2011),合同劳工居住非常分散,此居住模式使他们在国外的生活相对隔离。

五 劳工的回流

根据合同和制度的设定以及劳工意图,他们的迁移行为都属短期迁移行为,至少在一开始,他们打算出国挣足够的钱来提高家人的经济条件,且在几年之内回到"故土"(Constant & Massey,2002),但不同的是,在契约期内华工会聚居生活在一起,与异族隔开,对国外的适应往往只为挣钱(周敏,1995:52)。尽管大多数契约工人最终回到家乡(Goss & Lindquist,2000),但许多国家的契约华工在合同结束后并没有立即回国,而是辗转到其他国家或留在当地,形成少数族群且持续影响后续移民模式,他们成为各个国家早期中国移民的重要组成部分。他们没有回国既因为合同结束后即可获得自由,没有强制遣返,也因为当时中国国内的政治乱局难以回国(朴尹正,2014:8)。

临时劳工政策假定外籍工人最终会回国,并将客工的临时行为称为"旋转",但在西欧和美国很多客工并没有回国,而是变成永久居住者(Castles,1986,2006;Constant & Massey,2002;Martin & Miller,1980)。有意图的临时劳工制度变成了永久定居的形势,给客工输入国带来相当大的经济和社会压力(Castles,1986)。返乡移民的构成中,在1961—1976年大约有2/3到德国的客工返回家乡,其中来自欧盟国家的移民返乡率尤其高,那些没有自由移动权利的移民返乡概率较小(Bohning,1981)。在客工招募结束30年后,客工仍占德国劳动力的8%以上,尽管很多客工被问到时仍声称他们最终会回家(Constant & Massey,2002)。而来自墨西哥的美国客工也有相当大比例的人没有回到墨西哥(Martin & Miller,1980)。

客工的回流原本结构性嵌入移民进程,但很多临时客工却变成永久居民,这主要受四种因素影响:第一,部分客工没有在国外挣足够的钱和攒足够的钱来实现自己的经济目标,因此回国意愿衰退。第二,客工移出国政治经济形势弱化,尤其是经济衰退,使早期期待的回国看似越来越不可行(Castles,1986)。这种"旋转"政策的有效性需客工在家乡有可接受的工作，但以墨西哥为例，墨西哥国内的失业问题及美国和墨西哥间的工资差异使劳工不会如此顺从这种强制旋转（Martin & Miller，1980）。土耳其和北非的经济衰退比欧洲更加严重，因此客工留下来很大程度基于经济动机。第三，移民的目标往往与生命周期相关，一些年轻客工随着年龄增加在当地建立了家庭，最初的"临时"计划改变。第四，"人权"理念以及各种亲移民势力联盟，包括工会、教会和民权组织等，通过他们与社会民主和自由党的联系来影响政策（Castles，2006）。伴随临时客工变成永久居民，家庭团聚移民越来越多，跨国社区不断发展。这种定居促进了客工输入国后续多元文化产生，且发展出客工自我维续的一种网络（Goss & Lindquist，2000）。

合同移工的回流同样嵌入在流动的结构进程中。与契约移工不同，合同移工在回流上更多受国家外劳制度制约，尤其是移入国劳工输入制度影响，一旦合同到期且无法续约，无论移工是否愿意，都将被强制回国。这种"最长停留时间"和"强制回国"的制度规定，代表了一种制度的治理艺术和模式，体现了国家政治的自主和主权（Xiang，2014：170 - 171）。欧洲和其他环太平洋移民社会的客工抗争为多元主义和多元文化的发展打开一个空间，但合同移工时代，由于亚洲地主国的领土有限、人口密度高以及种族同构型强等特点，对外来移民的管制普遍从严，目前没有一个输入国允许低阶劳工入籍归化（蓝佩嘉，2011：45 - 46）。

综上所述，契约华工和合同移工本质上都产生于资本扩张，但契约华工产生于中国半殖民地半封建社会时期，不平等的国家政治关系和掠夺性的经济关系是主要宏观背景，而合同移工时代移入国和移出国在政治上平等，经济发展水平虽有显著差异，但国家间仍属平等的对外贸易关系，这时国家间是平等的政治关系和合作的经济关系。两者都具有明显经济动机，但合同移工除有经济动机外，许多还有对海外生活体验和探索的非经济动机。在性别构成上，契约华工多是男性，而合同移工中女性移工数量不断增加。两者的招募和组织虽都涉及巨大的跨国网络，且劳工个体的传统社会网络扮演着重要角色，但两种劳工招募和组织网络的主体并不相同，且招募途径也有很大差异。最大区别是很多契约华工被暴力掠夺和坑蒙拐骗出国，而合同移工则基于自主自愿原则出国。契约华工在国外的工作生活与合同移工也有很大不同，契约华工很大程度上是奴隶制的翻版；合同劳工与契约劳工遭受的苦难相比差距甚远。契约华工和合同移工一开始都有临时性质，都是临时旅居者，希望能挣钱回家过安定幸福生活，不同的是，契约劳工在契约结束后即可获得自由，无须强制遣返，而合同移工则受国家严格的劳工移民制度影响，合同到期且无法续约时将被强制回国。

客工制度与合同移工制度非常相似，都是劳工输入国为缓解本国劳动市场（主要是次级劳动市场）劳动力短缺而采取的临时举措，它们将劳工看作临时移民，假定他们最终会回到故土，且制定法律制度和政策来约束他们。两种制度存在很多共同点，尤其是通过"歧视性"规则否定移民工人权利，包括家庭团聚、定居、享受不错工资待遇和工作条件、参与劳工抗争的权利等（Castles，2006）。此外，劳工移民一开始都具有短期迁移意图，但不同的是，客工的招募和组织出自政府官方行为，而合同移工则呈现多元化趋势，劳务中介的商业化日趋明显。在性别和职业构成上，客工主要是男性劳工，而合同劳工中女性劳工移民不断增加，且从事行业领域和工作种类迅速增加。在流动动机上，客工和合同移工都基于经济动机，但不同的是，合同移工还具有非经济动机。在回流上，许多客工并没有按照预期计划回国，而是变成流入地的长久居民，这既有移出国政治和经济形势的衰退，也有移工自身的原因，如没有挣够钱，已在移入国建立家庭，还有各种亲移民势力的联盟和推动，客工在移入国建立起少数族群社区，并形成一种自我维续网络，而合同移工并没有如此幸运，亚洲各国严厉的移民法律、准入政策和遣返政策使劳工滞留非常困难，各种亲移民势力并没有发挥作用。因此，这就决定亚洲目前的临时劳工移民将有一条更艰难的路要走。

将亚洲合同移工的典型特征概括可知，主要包括六点：第一，临时的低技能就业，劳工移民通过短期合同（具体时间长度因国家而异）被雇用，在合同到期后必须回移出国，直接后果是他们并不能积累社会福利，且大多数居住在宿舍或流动工人招待所内（labor camps），与当地社会很少互动，且家庭团聚不被允许。第二，私人中介，大量亚洲移民通过私人招募业中介被雇用和安置，在移出国和移入国的私人中介分别与劳工移民和国外雇主签订合约，桥接两者，招募者发挥安置机构的功能。第三，女性移民数量增加，主要来自菲律宾、印度尼西亚和斯里兰卡。第四，非法移民数量巨大，东亚国家的非法移民主要是逾期滞留者，即通过合法手段进入，但在签证或合同到期后停留，南亚和东南亚国家的非法移民则主要通过穿越国境的形式，过度的限制政策产生了非法移民。第五，国际合作，移出国和移入国的移民政策对劳工移民的迁移有重要作用（Battistella，2014：10，14-15）。第六，劳工移民和国外雇主的"捆绑关系"（Hugo，2009），劳工移民在国外打工期间不能更换雇主（项飚，2011），但具体情况因国而异。

第二节　日本、韩国和新加坡的外劳制度与市场

在全球化进程中，临时劳工移民没有随欧洲 1973—1974 年的招募禁令而结束（Castles，2006）。1980 年后亚洲新近工业经济体的移民迅速发展（Athukorala，1993），资本的投资和工业化推动了亚洲内部大规模国际劳工的流动，而这些国家往往通过合同劳工制度对劳工流动进行管理（Skeldon，2000）。日本、韩国和新加坡是经济富裕的亚洲国家[①]，也成为廉价劳工的重要输入国。

一　日本的外劳制度和市场

日本和韩国是拥有少见族群同质性的东亚国家（Castles & Davidson，2000；蓝佩嘉，2011：50），它们致力于民族主义的发展，政治制度与移民社会非常不同，民族意识通过强有力的本土意识建构（Goss & Lindquist，2000），因此它们采取严格把关的移民政策，设定外国人申请永久居留或归化的高门槛（蓝佩嘉，2011：50）。出于国内民众就业环境、社会治安和社会成本增加等因素的考虑，日本一直没有对外开放劳务市场[②]，但随着少子化和老龄化的严重、一般工人对次级劳动市场就业的逃避，以及边际劳动力（妇女和孩子）储备的不足（Goss & Lindquist，2000），部分劳动密集型行业劳动力短缺，为此日本以"外国研修生/技能实习生"的名义引进劳动力，从事农业、食品加工、缝纫等技术含

[①] 资料来自《对外投资合作国别（地区）指南：新加坡（2015 年版）》，第 3 页，网址：http://fec.mofcom.gov.cn/。

[②] 资料来自《对外投资合作国别（地区）指南：日本（2015 年版）》，第 54 页，网址：http://fec.mofcom.gov.cn/。

不高的工作①。

这里需明确指出两点，第一，因为日本的《出入国管理及难民认定法》禁止外国人在日本进行纯体力劳动（谷富夫，1993），因此日本没有对外开放"劳务市场"，指没有对外公开开放低端劳动力市场，而是以"技能实习生"② 名义引进劳动力，目的是促进对日本技术、技能和知识的学习，推动发展中国家发展。第二，日本"技能实习生"与留学生、"就学生"是三个不同的群体，从 20 世纪 80 年代以来三者共同存在。"研修·技能实习生"以学习日本技术为名引入，在接收企业中开展技能学习活动（实则为打工）；正式的留学生则以留学名义引入，在日本大学中学习；"就学生"③ 是 20 世纪八九十年代被研究比较多的群体，指自费到日本留学，因语言熟练程度不符合要求，不能升入各大学学习而先进入语言学校学习日语的外国学生（包括其他技艺学校的学生），他们不是正式留学生，在日本被称为就学生或难留学生，以区别于正式留学生（就学生签证，2005）。他们的学习期限最长为 2 年，通过考试（中国驻大阪总领事馆教育组，2004）即可从日语学校升入大学、短大④、专门学校学习，此时"就学"签证将变更为"留学"签证（就学生签证，2005）。就学生制度是日本特有的留学制度（中国驻大阪总领事馆教育组，2004）。本书中的赴日移工以"研修·技能实习生"为对象，因此不对留学生和就学生进行讨论。

(一) 日本的外劳制度和宏观市场需求

所谓外国人研修制度，是以为发展中国家做出国际贡献、提供国际支持为目的，学习移入国技术、技能、知识等，并提供支援的制度（任艳艳，2013：8）。日本的研修生制度最早始于 20 世纪 60 年代，1981 年日本法务省设立"研修"在留资格（胡义萍等，2009）。1983 年 6 月第一次成功接收来自中国的 21 名研修生，但这项活动并没有在全国实行。1989

---

① 资料来自《对外投资合作国别（地区）指南：日本（2015 年版）》，第 54 页，网址：http：//fec.mofcom.gov.cn/。

② 2010 年 7 月 1 日之前，"技能实习生"称为"研修·技能实习生"。

③ 虽然一些人以"就学"名义入境，却从事不符合居留资格的劳务等活动，但他们与技能实习生仍存在身份上的差别。关于"就学生"的研究，可参见上海出现有闲阶层（1992）、陈林（1994）、王桂新（1997）、中国驻大阪总领事馆教育组（2004）、就学生签证（2005）等。

④ "短大"在日本相当于中国的专科学校。

年日本修改《入境管理法》，日本外国人研修制度的基本框架与理念从此时开始演变（任艳艳，2013：8）。1993年建立起外国人技能实习制度，1997年将其居留期间规定为2年（与研修居留期间合计最长为3年），1999年政府公布了《关于研修生和技能实习生的入境——居留管理指针》（胡义萍等，2009），2007年对原来的制度进行修订，2010年7月1日在此基础上再次进行修订，修改了《出入境管理及难民认定法》，伴随生产活动等实际业务的技能学习活动，终于被归类到技能实习制度之中（任艳艳，2013：8），并将新修订的制度改称为外国人技能实习制度（李世军、李理，2014）。然而作为在留资格的研修①没有被废止，作为一种学习技能的资格继续存在，只是研修期间不再从事实际业务的操作（任艳艳，2013：8-9）。日本的外劳制度②由研修生/技能实习生制度向技能实习生制度③转变，是日本存在近30年的研修生制度的一大进步。

研修生和技能实习生区别在于，研修生目的是学习技能、技术和知识，不得以获取工作报酬为目的，职种是单纯的同一业务，在留资格是"研修"资格，在留时间为一年，作为研修生，他们不可以劳动，支付的并不是工资而是研修津贴，不被允许加班，工伤保险、雇佣保险和健康保险、劳动法令和就业规则对他们都不适用；而技能实习生目的是通过劳动掌握实践技术，通过实践提高对技能的掌握程度，在留资格是"特定活动"，再留时间为两年，他们与接收企业是雇佣关系，支付的是工资而非津贴，加班、节假日都可以劳动，工伤保险、雇佣保险和健康保险、劳动法令和就业规则对他们都适用。研修生是学习者而不是劳动者，不适用与劳动相关的法律，而技能实习生是劳动者，适用日本有关劳动方面的法律。改革之前，研修生·技能实习生在日本总共可在留三年（任艳艳，2013：9-13）。

---

① 改革之后的研修期只有1—2个月，又称为讲习期。
② 虽然日本并不承认研修/技能实习生是外劳（外籍劳工），而将其定为学习和传播知识与技能者，且财团法人国际研修协力机构（JITCO）（2010b：4）明确指出，该制度既不是单纯劳动力的接收，也不是接收追求金钱目的的人，目的在于"人才培养"，但从研修生/技能实习生所从事的行业领域和工作，以及学界的一些评价来看，该制度旨在满足中小企业劳动力需求，是变相引入外国廉价劳动力。因此，本研究将直接称这种制度为"外劳制度"。
③ 目前有学者将修改后的制度称为"技能实习生制度"，也有学者称为新"研修·技能实习生制度"。

2010年7月1日实行新的外国人技能实习生制度，取消第一年研修期①，劳务人员在赴日后经1—2个月的讲习培训直接成为"技能实习生"，与接收企业签订劳动合同，获得劳动者身份（任艳艳，2013：13）。在1—2个月的集中见习和工厂见习阶段，技能生不参与企业的生产活动。讲习阶段结束，根据与企业签订的合同从事生产活动。技能实习生在日本最长停留时间在2015—2016年有所变化，从1997年开始的3年转变为5年。2016年11月，日本正式通过外国人技能实习制度适正法，规定技能实习生的期限从3年延长至5年②（魏晨，2017）。与此对应的是"二次返日"政策实施，技能实习生回国一年之内重新返日的可再工作两年，满一年以上的重新返日可再工作三年，该项规定自2015年4月1日起实施③。技能生在日本期间受《日本劳动基准法》和《最低工资法》等相关法律保护，同时需缴纳厚生年金、所得税、住民税，加入雇佣保险和社会保险等。截至2016年4月，新的"研修·技能实习制度"允许技能生从事的工种有农业、畜牧养殖业、建筑、金属加工、服装加工、食品加工等74个工种、133个作业种类。目前日本只接收来自15个国家的研修·技能实习生，中国是主要派遣国，占研修生总人数八成左右。日本研修·技能实习生制度的主要法律依据是《关于研修生及技能实习生入国·在留管理指针》（入国管理局）以及劳动基准法（厚生劳动省）和《最低工资法》④。

（二）日本的外劳接受与管理

日本研修制度的接收方式分为企业单独型和团体管理型（任艳艳，2013：20；胡义萍等，2009）。企业单独型指一些大企业接收其海外投资企业或有贸易往来的企业选派的研修生。而据国际研修协力机构（JITCO）数据显示，团体管理型（或监理型）是研修生派遣的主要渠道（任

---

① 《出入境管理法》改革之前，第一年称为研修期，研修生是学习者，不受相关劳动法律保护，一年后进行技能考核，合格之后转为技能实习生，是日本劳动法上的"准劳动者"，适用《劳动标准法》《最低工资法》的相关规定（任艳艳，2013：13）。

② 虽然2016年11月技能实习生最长停留时间延长至5年，但截至2016年12月，北县招募的日本移工最长停留时间仍为3年。

③ 虽然"二次返日"政策于2015年通过并实施，但由于缺乏具体实施细则和规定，并没有在回流移工中传播扩散。

④ 资料来自《对外投资合作国别（地区）指南：日本（2015年版）》，第77页，网址：http://fec.mofcom.gov.cn/。

艳艳，2013：20），它由一级接收单位（接受团体）和二级接受单位组成。一级接收单位包括商工会议所、商工会、中小企业组合、非营利组织（社团法人和财团法人）和农业协同组合；二级接受单位主要是一级接受单位的成员公司，通常为中小企业（胡义萍等，2009）。这种团体监理型主要通过外国的专门接收研修生的企业，与日本引入研修生的组合企业单位进行合作，将外国人研修生引入日本（金惠怡，2015：10）。

通过研修·技能实习生制度引进外国劳务，日方的接收机构（一般为团体管理型中的一级接收单位，也包括企业单独型中的一些大企业）需具备日本官方认可的资质，在与劳务输出企业签订劳务合作协议后，负责人向入国管理局提交"在留资格"所需书面材料，在获得技能实习的在留资格后，外国劳动者方可申请赴日签证。外国劳动者入境后，日方的接收机构负责对与外国劳动者签订雇佣合同的企业进行指导和管理。日本法务省的入国管理局是外国劳务的监管机构，负责审批外国劳务的"在留资格"，对负责引进外国劳务的机构或企业进行监管，对违反"入管法规"者进行处罚[①]。国际研修协力机构是由日本法务省、外劳省、经济产业省、厚生劳动省及国土交通省共同管理的财团法人，为中小企业和组织接收研修生提供广泛的支持与服务（胡义萍等，2009）。因此，日本外国劳工的接收主要通过其地方政府部门（地方入国管理局）与监理团体（如中小企业组合和农业协同组合等）或企业以及国际研修协力机构（JITCO）的通力合作来完成。监理机构或企业主要负责与地方政府部门进行详细的手续办理，如向地方入国管理局申请办理各项许可等（李世军、李理，2014）。

二 韩国的外劳制度和市场

韩国由于国内劳动力短缺，20 世纪 80 年代后期开始模仿日本做法，以研修生方式引进外籍劳务[②]。韩国 1993 年开始实施产业研修生制度，规模引进外籍劳工。同日本研修生和技能实习生的区别相似，韩国的外国

[①] 资料来自《对外投资合作国别（地区）指南：日本（2015 年版）》，第 55 页，网址：http://fec.mofcom.gov.cn/。

[②] 资料来自《对外投资合作国别（地区）指南：韩国（2015 年版）》，第 48 页，网址：http://fec.mofcom.gov.cn/。

人研修生也分为产业研修生和就业研修生①，前者可在韩国工作一年，主要目的是边学技术边工作，一年后经过考核成为就业研修生，可以熟练工人身份在韩国继续工作两年，且受韩国劳动法保护。韩国 2004 年 9 月 1 日又推出雇佣许可制，实施两制并行的双轨制政策，2007 年 1 月 1 日，韩国政府中断两制并行的措施，实施"雇佣许可制"② 单一制度下的外籍劳工引入政策。在雇佣许可制度下，外籍劳工与本国员工享受同等劳工待遇，包括组织工会权、罢工权和最低工资要求。雇佣许可制实行合同制，时限 3 年，时限到期后征得雇主同意可续签合约。直到 2007 年韩国和中国政府才签署谅解备忘录，将雇佣许可制适用于中国劳工（项飙，2011）。根据《中韩雇佣许可制谅解备忘录》有关规定，中国劳务人员可进入韩国制造业、渔业、农业、建筑业和服务业等领域工作③。

产业研修制和雇佣许可制相比较，前者重在技术研修，后者目的是合法引进和使用外籍劳工；前者的依据是《出入境管理法》《出入境管理法实施令》和部门规章《外国人产业研修制度指导方针》等，后者的法律依据是《外国劳动者雇佣许可法》《外国劳动者雇佣许可法实施令》和部门规章《外国劳动者雇佣许可法施行细则》；虽然两种制度的最高决策机构都是外国人力政策委员会，办理签证许可都要通过法务部，但前者的主管部门是相关行业的政府主管部门，而雇佣许可制的业务全部由劳动部负责；就业务运营机构的性质而言，前者由韩国相关行业协会负责推荐和引进研修生，这些行业协会是由企业联合成立的行业协调组织，具有民间性质，研修生的派遣业务则由韩国各行业协会选定的外国派遣公司承担，后者中企业对外国劳动力的申请工作由劳动部所属的人力雇佣安定中心负责，韩国人力工团负责外国劳动者的引进工作，代理企业委托事项，这两个机构都属于国家拨款的公共机构。外国劳动力的选拔、派遣与培训由派遣国政府部门或国家拨款的公共机构进行运作，严禁以赢利为目的的个人和民营机构介入。具体运营方式上，研修生引入后统一分配给各企业，企

---

① "韩国打工：韩国研修生制度介绍"，2013 - 01 - 18，网址：http://www.chuguo.cn/news/216016.xhtml。

② "雇佣许可制"指允许在韩国境内招聘不到合适劳动力的企业以合法方式雇用一定数量的外籍劳工的政策制度（金永花，2009；李世军、李理，2014）。

③ 资料来自《对外投资合作国别（地区）指南：韩国（2015 年版）》，第 102 页，网址：http://fec.mofcom.gov.cn/。

业没有挑选的权利，而雇佣许可制下的韩国企业有权挑选符合要求的求职者，并签订劳动合同。产业研修生的工作期限最长3年，1年研修期满后再就业两年，雇佣许可制下的最长停留时间是4年10个月，即停留3年后可续签1年10个月①（Castles & Ozkul，2014：39），后者是每年签订劳动合同，两种制度都有3个月的实习期（王国连，2007）。研修生不享有劳动者的权利和地位，而雇佣许可制下的外国劳动者享受劳动三权（结社权、谈判权和团体行动权）以及与韩国劳动者同等的待遇，并适用于《外国劳动者雇佣许可法》《外国劳动者雇佣许可法实施令》和部门规章《外国劳动者雇佣许可法施行细则》等（王国连，2007；金永花，2009）。

日本的研修·技能实习生制度与韩国2007年前的产业研修制度非常相似，虽然名义上是向发展中国家进一步转移促进其经济发展的技术、知识和技能，以及培养人才，但实际上都是为满足其中小企业对劳动力的需求，旨在解决其国内相对严峻的劳动力短缺问题，具有满足劳动力需求的性质和作用（李世军、李理，2014），这其实是变相引入外国廉价劳动力。这种研修制度的屡次修改，使日本和韩国引进外国劳动力的制度不断完善，对两国外国劳工的处境带来较大改变，但它的本质并没有改变，制度缺陷的根源依旧存在。即使韩国后来实行了雇佣许可制，规定雇主不得以外国劳动者为理由给予不当的差别对待，且外国劳动者同样适用于《劳动关系法》《产灾保险法》和《最低工资法》，享有劳动三权（王国连，2007），但实证调研显示，雇佣许可制不大可能从根本上改变目前的招工模式（项飚，2011）。

三 新加坡的外劳制度和市场

新加坡是亚洲经济发展最快的国家，长期保持对外籍员工的强劲需求。据新加坡人力部（Ministry of Manpower）统计，在新加坡工作的外籍员工已由1980年的13.2万人增加到2010年的111万人，包括无证劳工有关数据高达120万人（廖小健，2011）。引入行业主要有建筑业、制造

---

① 2008年7月前，依据《外国人雇佣法》，与韩国雇主续签合同的劳工，可在出境1个月后进入韩国就业，7月后，外籍劳工雇佣等相关法律修正案中公布，取消外籍劳工（与雇主续签合同的劳工）回国1个月之后才可入境的规定（韩国劳动部公告2008 - 118号）（金永花，2009）。

业、海事业和服务业，外籍劳工主要来自马来西亚、中国、印度和泰国等（陈小谊，2010：6）。在新加坡的外籍就业人员中，持 WP 准证和 S 准证的外籍人员（包括熟练技术工人、半技术工人和非技术工人）[①] 占绝大多数，约占 85% 左右。准证由新加坡雇主申请办理，分一年期和两年期两种，外籍劳工要为准证上注明的雇主工作，从事准证注明的工作和职种，外籍员工与雇主解除雇佣关系后，准证失效，如果找不到新工作，申请不到新准证，外籍员工必须离开新加坡（廖小健，2011）。新加坡主管当局和雇主有权取消外籍工人的工作准证，准证失效 7 日内外籍工人必须离开新加坡，否则会受到《移民法令》惩罚[②]。新加坡政府对外籍员工实行严格的配额管制，对不同行业实行不同的配额限制。如建筑企业雇用外籍劳务的额度限制为 1∶7，即每雇用一名新加坡公民或永久居民，公司可最多申请雇用 7 名外籍工人，同时公司要每月为外籍工人支付外劳税[③]，此外，建筑工人赴新加坡务工，必须先通过建设局组织的技术资格专门考试。与外籍劳工最相关的法律是《外国工人雇佣法案》，2007 年 5 月 22 日通过的修订稿更名为《外国人力雇佣法案》。该法案列明了雇用外国工人的条款和条件，规定了对雇主或工人违法行为的处罚。2012 年 11 月对该法案进行第一轮修订，加大了对违法行为的处罚力度。[④]

与韩国不同，新加坡的经济政策比较自由，雇主只需证明他们需外国劳工，同时不超过政府规定的"外劳顶限"（dependency ceiling，即公司雇用的外籍劳工与本地工人的比例），外国劳工的国籍符合政府的规定（如中国国籍的女性不得从事家庭服务业），外籍劳工即可进入新加坡。

[①] WP 准证（工作准证，Work Permit）属于体力工作，是新加坡政府发放最多的准证类型。S 准证（S pass）是新加坡政府应市场对中级技能员工的强劲需求，发给技术工人的就业许可，是较 WP 准证高一级的就业准证，更是新加坡人力部于 2004 年 7 月 1 日开始实施的一种新型工作准证，S 准证人员有一定认可的学历和技术水平。WP 准证专门针对月薪不超过 1800 新元的技术工人，适用于制造业、建筑业、加工业、海事业和服务业，而 S 准证则针对月薪不低于 1800 新元的专业人士，适用于各行业。（陈小谊，2010：17；廖小健，2011）

[②] 资料来自《对外投资合作国别（地区）指南：新加坡（2015 年版）》，第 49 页，网址：http://fec.mofcom.gov.cn/。

[③] 外劳税，是新加坡雇主按照所雇外籍员工持有的准证和产业类别，每月向政府缴纳的劳务税，政府根据不同行业可雇用的外劳顶限和企业实际雇用的外劳所占比例，由低到高征收不同的外劳税（廖小健，2011）。

[④] 资料来自《对外投资合作国别（地区）指南：新加坡（2015 年版）》，第 48、69 页，网址：http://fec.mofcom.gov.cn/。

新加坡政府禁止雇佣公司直接从外国招募劳工，劳工招募需由新加坡的私营招聘公司负责，在2007年就已有1618家持证中介从事外籍劳工的招募（项飙，2011）。他们必须通过新加坡人力部指定且由中国驻新加坡大使馆认可的招聘中介进行招工。

中国是新加坡外籍劳工的主要来源国之一（陈小谊，2010：6）。与日本、韩国的老龄化现象相似，新加坡的人口老龄化和低出生率也推动了对国外劳动力的需求（陈小谊，2010：8）。中国承包工程和劳务合作公司在1985年进入新加坡市场（廖小健，2011）；2007年5月22日，《外国人力雇佣法案》①放宽了对引进中国工人的行业限制，并规定了新加坡海事业、制造业和服务业公司聘用中国员工的人数（陈小谊，2010：14）；2010年在新加坡打工的中国人有20万人，主要包括对外劳务合作公司派出的工人，以及通过就业中介机构、无牌公司或个人关系到新加坡打工者，占新加坡外籍员工比重的20%左右，而这些工人主要来自S省、江苏和东北三省，也有一部分来自广东省和福建省（廖小健，2011）。

四 日本、韩国、新加坡外劳制度的比较

日本、韩国和新加坡同属20世纪80年代后的亚洲新兴工业经济体，经济迅速发展、生育率下降和国内劳动力的缓慢扩张等带来的市场劳动力短缺（Goss & Lindquist，2000），推动了三国寻找海外廉价劳动力。它们出于本国民众就业、社会成本等因素考量，借鉴西欧国家的客工制度经验，使用合同劳工制度引入劳工。三个国家在外劳引入上既有相同之处，也存在较大差异。

（一）日本、韩国、新加坡外劳制度的相同点

第一，从事次级劳动市场工作。虽然日本、韩国和新加坡的外籍劳工从事的行业和职种有具体差异，且来自不同国家的劳工允许从事的工作种类也不尽相同，但外籍劳工所从事的都属低技能或无技能工作，如建筑业、服务业、加工制造业。这就决定他们的工资较低、工作条件较差、加班时间长、劳动强度大等。

第二，地主国的严苛规范（蓝佩嘉，2011：45）是三个国家外劳引入的最显著特征。严苛的规范首先体现在移工的"暂时性"雇用，他们

---

① 该法案被称为新法案，由《外国工人雇佣法案》经过修订并更名而来。

只能在目的国短期居留且不能入籍，但在具体停留时间上有差异，韩国最长允许停留 4 年 10 个月，即停留 3 年后可续签 1 年 10 个月（Castles & Ozkul，2014：39）；2015 年前日本技能实习生制度下在留时间有 1 年和 3 年两种类型，最长在留时间为 3 年的其实要求日方雇主和移工 1 年一签合同，2015 年后建筑业、工业和农业等工种①陆续将最长停留时间延长至 5 年，在留期满且归国 1 年以上的技能实习生如获许可可再次入境工作②；工作准证（WP 准证）在新加坡就业的最长时限为 4 年③。如果获得技术证书（S 准证），可据实际需要在新加坡长期工作，但不能超过 10 年（陈小谊，2010：15）。

其次体现在配额管制等"点对点"的流动（项飚，2011）。日本、韩国和新加坡都采取配额管制和外劳从事行业、职种限制的政策。移工在日本从事的业务种类由最初 13 个职种（金惠怡，2015：19）变为 68 个职种 126 个作业种类④，截至 2016 年 4 月共 74 个工种 133 个作业种类，业务种类不断增加，此外，不同监理团体接收的外籍劳工名额不同，中小企业团体的会员和农业协同组合中的法人会员等按照公司规模大小决定引入技能实习生的数量，公司专职职员总数在 50 人以下、51—100 人、101—200 人、201—300 人和 301 人及以上的公司，允许接收技能实习生的人数分别是 3 人、6 人、10 人、15 人和专职职员总数的 1/20⑤；韩国政府每年根据就业形势和企业需求确定配额，2015 年韩国雇佣劳动部公布的外籍劳工配额为 5.5 万人，而分配给中国的配额仅数千人，各行业分配名额大致与 2014 年一致，且中方劳工能从事的行业是制造业、农业、渔业、建

---

① 这种延长部分行业和职种技能实习生合同期限的做法已于 2015 年正式实施，为应对劳动人口持续减少和劳动力严重不足，及东京 2020 年夏季奥运会场馆建设的需求，外国技能实习生在留期限由 3 年改为 5 年。新制度于 2015 年实施，2020 年结束［《对外投资合作国别（地区）指南：日本（2015 年版）》，第 39—40 页，网址：http：//fec.mofcom.gov.cn/］。
② 《对外投资合作国别（地区）指南：日本（2015 年版）》，第 40 页，网址：http：//fec.mofcom.gov.cn/。
③ 虽然新加坡政策规定工作签证就业最长时限为 4 年，但调查中劳务中介明确指出，要根据移工的年龄、工种和雇主态度确定最长停留时限，年龄合适且雇主较满意的话则时间限制不会很死，一般工作 10 年左右没问题（HH170106）。
④ 资料来自《对外投资合作国别（地区）指南：日本（2015 年版）》，第 77 页，网址：http：//fec.mofcom.gov.cn/。
⑤ 来自公益财团法人国际研修协力机构，网址：http：//www.jitco.or.jp/chinese/overview/05_00.html。

筑业和服务业等①；新加坡政府在不同行业实行不同配额限制②，建筑业规定雇用外籍劳工的额度限制是1∶7，且中方劳工不能从事家庭服务业等。此外，新加坡还采取工作证及保证金等形式控制移工的数量和分布。雇佣机构和中介机构必须为每位外籍劳工缴纳5000新元（约20000元人民币）安全保证金，以确保工人不违反法律，这种管理方式使非法滞留非常少（项飚，2011；陈小谊，2010：14）。

地主国严苛的规范还体现在外籍劳工与雇主间的绑定关系。三个国家都规定，在移入国工作期间劳工不能随意更换雇主，一旦离开雇主自己寻找工作将由合法身份变为非法身份，且面临法律的惩罚和遣返。在韩国可更换雇主的情况包括雇主以正当理由在有效期内废除劳动合同或合同期满时拒绝签劳动合同、外籍劳工由于公司停业、休业及其他不属于外籍劳务责任等原因无法继续工作、雇主被取消外国人雇佣许可或受雇用外籍劳务限制等。在正常情况下，只有雇主主动解除合同或不再续约时，外籍劳工才可提出变更工作申请，否则外籍劳工不可单方面要求解除合同（金永花，2009）。日本更换雇主的情况与韩国相似，除非雇主主动解约或不续签合约及雇主破产（国际研修协力机构，2010a：4）或其他客观的不属于外籍劳工责任的原因才可更换雇主。新加坡的规定相对宽松，外籍员工可辞职并寻找新雇主，辞职意味着准证失效，除非能找到新的雇主重新申请准证，否则必须离开新加坡（陈小谊，2010：19）。

合同移工不仅数量受到管控，他们的身体"品质"也受到严格监督，这种监督既体现在每位移工在入境前须接受体检及入境后的定期检查（蓝佩嘉，2011：55），还包括移工年龄受到严格限制，多数在18—35③周岁，尤其是女性，在入境前必须进行怀孕检查。对合同劳工的筛选将不符合年龄范围和身体品质的劳工剔除出临时移民系统。目的国雇用的是精心挑选、身体勇健的成年移工，他们的日常维生或教育成本日本、韩国和

---

① 《对外投资合作国别（地区）指南：韩国（2015年版）》，第48、102、132页，网址：http://fec.mofcom.gov.cn/。

② 新加坡外劳的不同行业的比例顶限（有效期为2014年7月1日到2015年6月30日）见《对外投资合作国别（地区）指南：新加坡（2015年版）》，第49页，网址：http://fec.mofcom.gov.cn/。

③ 日本、韩国和新加坡的不同行业在年龄要求上有幅度变化，但据实地调查和劳务中介的招聘要求，一般情况最小年龄不能小于18周岁，最大年龄不能大于39周岁，不过有时也有超过40周岁的移工。

新加坡都没有参与其中，三个国家只需负担在有限合同期内移工的日常维持，把劳动力更新的成本外包给移出国，无论是移工本人的教养过程还是移工家庭下一代的再生产[①]（蓝佩嘉，2011：46）。

第三，目的国法律对外籍劳工的保护。日本、韩国和新加坡都通过法律对外籍劳工的相关权利进行规定，如工资的正确支付、劳动时间的规定、与工会方面的协议以及对雇主的惩罚措施等。就劳动时间而言，日本外籍劳工一天工作 8 小时，一周工作 40 小时，如超过规定时间则须与代表企业半数以上劳动者的人员（由半数以上劳动者组成的工会组织存在时，为该工会组织）之间签订劳资协议，以明确规定加班的事由、业务种类、可延长的时间等内容，且提交所辖劳动基准监督署长。如果加班，按照正常工资的 25% 计算加班工资；即便不加班，劳动者深夜劳动（晚上 10 点至次日凌晨 5 点）也须按照正常工资的 25% 以上计算补贴工资并支付给劳动者；若劳动者在深夜加班，用人单位须额外支付至少正常工资的 25%，并在此基础上再支付正常工资的 25% 以上作为深夜劳动补贴，总计为正常工资的 50% 以上；法定节假日从事劳动时，必须支付按照正常工资 35% 以上的比率计算的加班工资。要求劳动者在节假日从事深夜劳动时，必须再额外支付 25% 以上比率的加班工资（国际研修协力机构，2012：14-16）。就工资而言，外籍劳工适用于最低工资标准，最低工资分地区最低工资和特定产业最低工资，应按照不低于较高一类标准支付（国际研修协力机构，2012：18-20）。日本还禁止收取保证金、违约金等不合理费用（国际研修协力机构，2010a：7）。韩国实行每天 8 小时的 5 天工作制，外籍劳工同样适用于最低工资标准。韩国的外籍劳工享有劳动三权（王国连，2007），超出正常时间的加班是平时工资的 1.5 倍。新加坡每天不超过 8 小时，每周工作 5 天半，即每周不超过 44 小时或每两周不超过 88 小时，超过正常时间的工作应支付至少 1.5 倍工资[②]，包括加班在内的每周工作时间不超过 72 小时。在新加坡罢工是非法行为。雇主有权取消工人的工作准证，取消后的 7 日内工人必须离开新加坡[③]。除

[①] 布洛维（1976）认为，这种制度把移工劳动力的日常维持（maintenance）和劳工家庭的代间更新（renewal）两个再生产过程划归在分割的地理环境中进行。

[②] 新加坡《劳工法》中没有最低工资标准规定（陈小谊，2010：20）。

[③] 《对外投资合作国别（地区）指南：新加坡（2015 年版）》，第 10、48、49 页，网址：http://fec.mofcom.gov.cn/。

上述方面，各国与外籍劳工相关的法律还对许多方面进行了详细规定。

（二）日本、韩国、新加坡外劳制度的差异

日本、韩国和新加坡在外劳引入上最显著的差异是对外劳的"身份定位"。日本至今仍对外宣称没有开放劳动力市场，引入"技能实习生"的目的是学习，技能实习第1年的活动内容是通过讲习进行知识学习和通过与企业签订合同进行技能等的学习；技能实习的第2、3年的活动内容是为进一步熟悉技能等而根据雇佣合同在与第1年相同的公司从事相同业务的活动。日本明确指出，制度的目的是培养通过转移日本的技术等为各国的产业发展做出贡献的人才（国际研修协力机构，2010b：2－4）。但实际上这是变相引入廉价外劳的做法。韩国一开始模仿日本采取研修生制度，后来采用雇佣许可制使外劳引进合法化，并赋予外劳劳动三权。新加坡也对外公开引进外籍劳动者。韩国和新加坡都将外籍移工定位为"劳动者"，而日本则定位为"学习技能者"。

第二个显著差异是外籍劳工引入的方式或途径。日本外国劳工的接收主要通过其地方政府部门（地方入国管理局）与监理团体或企业及国际研修协力机构的通力合作完成。监理机构或企业主要负责与地方政府部门进行详细的手续办理（李世军、李理，2014）。国际研修协力机构主要负责为监理团体、接收企业、技能实习生和派遣企业提供支援和服务、建议与指导，并颁发技能实习结业证书。韩国的雇佣比较特殊，基于国家之间的协议（Battistella，2014：14－15），即无论是韩国的接收机构还是派遣国的派出机构，都必须是国家或政府部门拨款的公共机构来运作。新加坡的外籍劳工引入具有"市场化"特征，新加坡的私营招聘公司发展迅速，而它们必须与新加坡人力部指定的且受国外政府认可的招聘中介合作进行招工。因此，韩国的政策是政府主导型，新加坡是市场驱动型，而日本介于两者之间，是混合驱动型。

这种模式的归纳与项飚（2011）的归纳有所不同，项飚将日本、韩国和新加坡的模式分别概括为政府主导型、混合驱动型和市场驱动型。实际上，日本的国际研修协力机构在2012年4月由财团法人转为公益财团法人，负责通过与国外政府之间的信息交流收集有关希望在日本接受培训的外籍人员的信息，并将这些信息提供给能接收技能实习生的监理团体等，为监理团体、技能实习生、接收企业和派遣企业等提供支援、服务、建议和指导。接收团体包括商工会议所或商工会、中小企业团体、农业协同组合、渔业协同组合、公益财团法人和公益社团法人、职业培训法人和法务大臣以告示规定的监理团体等。因此，日本外籍劳工的接收是国际研修协力机构、接收机构（接收团体和企业）与入国管理局的通力合作，并非单纯的政府主导型。日本的国际研修协力机构具有官方性质，而接收机构则具有民间性质，因此属混合驱动型；而韩国也许在 2007 年实行单一的雇佣许可制前是混合驱动型，但实行雇佣许可制后，韩国的外籍劳动者接收已转变为政府驱动型；新加坡则仍属市场驱动型。

劳工移民是经济发展的正常部分（Abella，1995）。中国劳工能赴日本、韩国和新加坡工作，首先在于三个目的国具有输入外籍劳工的需求，且针对外籍劳工的引入制定了相应政策、制度和法律。在亚洲体系中，日本、韩国和新加坡同属经济发达国家，而中国仍属发展中国家，三国的工业化发展和劳动力需求导致中国劳动资本外流。随着中国与三个国家经济合作的不断开展，来自中国传统农业地区的工人受移出压力的影响，逐渐形成"溢出边界"效应（引自 Goss & Lindquist，2000）。这种临时劳工输入被称为"三赢"策略。但实际上劳工移民所从事的工作和目的国政府对劳工移民的种种规制都表明，劳工移民是目的国的廉价劳动力，受到严格管制，同时移入国将劳动力的更新成本外包给移出国，以尽可能减少本国的社会成本。

第三节 中国的劳务派遣政策和市场

一 中国与 S 省对外劳务合作基本情况

中国对外劳务合作伴随改革开放兴起，经过 40 多年的发展取得了良好绩效，成为中国对外经济合作和实施"走出去"战略的重要内容（李丽、陈迅，2008）。2016 年末，中国在外各类劳务人员 96.9 万人，累计派出 850.8 万人[①]。2008—2016 年 9 年间，中国每年的外派各类劳务人员人数维持在 40 万人左右，且近几年维持在 50 万人左右，年末在外各类劳务人员数量于 2014 年突破 100 万人。由于亚洲内的国际劳工移民中非法移民数量较多，大量的非法劳工移民并未包括在统计数据中，因此实际的

---

① "2016 年我国对外劳务合作业务简明统计"，数据来自中华人民共和国商务部对外投资和经济合作司，网址：http://hzs.mofcom.gov.cn/article/date/201701/20170102504425.shtml。

跨国劳工人数会多于这些。近些年，日本、韩国和新加坡是中国对外劳务输出排名前五的国家，而这三个国家的外籍劳工中，中国劳工也都占据举足轻重的地位。S 省的外派劳务人数从 2008—2016 年连续 9 年位居全国第 1 位，每年约有十几万人外派务工，而日本、韩国和新加坡是 S 省对外劳务输出的传统劳务市场，因此这些劳工成为三个国家中国籍劳工的重要组成部分。2010 年，外派这三个国家的劳务人员 25793 人①，占全省的 54.5%（S 省商务之窗）。因此研究 S 省劳工的跨国流动具有重要意义。本研究集中探讨对外劳务合作下的中国劳工跨国流动，以 S 省北县为研究个案，主要考虑到 S 省是对外劳务合作的大省，这既体现在 S 省每年外派劳工的数量上，也体现在对外劳务合作企业的数量上。

截至 2016 年 9 月 11 日，江苏、S 省、辽宁和北京 4 个省、直辖市的对外劳务合作企业数量在 50 个以上，其中江苏、S 省和辽宁都在 100 个以上，北京有 55 个；河南、安徽、上海、吉林和河北 5 个省、直辖市的对外劳务合作企业数量在 30 个（包括 30 个）到 50 个，5 个省份相差不多；而浙江、四川、福建等其他剩余 21 个省、自治区和直辖市的对外劳务合作企业数量在 30 个以下。总体上对外劳务合作企业数量在全国分布的显著特征是东部沿海省份、直辖市较中西部省份、自治区、直辖市多，经济较发达地区比经济欠发达地区多；人口数量较多的省份、自治区、直辖市比人口数量较少的省份、自治区、直辖市多。而 S 省对外劳务合作企业数量以 134 个位居全国第 2 名，这从侧面反映出 S 省是对外劳务合作的大省，对对外劳务合作企业的需求较大。

二　中国对外劳务合作政策

中国作为主权独立的国家，通过《对外劳务合作管理条例》和《对外承包工程管理条例》对中国的外派劳务进行规范，而对外劳务合作的规范管理主要依据《对外劳务合作管理条例》。回顾并梳理《对外劳务合作管理条例》，将有助于更好地理解移工的整个跨国流动过程，以及国家和劳务中介在其中的角色。

对外劳务合作指组织劳务人员赴其他国家或地区为国外的企业或机构

---

① 由于跨国劳工的合同期往往在 1 年到 3 年，甚至超过 3 年。因此，每年年末在外打工的总人数远多于该年出国打工的人数。

（统称国外雇主）工作的经营性活动①。"国外雇主"包括在国外依法注册的中资企业或机构。对外投资企业和对外承包工程企业在境外设立的企业作为国外雇主与对外劳务合作企业签订劳务合作合同，由对外劳务合作企业向其派出劳务人员，属对外劳务合作，人员招收和境外管理由对外劳务合作企业负责，对外投资企业和对外承包工程企业应按照对外投资合作有关规定要求其境外企业承担相应的雇主责任②。从事对外劳务合作，应按照省、自治区、直辖市人民政府的规定，经省级或设区的市级人民政府商务主管部门批准，取得对外劳务合作经营资格。未依法取得对外劳务合作经营资格证书并办理登记，不得从事对外劳务合作。对外劳务合作企业不得允许其他单位或个人以本企业的名义组织劳务人员赴国外工作，任何单位和个人不得以商务、旅游、留学等名义组织劳务人员赴国外工作③。国外雇主不得直接在中国境内招收劳务人员，必须由对外劳务合作企业向其派遣。任何不具备对外劳务合作经营资格的企业、单位或个人不得组织劳务人员为国外雇主工作④。

对外劳务合作涉及对外劳务合作企业（经营公司）、劳务人员、国外雇主三方主体，他们相互间的权利义务需通过相应的合同予以明确。第一是规范合同的订立，要求对外劳务合作企业必须与国外雇主订立书面劳务合作合同，并与劳务人员订立书面服务合同或劳动合同，未订立合同的不得组织劳务人员赴国外工作；同时规定对外劳务合作企业应当负责协助劳务人员与国外雇主订立确定劳动关系的合同。第二是规范合同的必备条款，明确将工作内容、地点、时间、劳动条件、劳动报酬、社会保险费的缴纳、因国外雇主原因解除与劳务人员的合同时对劳务人员的经济补偿等

---

① 商务部对外投资和经济合作司，2012 - 08 - 01，《对外劳务合作管理条例》第二条，网址：http//hzs. mofcom. gov. cn/article/acfb/d/201206/20126080175047. shtml。以下相同资料不注出处网址

② 商务部对外投资和经济合作司，2013 - 11 - 04，"商务部关于加强对外投资合作在外人员分类管理工作的通知"，网址：http：//fec. mofcom. gov. cn/article/ywzn/dwlwhz/zcfg/201512/20151201202333. shtml。

③ 商务部对外投资和经济合作司，2012 - 08 - 01，《对外劳务合作管理条例》第五、七、八条。

④ 商务部对外投资和经济合作司，2013 - 11 - 04，"商务部关于加强对外投资合作在外人员分类管理工作的通知"，网址：http：//fec. mofcom. gov. cn/article/ywzn/dwlwhz/zcfg/201512/20151201202333. shtml。

与劳务人员权益保障密切相关的事项作为合同的必备事项①。未与劳务人员订立书面服务合同的，不得组织劳务人员赴国外工作。服务合同应当载明劳务合作合同中与劳务人员权益保障相关的事项，以及服务项目、服务费及其收取方式、违约责任。对外劳务合作企业向与其订立服务合同的劳务人员收取服务费，不得向与其订立劳动合同的劳务人员收取服务费，不得以任何名目向劳务人员收取押金或要求劳务人员提供财产担保②。对外劳务合作企业与劳务人员订立了服务合同，收取了服务费，从公平合理的角度，劳务人员在国外实际享有的权益与合同约定不符时，对外劳务合作企业应当承担相应责任。劳务人员在国外实际享有的权益不符合合同约定的，对外劳务合作企业主要有三个层面的责任：一是有责任协助劳务人员维护合法权益，要求国外雇主履行约定义务、赔偿损失。二是劳务人员未得到应有赔偿的，有权要求对外劳务合作企业承担相应赔偿责任，即对外劳务合作企业协助劳务人员穷尽了合法的救济手段后，劳务人员仍没得到赔偿或没有得到全部赔偿的，有权要求对外劳务合作企业承担相应赔偿责任。三是对外劳务合作企业不协助劳务人员向国外雇主要求赔偿的，劳务人员可直接向对外劳务合作企业要求赔偿③。

对外劳务合作企业不得与国外的个人或未经批准的国外雇主订立劳务合作合同。未安排劳务人员接受培训的，不得组织劳务人员赴国外工作。对外劳务合作企业应为劳务人员购买在国外工作期间的人身意外伤害保险，但对外劳务合作企业与国外雇主约定由国外雇主为劳务人员购买的除外。对外劳务合作企业应为劳务人员办理出境手续，并协助办理劳务人员在国外的居留、工作许可等手续。对外劳务合作企业向同一国家或地区派出的劳务人员数量超过 100 人的，应当安排随行管理人员，并将随行管理

---

① 商务部对外投资和经济合作司，2012 - 06 - 12，《国务院法制办、商务部负责人就〈对外劳务合作管理条例〉答记者问》，网址：http://fec.mofcom.gov.cn/article/ywzn/dwlwhz/zcfg/201512/20151201202324.shtml。

② 商务部对外投资和经济合作司，2012 - 08 - 01，《对外劳务合作管理条例》第二十三、二十五条。

③ 商务部对外投资和经济合作司，2012 - 06 - 12，《国务院法制办、商务部负责人就〈对外劳务合作管理条例〉答记者问》，网址：http://fec.mofcom.gov.cn/article/ywzn/dwlwhz/zcfg/201512/20151201202324.shtml。

人员名单报中国驻用工项目所在国使馆、领馆备案①。外派劳务人员出国费用，包括护照费、签证费、体检费、适应性培训费（部分国家还包括打预防针的费用）等，均由外派劳务人员按实际付费金额自行负担且不再退还。服务费是经营公司为出国（境）务工提供组织和服务管理所发生的费用，不能超过在国（境）外工作期间得到的所有合同工资的12.5%。劳务人员不应向任何人支付中介介绍费。如发生中介费，应该由经营公司支付。出国（境）后，外国雇主除支付工资和加班费外，一般情况还负担以下费用：伙食、住宿、煤气和水电费、上下班交通费、所得税、医疗保险（有的国家如日本，牙病不在医疗保险之内）和人身伤亡保险、出国（境）和回国的机票、劳动保护用品以及雇主向当地政府缴纳的保证金等。履约期满后必须回国，除非续约。如果在国（境）外工作期间雇主企业倒闭或破产，合同中止执行，则必须回国。回国后可要求经营公司按比例退还管理费，其他损失根据合同追讨。劳务人员与雇主的矛盾，可根据和雇主签订的雇佣合同，与雇主直接交涉或向当地的劳动监察部门反映。无法解决的问题，应向经营公司及经营公司在当地的代表反映，由他们根据和雇主签订的对外劳务合作合同与雇主进行交涉，或参与共同协商解决问题②。

三 中国的低人力成本和移出的比较收益

改革开放以来中国经济飞速发展，资本的渗透和工业化的发展促进了农村地区人口向城市流动。2013年全国农民工总量约2.69亿人，其中外出农民工1.66亿人，相比2006年的1.32亿人年均增长3.34%（樊士德、沈坤荣，2014）。S省作为人口大省，农村劳动力储备非常丰富，北县则是农业人口大县，从2003年到2014年12年间全县总人口都在100万人以上，而农业人口一直维持在80—90万人。如此庞大的农业劳动力除从事农业工作外，大部分成为乡城流动人口，集中在城市制造业、建筑业、服务业等行业领域。丰富的农业人口储备是S省北县劳动力跨国务工的重要条件。

---

① 商务部对外投资和经济合作司，2012-08-01，《对外劳务合作管理条例》第十二、十三、十四、十六、四十三条。
② 商务部对外投资和经济合作司，2010-01-20，《出国劳务必读》，网址：http://fec.mofcom.gov.cn/article/ywzn/dwlwhz/zcfg/201512/20151201202313.shtml。

普通高校毕业生虽然与农民工身份不同，但随着学历文凭的贬值，在薪资水平上与他们并无二致，月收入集中在 3000 元左右。资本的不断扩张既要求生产领域寻求最优的资源配置和最低的成本组合，也需最广泛的人群在各个层面消费，为生产的进一步扩展提供持续动力，因此工人既为资本提供廉价劳动力，又被吸引到工业、教育、信息等各种领域的消费中。劳工被激发的消费、发展需求与低人力成本发展模式间存在张力（汪建华，2013）。与此同时，流入国经济收入普遍高于甚至显著高于流出国，这种比较经济收益是推动劳工跨国流动的重要因素。

近些年北县农村居民年人均纯收入和年人均生活消费支出不断增加，年人均纯收入由 2004 年的 3623 元上升为 2013 年的 10809 元，而年人均生活消费支出由 2004 年的 1718 元上升为 2013 年的 5319 元。年人均纯收入增长率一直维持在 8% 以上，而年人均生活消费支出增长率也维持在 8% 以上。从"年人均生活消费支出占纯收入比重"可看出，10 年间这一比重一直维持在 50% 左右，说明在人均纯收入中有五成左右用于居民的日常衣、食、住、行、医疗保健、家庭设备、文教娱乐、其他服务的生活消费。所以在扣除当年生活消费支出、生产性固定资产投资以及来年再生产投入等费用后，农村居民净收入已所剩无多。这种低人力成本模式和日益扩展的消费需求之间的张力，导致农村居民并没有很多积蓄，这也成为很多劳工跨国流动的推动力。

移工跨国流动共同的宏观背景是流入国与流出国的比较收益。这种比较收益得以成立有三个条件：第一，从事的行业和工作内容相似；第二，都有加班，工作都比较辛苦；第三，流入国的收入要显著高于流出国的收入。首先，大部分移工出国后从事制造业、建筑业、农业和餐饮服务业等，而这与他们在国内从事的行业非常相似。其次，国内很多制造业工厂、建筑和餐饮服务部门也有加班，但加班工资比较低且辛苦。最后，月收入和年收入比国外低，在国内挣 2000—3000 元钱，出国打工则可挣 6000—8000 元钱，如果加班多工资会更高。新古典经济学关于两国/地区工资差异的探讨，对中国移工跨国流动具有较强解释力。大部分受访移工及家人在面对"出国（打工）是怎么想的"问题时，首先回答的是"出国挣钱多，比在国内（打工）挣钱"。这种流入国和流出国间的比较收益是劳工跨国打工根本的推动力。在临时流动情景下，两个国家的工资差异很可能是驱使移民跨国流动、努力工作的动机，在计划的合同期内努力工作，然后在合同结束后的生活中享受生活、慢慢工作（Dustmann & Görlach，2015）。

> 没结婚前没有攒过钱，后面这不又买了辆车，7万来块钱，是拉货的，那时候7万块钱（加重语气）哪有啊，也就有个一两万，就借钱买的。当时（钱）还得差不多了，你寻思寻思，（钱）也不剩。你看看旁边那些人（周围邻居）有车有什么的（她邻居早就买了车），其实心里也有点那什么（羡慕）。最后就寻思寻思出去吧，六年前一个月就2000来块钱，那你常年出去（打工）一年才挣2万，十年才挣20万，那二十年才挣现在我们出去挣的这些（相当于出国三年挣了40万）。（LBQ160130）

小 结

契约华工、客工和合同移工按时序依次出现。可从五个方面对三者进行比较：

三者存在许多共性，都产生于劳动力短缺、国家间发展不均衡，且受传统社会网络、经济动机及临时停留影响，但由于三者发生在不同的历史时期和地理空间，因此仍存在自身的特殊性。契约华工产生于不平等的国家政治经济关系，而客工和合同移工则产生于相对平等的国家政治经济关系；契约华工和客工主要基于经济动机，而合同移工则经济动机与非经济动机并存。契约华工存在欺骗掳掠等强制性质，而客工和合同移工则基于自主自愿；契约华工和合同移工都存在复杂的招募网络，而客工则由政府发起并组织，目前的合同移工呈现商业化、多元化、规制集中化和管理碎片化等多重特征。从契约华工到客工、合同移工，女性人数逐渐增加，行业工种不断扩大。劳工在国外都面临工作时间长、强度大、工资待遇差等情况，但契约华工的权利最差，而客工和合同移工的境况要好于契约华工。合同移工制度很大程度上是对客工制度的一种复制，但合同移工的权利不如客工。

最初他们对同化都不感兴趣，回流嵌入在移民的结构性进程中，但许多契约华工和客工没有按制度设计和预期计划回国，而是留在当地建立起少数族群社区。与契约华工和客工回流的"制度性包容"相比，亚洲地区实行更加严格的临时移民政策，即使逾期滞留也沦为非法移民，且亚洲地区活跃的中介和经纪人增加了迁移过程的复杂性，亚洲移民中"国家"的角色非常突出，形成与世界其他地区相比更加刚性的移民体系，而各种流入国亲移民势力没有发挥作用。

合同移工中，亚洲内部的移工跨国流动是全球劳工跨国流动的重要组成部分。20世纪80年代以来日本、韩国和新加坡等依据国内劳动市场需求确定外籍劳工输入的政策、制度和法律。三个国家外劳制度的相同点体现在三个方面：第一，虽然移工在三个国家从事的具体行业和工种有所差异，但都属于低技能或无技能的次级劳动市场工作；第二，流入国的严苛规范。一是对移工的"暂时性"雇用；二是对移工的配额管制和从事行业、职种的限制，以及身体"品质"的监督；三是外籍劳工与雇主间的绑定关系；第三，流入国法律对外籍劳工给予一定保护。不同点则主要体现在两个方面：第一，日本、韩国和新加坡对外劳的"身份定位"；第二，外籍劳工引入的方式或途径，韩国的政策是政府主导型，新加坡是市场驱动型，而日本介于两者之间，是混合驱动型。

与三个国家劳动市场需求相对应，中国拥有巨大的劳动力储备，这也推动中国对外劳务合作迅速发展，而日本、韩国和新加坡是中国对外劳务合作的重要国家。丰富的农业人口储备成为S省北县劳动力跨国务工的重要条件，北县劳工也成为日本、韩国和新加坡中国籍劳工的重要组成部分。为规范对外劳务合作，政府制定《对外劳务合作管理条例》。劳工被激发的消费、发展需求与低人力成本发展模式间存在张力（汪建华，2013），使许多移工到经济收入较高的流入国寻找工作，两国间的比较经济收益是推动劳工跨国流动的重要因素。同时，中国劳务中介公司的迅猛发展，成为中国移工跨国流动的重要保障。

第 三 章

首次跨国流动

> 人家不是都说嘛，你出国打工后悔三年，不出国打工后悔一辈子！
>
> ——一位女性跨国移工如是说

多数情况下，国际劳工移民的移动并不仅是个体的事情（Goss & Lindquist，2000），因为个体的行为嵌入在更大的系统结构中，因此会受到国家、市场和社会网络等多种因素的复合作用。在第二章中已简要阐明宏观的国家、劳动市场和中介市场对移工跨国流动的推动作用，本章将探讨社会网络对移工首次流动的推动作用，以及国家、市场和社会网络对移工首次流动的阻碍作用。

第一节 跨国流动的经济与非经济动机

从个人（或家庭）动机出发，经济动机和非经济动机是移工跨国流动的微观驱动力。莱温斯坦（Ravenstein）指出的"经济因素是移民的驱动因素"这一结论无可争议。尽管社会学越来越看重移民的非经济方面，如社会网络和社会地位对移民流动的推动（Wright & Ellis，2016），又或"位置效用"（place utility）理论对文化、环境等因素的关注（Brown & Moore，1970），但这些结论更适合永久移民，对临时劳工移民而言，就业机会和工资差异仍是最主要驱动力。除经济驱动力外，对推动移动的其他目的也需关注（King，2012），因为非经济动机对劳工移民跨国流动也产生了重要影响。而经济和非经济动机并不独立于社会网络因素，而是嵌入在社会网络之中，且受社会网络影响而产生。

一 劳工跨国流动的经济动机

劳工的经济动机往往受家庭或个体经济压力影响。在跨国流动中家庭或个体的经济压力，往往是个体跨国流动最主要的原因（Haas & Fokkema，2010）。流动是个体行动者对经济机会的理性回应，微观上是对不同地区工资差异的一种回应（Oberg，1997）。家庭经济资源对个体流动决定具有非常重要的影响。在受访的 37 位跨国移工中，经济动机都是最主要的流动影响因素，但这些移工的家庭或个体经济资源有较大差异，有些家庭由于做生意折本而欠下巨债，迫使他们出国打工；也有一些家庭没有积蓄支付家中男孩的结婚成家，而这种花费往往巨大，在几万到几十万元不等；还有一些家庭刚结婚有孩子，面临当前与预期的消费压力，没有积蓄的不安全感使他们出国打工；或他们基于个体经济原因，希望自己有可支配的收入。由于个体镶嵌在家庭中，因此多数时候很难区分个体收入与家庭收入的界限，或说个体经济需求和家庭经济需求的界限，很可能两者之间的界限模糊不清楚，或两种经济需求同时存在。

（一）"拉下一圈饥荒"

在 37 位移工中，有两位移工（QYE、SCK）出国打工前在家乡从事动物养殖，主要养殖兔子。QYE（女，已婚，32 岁[①]）和 SCK（男，已婚，30 岁）来自同一村庄。据他们讲，最开始盖棚购买幼兔的钱主要从银行借贷，QYE 家借了十几万，SCK 家也借了十几万。刚开始买的时候非常贵，一只七八十元，但养了七八个月到卖时一只卖不到 20 块钱，因为周围很多人都在搞养殖，再加上兔子的饲养成本，以及在养殖期间大批兔子意外生病死亡，本金加利息导致两家欠了银行很多债。QYE 家生意失败后，全家人开始凑钱并借钱还银行贷款。SCK 家的情况很相似，面临巨大的债务危机，"拉下一圈饥荒"，实在"走投无路""被逼着"出去，要不然"日子没法继续过下去了"。在这种情况下，如果在家里慢慢挣钱还贷款将非常困难，因此出国打工成为他们"唯一的"道路。

> 钱是我小儿子贷的，大儿子担保的，人家银行过来执行把他们两个都带走了，十几万块钱付不了啊，但也不能看着两个儿子就这样被

[①] 受访者所备注的年龄是第一次接受调查时的年龄。

带走，于是我和孩子他妈寻思着，也没必要留养老钱了，还是交上吧。这不把我们老两口的钱全都拿出来了，还找人借了6万，利息是10%，比银行的高出一倍多。这不交上钱后，我就和俺儿媳妇QYE说，"这样日子没法过了，怎么过啊，拉下一圈饥荒，挣都挣不出花来。"（QYE公150827）

  兔子买时死贵烂贵，是香饽饽，卖时又没人要，养了前前后后要小七八个月，时间一长，（别人）都喂上了，扔掉都没人要，这不赔了嘛。就是这么个行情，兔子还生病，在不清楚的情况下，第二天（病死的兔子）一袋子一袋子地往外扔，就这样子赔了。没办法啊，这是走投无路了，只有这一条道走了。要是在家里一点点挣的话，还起来很慢，今辈子也还不上了。就像是没头苍蝇，真是逼到步了，你想想，赔了怎么弄啊。孩子他爸爸说出国（打工），我说"那你出去吧"。我就说了这一句话，他就去找中介报名了。（SCK妻150827）

正是家庭经济的巨大压力才推动SCK和QYE出国打工，两位移工的家庭境遇非常相同，即处于极度贫困状态而没有其他选择，这时相对高收益的跨国流动成为他们"唯一的"选择，因为这种"快速致富"的跨国务工可使他们在短时间内摆脱贫困状态，并重新开始"无债务、无压力"的新生活。QYE说，有了经济压力自己才出去，如果没有压力就不出去了。

  那时候不是贷款弄的（棚）嘛，拉下了很多钱，有那个压力我才去的，不然我也就不去了，有这么个事要出去挣钱，在家里根本挣不上。（QYE 160130）

贫困和低收入家庭具有脱贫致富的强烈动机，需寻找额外的收入资源或就业机会来弥补他们的贫穷，这与家户移民的生存模型相对应（Lipton, 1982; Gugler & Flanagan, 1978：51），移民被看作欠发达国家的贫穷家庭经济理性的生存策略（Semyonov & Gorodzeisky, 2005; Durand et al., 1996）。QYE和SCK的跨国流动就是贫穷家庭的一种理性生存策略，在这两个个案的叙述中，跨国流动是他们维持经济上生计的唯一可能选择，是家庭经济形势强加给他们的一种行为，而非自己最初主动决定的一种结果。这反驳了另外一种观点，即不仅是贫穷的，且是贫穷中较富裕的人才会移民，因为他们可以支付迁移的成本和应对迁移的风险，因此，只有具备一定初始资金的家户才会选择迁移（Stark & Taylor, 1989; Findley, 1987; Kikuchi & Hayami, 1983）。这种观点忽略了个体强烈的改变贫穷现状的动机，以及在这种极度贫困状态下他们体验到较少的风险厌恶，因此即使家庭无力支付这种跨国流动的金钱成本，为了改变这种极端不利的经济情况，他们会使用各种手段来筹集所需资金，"东借西凑"，尽全力协助一个家庭成员出国打工。

> 当时出国的费用全是借来的，一共交了5万来块钱，俺妈那边给凑上了1万，（孩子）他奶奶这里给凑上了1万5，我和俺婆婆去俺们村的信用社贷了1万，剩下的钱就是俺们家那些兔子收拾收拾都卖了后弄的钱。那时候都是凑着去的，凑着把出国的各种费用给交了。（QYE 160130）

QYE 和 SCK 两家情况非常相似，QYE 的公公说，"他们两家属于拴在一根绳上的蚂蚱"，可能这句话用得并不恰当，但他想强调他小儿子家和 SCK 家的情况非常相似，陷入困顿之中，仅靠国内打工一个月3000来块钱根本不起任何作用，"日子实在没法过了，被逼着出去的"这句话在两位受访者及其家人口中频繁听到，他们形容自己在迫于无奈、无计可施的情况下才选择出国打工，听到其他村有出国打工的消息，两家人在纠结后，最终选择了使他们通向希望的道路——出国打工。

（二）"一动不动"的结婚费用

除"欠巨债"急需用钱，还有一种急需用钱的情况，是年轻男性结婚成家困难，这表明移工的跨国流动与家庭经济资源密切相关。ZSJ（男，未婚，29岁）和 LXL（男，未婚，28岁）选择出国打工，主要因为家庭经济条件无力支持他们成家。与35位受访者不同，这两位移工都有较高学历，ZSJ 是大学专科学历，LXL 是大学本科学历。选择出国打工，他们有许多无奈。大学毕业后，ZSJ 和 LXL 都找到了不错的工作，ZSJ 在市里一家公司做销售，而 LXL 则在西安一家公司做物流管理，每个月有2000—3000块钱的工资，但扣除"五险一金"、住宿费和生活费等各种费用后，每个月大概剩下1000—2000块钱，一年最多攒下1万来块钱。大学毕业几年后，两个人的情况相似，手里几乎没有钱，却面临成家。根据北县的文化习俗，结婚时男方需有"车子""房子"（俗称"一动不动"），还需给女方彩礼、定金等二十多万元。按照 ZSJ 和 LXL 当时的工作情况，即使找到对象，也根本无力支付如此高额的费用，两个家庭也无法提供给他们多少帮助，ZSJ 家有两个孩子，LXL 家有三个孩子，且 LXL 和妹妹都上了大学，面对此种家庭情况，两人只好凭借自己的努力赚取"成家"费用，选择出国打工。

> 出去的原因是在家里不挣钱，出去挣钱，这是最根本的。这个是针对每个人的收入情况，自己心里都有数啊。出去前在家里，一个月基本上能挣 2500（元）啊，就是月光族，剩不下。出去后除去所有费用，一年至少能净剩 6—7 万块钱吧。主要是家庭条件不好才出去的，要是家庭条件好谁还出去。（LXL 151221）
>
> 当初孩子要出去，我们非常不同意，但家里穷，没有房子没人愿意跟啊。家里没有钱，三个孩子很累啊，负担很重，家里就他爸一个人在外面打工挣钱，我又天长日久地生病吃药，在这种艰苦的环境下，他执意要出国，那我们也没有办法，咱又没有钱给他，他说出去就要出去啊，就这样出去了。（LXL 妈 150215）
>
> 现在生活水平提高了，谈个恋爱都要房要车，不是"一动不动"嘛，房子不动，车子动，所以叫"一动不动"。你看看这一句话就代表了好几样东西。这边现在结婚都要这个。他出国挣点钱，可先交个首付，然后再努力挣钱还贷款。现在年轻人（买房后）直接就成为房奴，压力很大。（ZSJ 爸 150215）

随着高校扩招和高等教育的大众化，文凭迅速贬值，一般大学毕业生的工资待遇和农民工相似，甚至有些不如农民工，对一般大学毕业生，国内劳动市场中人力资本的回报较少，和初中高中学历的农民工并无很大差异，因此他们才会和大部分初中、高中毕业生一样，选择出国打工。在跨国务工从事的行业（一般为次级劳动市场）中，人力资本很少有回报（Zhou & Logan, 1989; Portes & Jensen, 1989），受过普通高等教育的人与一般劳工从事的行业工种没有差别，但即使从事次级劳动市场的工作，相比两国间的巨大工资差异，考虑到家庭经济的困难和强烈的经济需求，出国打工不失为这些大龄男青年的选择之一。

> ZSJ 和我都觉得，也可以选择不出国打工，继续在国内这样每月拿 2000—3000 块钱的工资，过着"月光族"的生活，但根本看不到希望，家里没什么积蓄，结婚成家主要靠自己，即使有大学学历又怎样，和村里出去打工的一个样，挣的甚至比他们还要少。--想到结婚需要买车①买房，还要有彩礼，就很头疼，根本没有那么多钱。（来自 LXL 的访谈②）

大龄男青年结婚成家难和生意失败欠巨债反映了家庭经济资源的情况不同，前者是家庭没有多少积蓄，后者是家庭陷入极度贫困，但两种情况都产生了对经济资源的强烈需求，流入国的相对高工资是移工迅速获得所需资金的主要途径，因此产生了他们的首次跨国流动。还有一种对经济资源的需求，但并没有前两种情况需求强烈，即当前和预期的家庭消费压力。

（三）当前与预期消费压力

家庭生命周期理论将家庭的生命历程划分为形成期、扩张期、扩张结束期（稳定期）、萎缩期、萎缩完成期、解组期 6 个阶段（Glick，1947）。伴随家庭生命历程的变动，家庭结构、家庭任务与家庭压力也有所不同（刘兴花，2015b）。由于当前与预期消费压力而产生的跨国流动，主要存在于家庭生命历程的扩展期和扩展结束期。家庭扩展期指从家庭第一个孩子出生，到家庭最后一个孩子出生；家庭扩展结束期（或稳定期）主要指从最后一个孩子出生，到家庭第一个孩子离家。在 19 个已婚移工家庭（共涉及 22 位受访移工）中，移工出国打工时，全部家庭的生命周期处于扩展期和扩展结束期这两个阶段。其中 5 个家庭③处于扩展结束期，14 个家庭处于扩展期，即家庭只有一个孩子，且期望将来会生二胎（尤其是二胎政策放开后）。

---

① 按照风俗习惯，男性结婚都需要有房，或至少付上买房的首付。
② 这段话体现了 LXL 和 ZSJ 一致的看法，之所以没有采访 ZSJ，因为 ZSJ 在国外生活过得异常艰苦，不愿意对别人谈起自己的国外经历，拒绝接受访谈。
③ 在 5 个处于扩展结束期的家庭中，4 个家庭有两个孩子，1 个家庭有一个男孩，该男孩已 17 岁，5 个家庭的家长都明确表示不会再要二胎。

这 19 个家庭的 22 位移工选择出国打工，是因为他们在有孩子后的家庭再生产责任增加，面临当前和未来生活的压力。这些压力指维持家庭成员再生产的成本，包括子女教育的费用、儿子成家的费用等。没有经济资本积淀的不安全感和未来家庭成员（主要指孩子）的预期消费成本，带给小家庭巨大的经济压力，因此他们出国打工，因为出国打工是北县人所认可的快速致富的重要途径。他们首要的动机是经济资源的获取，以维持目前及未来家庭成员的再生产，缓解预期生活压力，但还有一个重要目的，是能够给孩子提供好的生活环境和教育机会，通过对子女的教育，实现未来家庭向上的社会流动（刘兴花，2015b）。大部分受访家庭表示，他们出国打工是为了子女将来更好地生活。

> 刚结婚那会儿手里也没什么钱，为了孩子，就出去赚钱了。（WZJ 150829）

> 家里两个孩子需照顾，要不是为了钱，谁出去啊，再说现在上学花钱也不少，以后孩子上学，肯定也少不了钱吧。（WLJ 150830）

处于家庭生命扩展期的 14 个家庭和扩展结束期的 5 个家庭采取的跨国流动策略不同。14 个家庭在第一个孩子出生后几年内出国打工，这时他们的孩子还小，一般属学龄前或幼儿园儿童，家庭再生产负担较轻，因为家庭建立时间较短，孩子也还小，但未来伴随二孩的到来和孩子的不断成长，家庭可能面临经济紧张的问题，因此这时家庭成员的基本任务是经济资本的积累，以缓解预期生活压力，这就促使很多人参与到国际劳动市场中。这些家庭的一般策略是在第一个孩子小时出国打工，三年合同期限（一般都是三年）结束，归国再要二胎。而相比这种家庭策略，5 个处于扩展结束期的家庭则是在不打算继续要孩子的情况下出国打工，因此他们较其他处于扩展期的家庭在跨国流动的选择上更具灵活性，因为他们只有预期的经济压力。

> 孩子现在还小，等以后孩子长大了，需要钱的地方多着呢，趁他们现在小，出去多挣点钱，这样以后就不会那么累了。（FYQ 夫 150220）

> 家里两个孩子都上学，一个上初中，一个上小学，上初中这个是

男孩，如果不上学的话，眼看着20来岁就要找对象了。（WFY 妻150902）

上述两种情况并不能说明没有孩子的家庭就没有这种压力。处于生命周期形成期的家庭，往往不会选择其成员出国打工，是因为出国打工意味着夫妻长时间分离。如果结婚后没有孩子就出国打工，将增加婚姻的不稳定性，且也会影响正常的家庭生育功能，因此他们（无论丈夫或妻子）往往在有孩子后再出国打工。

没有小孩时没打算过出国（打工）。有了小孩后俺媳妇才一心想出去。因为这样我们（妻子和自己）就没有后顾之忧了，心里也会安心一点。（FYQ 夫150220）

与欠巨债和结婚成家难的个案相比，这19个家庭相对宽裕且经济需求并非特别强烈，即蓝佩嘉（2011：164）所说的"并非急迫的经济需求"，但面临当前与预期消费压力，因此为了积攒一定的金钱而选择出国打工。与前面三种情况相对应的，是很多年轻女性"手里有点零花钱"的想法。

（四）手里有点零花钱

与劳工移民的家户理论不同，有些移工的跨国流动并不是家户生存策略的体现，而是移工个体对国家间工资差异的一种回应，即人力资本在不同国家的回报，从劳动富余但资本稀缺的地方到资本富余但劳动稀缺的地方，以获取更高工资（Semyonov & Gorodzeisky, 2004）。这种情况适合于许多未婚移工。相对富裕的家庭经济条件并没有给他们带来经济压力，出国打工是他们渴望拥有自己收入的一种快速途径。

大部分年轻女性（包括个别年龄小的年轻男性）的跨国流动，与上述三种情况相比更简单，即出国打工挣钱。37位跨国移工中，共12位未婚女性和1位年纪较轻的未婚男性。他们年龄处于18—25周岁，且大部分人在出国打工时年龄在18—21周岁，因此他们普遍认为当时出国时自己年龄太小，所以没有想太多就出去了。虽然这是他们最初出国时的实际年龄，但出国并非一蹴而就的事情，如LJX、HJE等人，都是在报名面试结束后的半年到一年才接到正式出国通知，且从报名到面试一般情况最快也要 4 个月到半年时间,所以他们的跨国打工决策其实在他们出国前的半年甚至一年就已开始。

> 俺妈就问我出国不,我说出(国)也行啊,那时候没有什么概念,就是问出国不,就像是问出去干活吧一样。我说出去也行,接着就去了,很简单。什么都没考虑,太小了,才 19 岁。(HJE 150827)

大部分未婚移工的出国打工与家庭经济资源无太大大关系,而与个人收入和两国比较收益相关,主要因为他们在国内打工的收益较低,在附近的乡镇企业、县城或青岛等地的工厂打工,每个月的工资 2000—3000 元,且还需加班,但如果出国打工,每个月可拿到 6000—8000 元不等,如果加班甚至会拿到 8000 元以上。由于他们一直有参与国内劳动市场,因此在两国比较收益和加班相似的情况下,选择"临时的"出国打工成为他们的选择。大部分年轻未婚移工的家庭经济处于一般水平,没有如此大的经济压力推动他们出国,但流入国高工资仍吸引了他们驻足,因为他们希望能有自己支配的金钱。

> 当时俺闺女出去,就是挣个自己的零花。(家里)多了没有,但她妈在家里跑保险,我在潍坊打工,家里还有个小男孩,当时她出国的时候(她弟弟)才 6 岁,所以也不用她给家里挣钱,自己挣个自己花吧。(HWE 爸 160204)
> 我 15 岁就下学(辍学)了,在外面待了 4 年,没什么学问和技术,在青岛上班,干服装,也干过工艺品,一个月就挣一两千块钱,当时就一直这样,我就想出去。出去可以挣钱,也看看人家那个地方,多好。那时候小没什么其他想法。俺爸爸说,"出国回来,起码自己手里也能有个钱。"(ZQD 150913)

虽然大部分年轻未婚移工的家庭经济情况一般,家庭并不需要他们出国打工挣钱,但也有个别移工家庭经济较困难。面对男性结婚成家难,有些家庭并不是男孩而是女孩出国打工,以帮助弟弟或哥哥结婚成家。因此,年轻女性出国打工虽然最初只是单纯想挣钱,但她们无法明确为家里还是自己,因为在中国,家庭和个体尤其是未婚个体间的经济界限并不明显,所以"事后的"汇款使用方式可以帮助理解未婚女性移工出国打工的家庭原因,如 BHY,就是由于家庭经济资源的匮乏和帮助父母缓解经济压力。无独有偶,LJL 的出国打工也因为家里孩子多,她是家里最大的孩子,还有两个妹妹一个弟弟。父母出于家庭经济情况的考虑,让她出国打工帮助家里。最初她不同意,但在父母劝说下最终同意。

> 我们有三个闺女,一个儿子,最小的是儿子。这么多小孩有点累,她(指大女儿)出(国)去干活帮帮俺们。刚开始(她)不愿意,这不我和她爸爸就(和她)说,"出去挣点钱吧,家里也比较累",就劝她啊。(LJL 妈 160204)

> 当初出国(打工)的钱一共 4 万 5。俺爸爸 2 万,姨夫 5000,还有 2 万从劳动局借的。这不挣了钱就打回来还了劳动局。当时出国一共挣了二十几万,除去出国的费用,我零星地要了 3 万来块,其余的十几万都让家里花完了,都让弟弟花了,给弟弟盖房子用。如果不帮俺弟弟的话,就相当于不帮俺爸妈,但帮他影响了我的后半生,挣的钱我没有拿到多少,也没有对我产生影响。如果不帮他我的生活就会宽松超余很多,我的后半生没这么累啊。(BHY 160131)

家庭经济压力和经济需求对移工的首次跨国流动产生了最为重要或说根本性的影响。欠巨债造成家庭经济极度困难,而还债的经济需求非常强烈;结婚成家难带来的经济需求也非常强烈,当家庭无力支付这种结婚成本时,个体(或家庭其他成员如姐姐)需做出跨国流动的决定,以实现结婚成家的目标;当前和预期消费压力导致一些移工出国打工,目的是为家庭获取并积累经济资源;还有一些移工的家庭经济情况较好,但出于两国收入的比较差异,流入国的高工资吸引了他们出国打工。上述四种情况存在的前提是国内工资较低,有些工作甚至需加班,非常辛苦,而同等条件下国外工资远高于国内。移工跨国流动最主要的原因是经济资源的获取。劳工招募中介也经常以此来制作招聘广告,吸引潜在移工出国打工。下面是劳务中介的招募广告,该广告突出了经济因素的重要。

8月工资交给中秋节，9月工资交给国庆节，10月没上几天的工资又要交给淘宝"双十一"，11月工资交给"双十二"，12月工资交给元旦，1月工资交给春节。所以，请不要问我为什么存不到钱，能活下来已是奇迹了……就靠这点工资不行啊！还是出国打工挣大钱吧！［偷笑］［偷笑］（LDG 160320）

真正想出国打工的，说实话，还是踏踏实实地去中国人常去的传统国家：日本、新加坡、韩国、非洲、德国（厨师）、沙特，收入比在国内强就行，最主要的是合法工作签证，有医疗保险，心里没有这么累，不用整天担惊受怕，在国内每月挣个2000—5000（元），也攒不住钱，在国内花费大、人情世事多、方方面面都花钱，根本攒不住，在国外省去这些事，几年下来能攒住钱，这是根本的。（LDG 160310）

从劳务中介的广告可看出以下五点：第一，国内挣钱比较少，每个月收入2000—5000元，至多5000元左右；第二，国内收入的净剩余少，人情世事以及被刺激的欲望和需求不断增加，导致花费巨大；第三，出国打工的高收入，即"出国挣大钱"的一种理念；第四，通过合法途径出国，因为劳务中介代理人往往为合法的经营公司招募劳工；第五，去传统国家打工，因为大部分劳务中介代理人及经营公司的业务主要集中在这些传统国家。虽然宣传广告仅两段话，却传递出移工需要出国打工的多种理由及流入的国家和流动实现途径等。

二 跨国移动的非经济动机

大部分移工出国打工还有一个重要原因是个体的发展理性，主要体现在对个体独立和自由的追求。具体包括三个方面：第一，出国看看，长见识；第二，出国磨炼一下，促进成长；第三，出国可追求自己"暂时的"自由。大部分受访者在访谈中会提到出国可实现多样化目标。大部分移工如果不出国打工，将没有机会或说终生没有机会乘坐飞机、去国外看看，因此对农村劳工而言，跨国流动的生涯散发出探索与冒险的光晕（蓝佩嘉，2011：165-166）。这是经济诱因以外影响劳工跨国流动的主要因素。WXH是一位32岁母亲，她觉得出国有两方面原因："出去赚钱，顺便看看人家的国家。'一般人'也捞不着①出去看看国外。要是不出去,那也没什么机会去别的国家,不也就知道中国那么大(地方)啊。"所以,将海外旅程作为一种探险与体验使很多移工期望出国。

(一)长见识

出国打工是一举两得的事情,既能满足个人成就感、开眼界等需要,又可给家庭提供帮助。且外出年轻人不仅从务实目的出发,个人前途和精神需求也是重要目的(谭深,2004)。出国打工在这一点上其实和国内打工非常相似,不同的是出国打工是到国外看看,而国内打工则是从农村到城市去看看。虽然大部分受访者将经济动机排在首要位置,但"长见识"的发展理性目的也经常被提及,大部分受访者的首次跨国流动是基于经济和非经济的混合动机。

> 那时候也没在意(国外)工资(或日元汇率)是多少,只想着去外国挣点钱回来,加班的话工资会高点,咱们出去就是为了挣钱,反正在青岛干活也是干,加班也不少,加班加到这么晚还挺累的,一个月顶多挣个两三千块钱,再说去外边国家看看人家外边什么样。(WYZ 150831)

> 那时候我一听啊,正好找不到活,说出去就出去,反正年龄还小,再说听他们说日本很好。(LJX 160215)

LXL的观点比较有代表性。他在对出国评价时提到,首先,出国就挣钱来说,感觉比在中国稍微多点,经济上算有保障;其次,出去也算长了见识,看了国外,也算坐过飞机出过国的人;最后,能学到技术最好,不过当时选择有偏差,并没有学到什么技术,没有学到相应的、自己想要的技术,比较遗憾。可见很多人并不是单纯想出国挣钱,还想看看国外,开开眼界,长长见识。而LJL也说,出国反正也长了点见识,其实见识也谈不上,就是看了看人家外国人的生活。然后她就开始讲述自己看到的国外

---

① "捞不着",北县方言,指"没有机会"。受访者强调无论从移入国对劳工的种种限制要求,还是从移工家庭情况出发,出国打工作为一种"机会",对广大农村居民而言,都是一种稀缺资源,如移入国对劳工的性别、年龄、数量、身体品质以及能力等多方面有要求,需经过面试、适应性培训等多个环节,而移工家庭的经济条件是否支持移工出国、家庭成员是否同意并支持出国等也是重要限制条件。

人生活：

> 人家日本人也是在厂子里（打工），她们在厂子里干的那些（人），应该是和咱们阶层都差不多，但人家比较会享受生活，不像咱们这家里人似的，天天就只忙着挣钱，想着省钱。一到礼拜天，那些日本（打工的）老太太就会和我们说，又是和家里出去玩啊，又是去公园里野餐啊，又是这个那个的，这好像是她们的家庭活动似的，她们比较注重享受生活这一块。（LJL 160204）

（二）磨炼与成长

磨炼与成长目的主要针对年轻未婚者，尤其是年纪较小的未婚者。他们或他们的父母希望他们通过出国打工，磨炼自己，变得成熟、稳重，不断成长。LJL、LJX 和 DLZ 的父母就明确表示，当初同意孩子出国打工，是想增强孩子的人生阅历和定力。LJL 的母亲认为女儿在哪里都待不住，想家，于是让女儿出国锻炼一下，希望能增强定力；LJX 的母亲则认为儿子出国闯闯，挣不挣钱没有很大关系，主要出去锻炼经验，包括看人看事，这样好歹也算出过国；DLZ 的父亲认为，女儿一没有上过大学，二没有当过兵，在自己身边惯得不轻，做饭不会做，洗衣服不会洗，平时出去打工挣多少都不剩，在没有危险的情况下可以让女儿出去锻炼锻炼。

> 俺爸爸思想很开明，说孩子出去锻炼锻炼很好。我三年回来变化确实很大，什么活都能干，什么苦都能吃。原来在家里挑食，这不吃那不吃，现在什么不吃，什么都吃。在生活面前你就知道了，在外边生活不容易。（DLZ 150901）

（三）暂时的自由

"暂时的"自由这种目标主要出现在已婚女性中。传统性别规范将已婚女性定义为家务劳动者和家庭照顾者，男性则是家庭经济贡献者。在性别规范下孩子的照看与家庭琐事主要由女性承担。孩子太小，比较难照顾，且家庭琐事繁多，每天事情不断，导致一些已婚女性对家庭的日常生活产生倦怠。她们不想在家里，外出打工可使她们"暂时"远离家乡的琐事，恢复往日单身生活。这种对都市单身生活的想象在 GGF、FYQ、

SRQ、LBQ 等移工身上体现得非常明显。在她们看来，出国打工可暂时远离家庭女性事务，享受自己独立自由空间。

> 当时我自己看孩子，每天事很多，俺试着①不喜欢。人家不是都说了嘛，在家里像是老娘们一样，出去自己顾自己就很轻松，尤其在参加学习培训时，在市里孩子也不在身边，就是自己去学习，感觉就像识字班②一样，觉得也很好。不过时间长了，就有点想孩子。（GGF 160217）

女性一旦结婚，将与男性共同承担家庭再生产责任（Tacoli，1996）。拥有孩子后家庭再生产责任增加（刘兴花，2015b）推动已婚女性出国打工。这种女性的家庭再生产责任，使女性理所应当参与劳动市场，成为家庭经济贡献者。女性出国打工挣钱的同时可逃离家庭事务和责任。这在不同女性中存在些许差异，如 SRQ 选择出国，很大程度是不想在家里，因为家里事情繁多，外出打工相比轻松；FYQ 虽然主要奔着挣钱目的，但她也不是很喜欢看孩子。GGF 和 LBQ 也面临同样情况，既希望出国打工挣钱，增加家庭积蓄，同时也希望"暂时"远离家庭责任束缚，争取"一定的"自由。在访谈中她们对这两种目的并不避讳，尤其是自己不太喜欢看孩子和处理家庭琐事这一情况，且还用"心狠"形容自己丢下孩子出国打工，不过在她们的移民叙事中，非常强调经济是首要目的。所以，很多时候并不能清楚地将"挣钱"目的和她们想暂时摆脱家庭和孩子的束缚，享受自由的空间进行区分。

> 家里好乱啊，我也找不到地方拾掇了，到处都是这样子，不像过日子样。拾掇什么，我也不爱拾掇，不爱在家里，想出去干点活。（SRQ 150901）

> 我说实话，我心很狠，小孩一个生日多的时候就掐了奶，我就出去（去青岛）干活去了，也是她奶奶在家给看着。我觉得没怎么想孩子。这不结婚后孩子都好几岁了，平时挣的钱都剩不下，就想着出

---

① "试着"，北县方言，指"觉着""认为"。
② "识字班"，北县方言，指"女孩子"。

去挣点存点。反正出去我还觉得很高兴,快点出去吧,出去还能挣点。(FYQ 160202)

移工的经济和非经济动机是驱使出国打工的重要因素,这也被正式的劳务中介和非正式的间隙经纪人捕捉到,甚至放入招募广告中,以"赚钱旅游两不误"来形容出国打工,将这种跨国旅程描述为经济利益和见世面相结合的一种体验。虽然跨国务工远没有旅游那么轻松简单,但移工确实可在跨国务工过程中体验国外的风土人情,欣赏国外风景,满足自己的好奇心。

第二节 社会网络的推动

社会网络对北县移工的出国打工有非常重要的作用。北县出国打工的潮流最早始于 20 世纪 90 年代,当时移工主要去韩国打工。近十几年,出国务工潮兴起后,伴随中国外派劳务的不断发展,国际劳务市场的合作不断增强,大批移工开始踏入跨国务工行列。社会网络不断产生,每位移工都是一个节点,跨国流动在亲属、朋友、同学和村庄网络中形成一种潮流。通过这些网络,出国打工的信息可传递,出国打工的情绪也在熟人间不断渲染传播。社会网络对移工跨国流动决策的影响主要通过三种机制实现:相对剥夺感机制、心理陪伴机制和信息传递机制。

一 相对剥夺感

劳工移民的新经济学将移民置于更广泛的社区情境中,将家户的移民决策和在当地的收入分布相结合(Stark & Taylor, 1989),在控制最初的绝对收入和期望的绝对收入后,家户的移民决策直接与最初的相对剥夺有关,更高相对剥夺感的家户,更可能输送移民到国外劳动市场(Stark, 1984b; Stark & Taylor, 1989)。一般情况有较高相对剥夺感的个体有更强的迁移刺激,且一个参照群体中如果具有较高的收入不平等,将产生更多的相对剥夺和更高的迁移倾向。以往关于相对剥夺感的研究,主要关注经济剥夺感的研究,认为相对剥夺感主要产生于当地的收入分布(Stark & Taylor, 1989),而这种相对收入可能直接来自工资收入,或农民土地数量的多寡(Bhandari, 2004)。本书认为,相对剥夺感还包括非经济相对剥夺感，且两种类型的剥夺感对跨国移工的首次流动都产生重要作用。

（一）别人挣回很多钱

LPC 于 1995 年出国打工，虽然当时他作为青岛皮革厂员工被派往韩国总部，出国的途径和近些年的跨国移工有所不同，但他出国两年挣了大概十几万块钱，相比那时在青岛打工 800—900 元一个月，工资相差十倍左右。回国后他盖了新房，娶了媳妇，成为村中一个传奇人物，ZW 村第一位移工。村庄"首位"移工通过经济收入机制使村庄其他成员产生经济相对剥夺感，这潜在地影响了村里其他人的观念，为村里其他人出国打工埋下了种子。除"首位"跨国移工的影响，显而易见的是村中其他人跨国打工带来的影响，如 ZW 村、XF 村、GJ 村。在安镇的几十个村庄中这三个村庄是出国打工人数较多的村，每个村都有几十人出国打工，因此村里人都知道出国打工比较挣钱。这种经济上的收益往往不需话语表明而隐性传递。

> 我是村里第三个出国的，当时 LPC 从国外一回来，一看人家挣钱了，这不村里都嘘嚯①开了，大家也都知道外面（指国外）比家里（指国内）挣钱多。(LFQ 150220)

> 这不寻思着人家出去一年十万来块钱，我这在家里几年才挣十万。一听钱就毛了头皮，去报名了，要命啊馋得慌。(LX 160214)

> 村里有很多出国的，都知道比较挣钱，再说十五六年前，就知道村里 LPC 出国挣了不少钱，最近这十来年又有好几十个出国的，这村里这些事还用着说了，家家户户都知道。他们出国都挣了很多钱，所以我寻思着也出去挣点。(LXL 151221)

这种出国打工带来的经济收益既可能使跨国移工个体产生相对剥夺感，也可以使家中长辈如父母产生相对剥夺感，从而推动子女出国打工。HJE 的父母就因此让女儿出国打工。

> 俺爸爸看着俺们村和我同岁的一些人都出国了，就让俺姐姐也出去。听她们说在国外挣钱很高，后边又让我也出去。出国时我就没想

---

① "嘘嚯"，北县方言中指"宣传"。

什么，临走时包都是俺爸爸给打的。（我）去了（日本）什么也找不到（形容自己带了哪些东西不清楚），也不会做饭，差点饿死了。我去半年后才会做饭，慢慢也就好点了。（HJE 150827）

（二）别人都说外面好

出国打工还会带来非经济的相对剥夺感。很多人回国并不会向别人说自己挣了多少钱，只会说自己在国外的一些见闻，多是通过一些国外生活条件和设施的照片，还有风景旅游照片，因此国内潜在移工会认为国外的生活条件、风景等各方面都很好，尤其是已归国的移工也尽量说国外的好，如环境优美、人很善良、遵守交通规则、给人尊重、守时守信、公交车上不大声说话等。与经济收益的隐性传递不同，非经济的相对剥夺感很多时候通过话语、照片、录像等方式传播。许多受访者表示，对出国后的生活方式和风景有一种期望。据 HZS 和 HZT 姐妹俩的母亲说，二女儿 HZS 出国后经常和家里视频，他们（指家人）都没想到（国外）这么好，视频里看到她们在国外打工住的地方、吃的地方、用的地方，如厨房等，都非常好，结果家里老三就心动了也跟着出国了。

> 孩子的爸妈一起在新加坡工作，快 5 年了，拍了很多照片，有近 3000 张吧，上次回来探亲带回来一些，人家那个景色真是很好啊。（QH 公 160204）
>
> 那次我们还去福岛旅游了。会社（指日本公司）组织三年两次旅游，组合里组织三年两次旅游，一次富士山，一次迪士尼，真去来着。在中国一分钱旅游的地方都舍不得去，在日本不用花钱，人家都包着。（LPC 150821）

大多数受访者关于国外的印象是环境干净、安全、素质高，并认为这些方面国外（日本、韩国和新加坡）与中国存在很大差异。他们经常举的例子就是，如果你坐公交车时手机和钱包忘在公交车上，那再过一天你去找那辆车，东西还会在那里，开车的司机就会放在那里，你尽管回去找就好，甚至有个别出国打工者有过这种切身体验；在过马路时如果在十字路口，汽车往往会停下来让行人先通过，然后再通行；国外非常干净，穿的鞋子不会粘上泥土，不像家里很脏很乱；国外晚上走夜路和白天一样安全，不像国内晚上走夜路要到处看看有没有人；国外房屋没有院子，只有落地大窗户，不像国内有院子，担心门被撬开……

> 在国外坐公交车，人家都是井然有序地排队，哪有挤的，不像在国内，（公交）一来了，就像一窝蜂似的往上跑，就怕自己上不去（车）。（LXW 150828）

有些移工还会提到一些关于国外好的方面，如在国外打工，即使你穿得破破烂烂，别人也不会看不起你，在国内则不同。不过这种观点不像是"环境干净、安全、素质高"等观点受到众多受访者认可，因为也有一些人认为他们在国外没有尊严地生活，处于社会最底层，做着外国人都不愿意做的工作，且还要受外国人骨子里的鄙视。这种关于外国人印象的主观认知评价，抛开价值判断，暂且不论对与错，形成了两种截然不同的观点。但在熟人中较容易传递的是关于国外积极的信息，且主要是不涉及人际关系的信息，如环境、安全、交通秩序等，而有不好体验的移工回国后往往会隐藏不良体验。非经济相对剥夺感对社会网络的其他人产生影响，推动越来越多的人出国打工。

二 一起出国——有伴了

心理陪伴机制，是社会网络影响移工首次流动的重要机制。心理陪伴指亲属、朋友、同学和同乡关系在出国前后提供给移工的心理和情感支持。对劳工而言，出国挣钱和新奇向往驱动他们出国打工，跨国务工与国内打工相比的典型特征就是，离开家乡时间长，一般 3 年左右（其间一般不会归国）；与家乡的地理距离远，跨越国界；劳务中介费等经济成本高，一般在 5 万元左右；远离父母、孩子、兄弟姐妹及其他亲人，情感成本高；工作非常辛苦，加班较多；由于语言、消费能力、制度等因素，生活相对隔离；关系网络缩小，原先的一些社会关系断裂，社会联系的"拖网效应"明显（杨肖丽，2009）。他们要面临国外陌生的环境、不熟悉的语言和很大的工作压力，还要背井离乡，远离家乡和亲人、朋友等，所有这些未知和不确定的事情，构成了跨国移工迁移的情感成本和社会成本，也成为阻碍他们迁移的重要因素。跨国务工是一项重大决定，在这个过程中如没有亲属、朋友、同学和同乡连带的心理陪伴，个体估计很难做出这一决定。

多数受访者表示，自己出国打工受亲戚、同学、朋友和同乡关系[①]的影响。LHW 和 LX 主要是与朋友一起聊天时谈到出国，于是一起去劳务中介报名；ZQD、WYZ、HZS、HZT、HJE、HWE、LJL、ZZQ、LXL、LJX 则明显受乡村社会网络影响，主要是同村的影响，这些移工主要来自三个村庄，分别是 ZW 村、XF 村和 GJ 村，这三个村庄平均出国人数在 20 人左右。以 ZW 村为例，ZW 村在这三个村庄中人口较多的一个村。根据村支书的说法，现在有 810 来口共计 250—260 户，除去户籍挂靠在 ZW 村的人，还有 600 口左右的常住人口，除去流动务工人员，村中还剩 400—500 口人。这 20 来个出国打工的移工，对村庄其他人会产生一定影响。XF 村和 GJ 村的村庄效应也非常明显。社会网络的这种心理陪伴，主要体现在出国前一起报名培训和出国后的相互支持。由于移工出国后具体到哪里工作由中介随机分配，因此，很多人幸运地被分配到一个工厂，也有些人没有被分到一起但一年会见一次或两次面，毕竟大家都在国外打工。HJE 很幸运地和姐姐、同学分到同一家工厂，大家一起工作，所以想家差一点；QH 和丈夫、弟弟还有弟弟的发小都在新加坡，逢年过节时会聚到一起吃顿团圆饭，聊一下彼此的工作情况。这些村庄效应中也会混合着亲属效应，因为很多家庭至少有一个人出国打工，还有一些是兄弟姐妹、女儿儿媳、丈夫妻子都出去打工，这种情况在这三个村庄也比较普遍。社会网络可有效弥补情感成本和社会成本给移工带来的影响。

> 我们村里很多（出国的），俺（亲）姐姐、俺大婶家的姐姐、俺同学，俺很多同学都出国（语气加重）。俺妈就问我出去不，我说出去也行。我和俺姐姐还有俺同学五六个人，都分一个厂子去了，这很好，很多一个（村）庄的，都在那里，所以想家差点。再说我刚去不会做饭，都靠俺姐姐做给我吃。人家不管饭，要自己做。要不刚去那半年我都要饿死了。（HJE 150827）

> 这不当时我们西边这个邻居家的女儿去了，说在那边很好，然后

[①] 亲属、朋友、同学和同乡关系其实都来自地缘和血缘关系。朋友、同学和同乡这三种关系主要附着在一定地域之上，如移工同村的同龄人，既是移工的同乡，也是同学和朋友，因此三种关系很难进行详细区分。

(俺二女儿)就直接奔着那个厂子去了。人家厂里过来人直接面试。后边俺这个二女儿也说在那里很好，俺三女儿这不又出去了。不就是跟着人家习①啊，要不然咱们也不放心。（HZS 妈 150827）

三 熟人介绍——靠谱

社会网络的第三种影响机制是信息传递机制。社会网络的信息传递功能已得到学界普遍认可。移民的社会网络可提供丰富的社会资本，增加移动的可能性。社会网络理论认为：第一，一旦个体进行了跨国移动，那他很可能会再次移动，每一次移动都将增加额外移动的可能性。第二，控制个体的迁移经验，与具有先前国际迁移经验的人相关的个体或与实际生活在国外的人有联系的个体国际迁移的可能性会增加；移动的可能性会随关系的亲密而增加。第三，来自国际移民较为普遍的社区的个体会更倾向于国际迁移（Massey et al., 1993）。一般国际移民理论认为，社会网络提供的信息帮助包括位置本身（房屋成本、居住条件）的信息、就业信息以及其他一些更加具体的信息，通过这些信息的传递，可减少移民的成本和不确定性，还可解决潜在移民在移入地生活面临的忧虑和挑战。

与这种观点不同，跨国移工由于严格的合同约束而被定义为流入地的"临时移民"，他们所能提供的关于流入地位置本身的信息比较少，主要是关于就业的信息，这是移工得以出国打工的重要条件。LXL 谈到最开始为什么出国打工，指出主要从家人、朋友和邻居那里了解关于出国的一些情况，这是一个耳濡目染的过程。当从邻居处得知出国能挣钱后，他从一个已出国一年多的高中同学（也是关系很好的朋友）那里询问了需办理的手续，去哪里办理，出去后的工作情况，需要准备或带些什么东西出国，作为出国打工的经验借鉴。

本书不仅强调移工社会网络可提供就业信息，还强调个体之所以跨国流动，重要原因是劳务中介中包含基于"信任"的熟人关系。本研究中"劳务中介"包括上层正式中介（对外经营公司）和底层半正式（公司业务代理人）与非正式中介（个人劳务中介），后两者统称为"间隙经纪人"，连接基层社会的移工和具有派遣资格的中介公司。各层级中介间联系复杂，大致包括三种形式：公司业务代理人—中介公司、个人劳务中

---

① "习"，在此指"模仿""学习"。

介—中介公司、个人劳务中介—公司业务代理人—中介公司。其中个人劳务中介间、公司业务代理间又存在联系。划分半正式与非正式的依据是中介公司是否正式授权与委托，公司业务代理人与中介公司是正式委托关系，而个人劳务中介与中介公司则不是正式委托关系。一般情况下，中介间存在层层转介绍，并非仅上述三种形式中的两层或三层关系。公司业务代理人和个体劳务中介是否有固定招工场所并不确定，一般情况下前者有固定场所而后者没有。公司业务代理人一般是盈利型经纪人，而个体劳务中介可能以盈利为主，也可能以非盈利为主，这两者都是嵌入在乡土社会中的。

间隙经纪人又被称为"乡村劳务中介代理人"，在推动北县劳工跨国流动过程中发挥了重要作用。他们给中介公司或上层委托人代办出国业务，以为劳工提供信息为名，与劳务公司直接或间接对接，无论是否有固定招工场所，中介代理人都会与几个中介公司（或上层委托人）进行对接，并可能从跨国移工缴纳的费用中获取一定收益。

> 镇上这几十个服务点都是个人行为，是个人开的中介，以提供信息为名，与劳务公司对接。只要有对外经营资格权的公司，我们就对接，一般会和两三个公司对接。他们以委托的方式与我们合作，像我们这种干很多年了，有点讲究了，就像是公司的业务员，但很多时候别人不讲究这些，不管什么业务员不业务员的，只要能招到人，给钱就干。我们是直接与公司对接，而有些是你转给我，我又转给他，他又转给公司，是通过转介绍来套取盈利，收取介绍费。一般情况下没有直接的，都是倒好几手。（劳务中介代理人——LDG 150913）

社会网络对未婚移工和已婚移工首次流动的影响几乎相同，不存在明显婚姻分层。社会网络中需强调的是"乡村劳务中介代理人"的重要作用。这些乡村代理人主要负责提供信息并招募劳工。由于许多代理人嵌入在乡土社会中，因此周围村庄的人会通过熟人渠道与这些代理人产生联系。血缘亲属关系、朋友关系、同学关系、同乡关系，及工作关系等社会连带都对移工的出国打工产生着重要影响，但以上几种关系从本质上说都是附着在一定地域范围的，因此一定程度上都属一种地缘关系。例如LFQ是出国业务的乡村代理人，他并不直接与公司对接，而是与上一层代理人对接，将打算出国打工的个人推荐给上一层代理人，然后从中获利。他于

2009年去日本打工一年，回国后开始从事招募工作，没有固定的服务地点，为周围需出国的人提供打工信息，并负责联系上一层劳务中介。他二弟、妹妹、妻子、姑家表姐等亲属都在他的影响下去日本打工，而LPH、GGF，还有FYQ则因和LFQ是同村好友，因此从LFQ处获得了出国信息，SCK与LFQ具有工作关系，他们以前都做家庭养殖工作，因而从LFQ处获得出国信息，而SCK是QYE的邻居，通过SCK的关系，QYE也与LFQ取得了联系，并通过他到北县县城的劳务中介点报名。所以LFQ作为乡村代理人，在这些移工的出国打工中扮演了非常重要的角色。

> LFQ是负责找人的，（他）为两个公司点跑（腿），挣那个中间费，（招）一个人好像挣3000（块）。最开始我走的时候LFQ说"有出国的，你快点和俺媳妇一起出去吧"，后来我就出去了。我出去后，LFQ有一次又和俺老公说，"有个工种还不错，你要不要也出去"。这不俺老公想着反正我也没在家，就出去吧，也去日本，要是距离近了还能去看看我。（GGF 160217）

LFQ只是北县众多乡村代理人之一，在GJ村和XF村也有类似乡村代理人，如GJ村的ZXM（女，72岁），在退休前是安镇计划生育工作人员，退休后负责招募跨国劳工。ZXM是ZQD的四姥娘（四外婆），ZQD和同村同学出国打工都是经ZXM介绍。通过这些个案发现，他们做出最终出国的决定，作为"熟人"（包括亲人、同乡、朋友等）的乡村代理人发挥了直接作用。

四 跨国劳务中介的发展

乡村劳务中介代理人包括公司业务代理人和个体劳务中介。具体而言，既包括专职的中介代理人和具有出国经验的务工者即先前的移工，也包括从事村委会工作的村支书、会计等，以前在镇政府工作但现在退休的人，及村镇上的一些中小超市负责人。这些乡村代理人的构成及其特征表明，他们首先镶嵌在乡村熟人社会，因此使他们的招工和宣传比较可信；同时他们的身份特征，无论是具有出国经验的先前移工，从事乡村行政工作的人员，还是村镇中小超市负责人，都增强了他们所传递信息的可靠性和安全性。这些镶嵌在基层村庄中的乡村代理人反映了跨国劳务中介市场的迅速发展。个体劳务中介往往是最末梢的跨国务工宣传者，他们中少数人与经营公司直接对接，多数与上一层代理对接，而上一层代理则可能直接与经营公司对接，也可能与其他中介代理对接。虽然中介代理的环节有很大差异，但可以肯定有许多乡村中介代理人，如陵镇的镇驻地，大大小小的中介代理有四十多个。临时移工招募机构与移工的亲属、朋友、同乡等连带结合，提供给移工较为可靠的跨国务工信息，推动移工的首次流动。

图3—1　陵镇某半正式的公司业务代理点　　作者摄

信息在国家间传递的有限性推动了跨国劳务中介的发展，代理机构的产生迎合了国家间劳动市场的互动，它们在移民招募方面扮演了重要角色。在当今时代，它们的存在对临时移工非常重要，无论在最初的决策还是移入地的适应方面（Fawcett，1989）。此外移民机构的确立，对潜在移民的可获得性而言，将促进移民的发生（Jessica，2008）。正是中国与其他国家间的劳务合作日益频繁，催生了大量的跨国劳务中介，为普通民众和国外雇主架起信息沟通的桥梁，也进一步推动了跨国劳工的产生。

第三节　跨国流动的"成本"

中国移工的跨国流动在受社会网络、国家政策和市场需求等因素激励的同时，还受一系列因素的阻碍，这些因素主要包括跨国务工的金钱成本、时间成本、情感成本和流入地的社会适应成本。这些成本恰恰嵌入在劳工移民跨国流动的结构进程中。国际劳工移民只能跨越国家边界，但这种流动没有必然侵蚀主权和国际边界效应（Goss & Lindquist，2000），相反边界在国家劳工储备中扮演了至关重要的角色，因为它分割了国家的劳动市场，并控制了跨国劳工的招募（Douglass & Roberts，2000）。正如Sassen（1996）所言，民族国家在应对跨国移工时，通过宣称主权来控制边界并授予公民权。而在亚洲的临时劳工移民制度中，也恰是这种跨越主权国家边界的特征，以及主权国家对流入劳工的控制，造成了移工跨国流动的金钱成本、时间成本、情感成本和流入地社会适应成本。这些因素阻碍了中国移工的首次流动，使很多人对跨国务工望而却步。

一　高昂的中介费

由于工人和国外雇主间的信息无法有效传递，因此跨国劳务中介成为不可或缺的一种组织形式，架起工人和外国雇主沟通的桥梁。对外劳务合作下的劳务派遣离不开劳务中介的招募。但正因层层劳务中介的存在造成了转介绍费用，才使移工所缴纳的服务费用[①]较高。不同国家、地区、行业和工种所缴纳的中介服务费不同，甚至不同中介公司所要求的中介费也不同。一般情况下因为欧美国家的福利待遇好、工资高，因此去欧美等国家打工需缴纳 8 万元以上，而其中美国和加拿大的费用会比其他国家更高，在十几万元；去韩国、日本和新加坡等亚洲国家打工，福利待遇不比欧美，需缴费用低于欧美国家，一般在 1.5 万—5 万元，具体情况根据国家、地区、行业、工种和合同年限确定；而去非洲国家打工，由于工作环境、自然条件和福利待遇等相对前两种国家差，因此缴纳费用较低，在 1 万元左右。

本书跨国移工主要赴日本、韩国和新加坡等国家打工，因此缴纳费用在 1.5 万—5 万元，如加上其他各种费用，最高可达 6 万元。不同国家、行业和工种及合同期限，所缴服务费不同。去日本，一年合同期一般在 1—2 万元，三年合同期一般在 4—5 万元，加上其他各种费用会更高；而韩国和新加坡也大致相似。合同年限少或建筑工等工种费用会低一些，在 1.5 万—3 万元，而合同年限长或其他工种如服务业、制造业、农业等，

---

① 中介公司为移工出国劳务提供组织和管理服务所发生的费用。

费用会高一些，在4万—5万元。加上其他各种费用，如体检费、培训费、签证费、机票及临行前购置的物品、衣服等，最高近6万元。这对许多农村家庭算非常高的一笔支出。那这些移工是否能支付高昂的中介费，又如何筹集这些费用？不同的家庭和个体经济条件，对中介费的筹集和应对也不同，主要分三种情况。第一种情况即自己或父母有钱，可直接缴纳而无须借贷；第二种情况，虽然没有钱，但出于对经济资源的强烈需求和渴望，"东拼西凑"借钱，这些钱来自家人、亲戚和朋友甚至贷款；第三种情况，如果实在没钱，且家庭又无如此强烈的经济需求，则会放弃出国打工。

（一）自己或父母帮忙交上钱

一般情况，去日本、韩国和新加坡打工需缴纳4万元服务费。一些移工自己支付，或与父母共同支付。此时移工的家庭经济状况较好，服务费只需从家庭内部筹集而无须外借。

对未婚移工而言，父母的经济资源即自己的经济资源，父母给自己支付出国打工的服务费合情合理；对已婚者而言，自己有能力支付则会直接支付，如无能力全部支付，则男方父母或女方父母会帮忙支付，但移工最终是否归还既要看父母的经济状况，也要看父母与自己的界限是否清楚。对已婚者而言，大多数移工没有归还男方父母的钱，而一般会归还女方父母的钱，除非女方父母家庭条件较好，不需要他们归还。LPH 的媳妇 GGF 出国打工，由于刚结婚两年，家里又盖起大棚从事养殖业，生意并不是很好，于是想出国，4 万多元服务费全由女方父母支付，且 GGF 表示，这些钱是父母赠予自己的，不会要回去，因为他们的经济状况较好。FYQ 出国打工，婆婆和公公帮忙出了 2 万元，自己的父母帮忙出了 1 万元，自己出了 2 万多元，回国后自己父母的钱还了，而公公婆婆的钱没有还；WXH 出国的费用自己支付 2 万元，公公婆婆支付 2 万元，挣钱后就还给公公婆婆了，因为丈夫的弟弟结婚需要钱。

37 位移工中 15 位未婚者，22 位已婚者。未婚者中完全由自己支付中介费的有 1 位移工，完全由父母缴纳的 10 位移工，他们都因未婚而没有与父母分家，这 11 个家庭的经济状况较其他移工家庭更宽裕，无须向外借钱。父母心甘情愿支付子女出国打工费，有两种不同考虑，一种考虑是挣钱邮寄回家可补贴家用，这种考虑主要在移工有弟弟或妹妹的情况下；另一种考虑是子女出国打工，他们自己手里可存钱，因为这是他们在国外辛辛苦苦挣回来的，这种考虑主要在经济条件较好的家庭中，或没有其他消费用途（如弟弟、妹妹花费）的家庭中。但这两种情况有时并不会区分得特别明显，移工的工资一部分留给自己，另一部分补贴家用的情况也普遍存在，即汇款的两种分配方式可能同时存在，而其中一种占据主导地位。

22位已婚移工中9位移工的出国费用全部由自己缴纳，6位移工是由自己和（双方）父母共同缴纳，1位移工由女方父母全部资助，2位移工除自己缴纳外，还分别向男方的舅舅、女方的姐姐借钱，4位移工由自己、双方父母和贷款（中介公司贷款或信用社贷款）等方式缴纳。已婚移工自己交付出国费用，或自己和父母帮助共同缴纳出国费用的共计16位。

（二）"东拼西凑"借来钱

相比上述这些家庭，还有一些经济条件一般或困难的家庭，他们的费用的筹集并不仅来自父母，还有其他亲戚如兄弟姐妹、叔伯和姨妈等，一些家庭实在无力缴纳则采取借贷方式，从农村信用社或劳务中介公司借钱，一旦出国赚到钱，会立即汇款回家偿还债务。

37位移工中，大部分移工所缴费用在4万—5万元，还有8位移工超过5万元，最少的也要2万元左右。这些费用不包括移工参加学习培训期间①的生活交通费，购买电脑、食物和衣服等费用，这些费用至少1万元。因此，移工跨国流动所需费用一般在5万—6万元，有些甚至7万元。电脑是大部分移工与家庭沟通的有效工具，因此很多人会在出国前购买电脑，以便工作之余和家人视频聊天；移工都清楚国外的食物和衣服比较昂贵，因此会在出国前购置衣物，准备好上千元甚至几千元的干菜、干果和药品，以便出国后能尽量节省开支。所有这些导致除缴纳给劳务中介的费用外，还需许多额外的花费来实现跨国流动。

37位移工中10位移工的出国费用完全由自己缴纳，有父母帮忙的共21位，有姨妈、舅舅、姐姐和妹妹帮助的5位，有劳务中介公司、信用社帮助的5位，还有1位移工接受了来自同学朋友的资助。除自己完全缴纳外，父母是最主要的资助来源，其次是兄弟姐妹和姻亲，以及劳务中介

---

① 赴日移工需进行相关语言和技能培训，主要为日语培训，一般为3个月，也有一些公司要求6个月。赴韩国和新加坡打工也需进行相应培训。

公司和信用社，来自同学朋友的资助最少。

(三) 实在没钱，白搭眼馋

一些潜在移工也有跨国务工打算，但最终却由于家庭经济困难和高额的中介费而止步不前。他们的家庭无力支付近5万元的费用。看到别人出国打工，SL（男，23岁）非常羡慕，因为出国打工能挣不少钱，但因为办理出国前后要花5万—6万元，家庭经济条件不好，还有一个弟弟上学，所以父母没支持他出国的想法，没有父母的帮助，自己也没有经济实力，只能眼看着小伙伴们出国打工。

(四) 移工跨国流动金钱成本的归因

面对移工日益增加的成本负担，尤其在亚洲地区（Martin，2010），学者主要有两种视角：第一种视角将责任归因于中介，第二种视角将责任归因于制度安排。中介归因视角认为，正式的经纪（私人招募机构）在移民的跨国流动中呈现消极固化的角色，他们在法律外行动，从移民业务中获利，并可能从事一种剥削的实践（Lindquist, etal., 2012）。因此这种私人招募机构增加了移工的成本，侵犯了国家和个体的权利（Global Commission of International Migration，2005：70）。制度安排归因视角则认为，成本增加不能归因于跨国经纪人，而是由于政府规制创造出的复杂文书系统（Lindquist et al., 2012）。劳工跨国流动的金钱成本主要包括三方面：缴纳给经营公司的服务费用+外派劳务人员的出国费用+为国外生活工作需要所准备的其他附加费用。这三种费用共同构成了劳工跨国流动的总费用。因此，本书将在中介归因和制度归因两种视角的基础上提出全球化不平等视角，并运用三种视角对移工跨国流动的金钱成本进行探究。

第一，分析一下中介归因视角。一是经营公司服务费的收取。中国《对外劳务合作管理条例》规定，服务费是经营公司为出国（境）务工人员提供组织和服务管理所发生的费用，不能超过在国（境）外工作期间所有合同工资的12.5%，具体缴费多少根据合同标注的收入进行计算。劳务人员不应向任何人支付中介介绍费。如发生中介费，应由经营公司支付。服务费包括经营公司的管理费和手续费，不包括外派劳务人员的出国费用，如护照费、签证费、体检费、适应性培训费（部分国家还包括打预防针的费用）等。出国（境）后外国雇主除支付工资和加班费外，一般情况还负担以下费用：伙食、住宿、煤气和水电费、上下班交通费、所得税、医疗保险和人身伤亡保险、出国（境）和回国的机票、劳动保护用品以及雇主向当地政府缴纳的保证金等①。

一般情况下以 2014 年赴日打工三年②为例，移工三年总收入（净收入＋生活消费支出＋厚生年金③返还）在 486 万—504 万日元，按照当时日元对人民币的汇率 1 日元约等于 0.06 元人民币浮动，需缴纳服务费在 3.64 万元人民币到 3.78 万元人民币，但实际上许多移工所缴费用超过了这一范围，如 LXL 缴纳了服务费 4.2 万元人民币。无论是日元、韩元还是新币，对人民币的汇率波动幅度都较大，因此很难确定三年总收入的 12.5% 是多少，只能以某一确定时间为例，计算当时情景下移工需按照未来的总收入缴纳的服务费。LXL 认为"缴这些费用，其实是羊毛出在羊身上，一部分是中介的成本花费"。他缴了 4.2 万元服务费，其中 2.5 万元给了外派其出国的经营公司，还有 1.7 万元给了地方中介，即公司在市里的办事处和其他间隙经纪人。LXL 说，"中介都那样。如果你要是给中介介绍一个出国成功的，现在给你 2000（元）。不过我觉得我们缴的不合理，有点高，因为比我们早出去几个月的（人）都才缴了 3.7 万元，到我们就多交 5000 块钱"。

二是缴纳押金。1997 年 1 月 1 日实施的《对外经济合作企业外派人员工资管理办法的补充规定》第十条规定，为保证外派劳务人员履行劳务合同，企业可向外派劳务人员收取不超过劳务合同工资总额的 20% 的履约保证金；外派劳务人员履行了劳务合同并按期回国的，企业应如数退还履约保证金本息；外派劳务人员未能履行劳务合同或滞留不归的，外派劳务人员无权要求退还履约保证金本息。但 2012 年 8 月 1 日起施行的《中国对外劳务合作管理条例》第二十五条和第四十四条又明确规定，对外劳务合作企业不得以任何名目向劳务人员收取押金或要求劳务人员提供财产担保。可见 2012 年 8 月 1 日前收取押金（相当于履行保证金）不违反相关法律，且当时的押金收取非常普遍，但即使 8 月 1 日之后缴纳押金的做法仍在部分劳务中介中存在。受访者中仅缴纳押金的移工就有 8 位。在 8 月 1 日施行新条例后，仍有移工被要求缴纳押金。HWE 在 2012 年 12

---

① 商务部合作司，2010-01-20，《出国劳务必读》，http：//fec.mofcom.gov.cn/article/ywzn/dwlwhz/zcfg/201512/20151201202313.shtml。

② 以赴日三年合同期移工为例是因为他们占了北县移工的一大部分。

③ 厚生年金保险是日本社会保险的一种，是以对年老、伤残、死亡者给予必要补偿为目的的制度，包括技能实习生在内的外国人，在适用正常劳动关系而被雇用时，也属于被保险人。

月去日本打工，在缴纳 5 万元服务费后又缴了 1 万元作为押金。

劳务中介声称押金目的是规制移工行为，确保移工能顺利完成合同回国，回国后再返还给他们，但有些移工的押金返还了，有些却被扣了一部分甚至没有返还。HWE、WZJ、JQQ 和 DLZ 在出国前分别缴纳的 1 万元、2 万元、0.5 万元和 0.7 万元押金回国后返还了，而 WYZ、HZS、HZT、HJE 所缴纳的 2 万元押金，回国后退还了 1.1 万元，扣了 0.9 万元。对此她们从劳务中介处得到不同的回答。劳务中介和 WYZ 说，那 0.9 万元是给日本负责移工的老师①的保护费，移工在国外三年，每年收 3000 元保护费。但生活老师却告诉她，自己没有每年扣她们 3000 块钱，劳务中介和生活老师的说法相互矛盾，WYZ 她们也不清楚为什么每年会被扣掉 3000 元。HZS 和 HZT 从劳务中介得到的回答是她们在国外打工，每年要给日本政府缴 3000 元税，因此 9000 元被扣除。据 1997 年 1 月 1 日实施的《对外经济合作企业外派人员工资管理办法的补充规定》第七条，企业收取的服务费已包括企业在国（境）内、外管理外派劳务人员的费用，企业不得另行收取移工在国外期间的服务费。出国（境）后，外国雇主除支付工资和加班费外，一般情况下还负担所得税的费用②，且日本研修·技能实习生制度规定，无论是所得税还是住民税的缴纳采用的都是从每月工资中扣除的形式（国际研修协力机构，2012：24）。因此，无论是保护费还是缴税的说法，都违反中国和移入国日本的相关政策法规。

层层转介绍产生的服务费已对移工形成债务束缚，但押金的缴纳和扣除加重了移工的经济负担。这说明将责任归因于劳务中介的视角具有一定解释力。劳务中介作为整个跨国流动链条中的关键环节（Lindquist，2010），对移工跨国流动起到促进作用的同时，也成为移工跨国流动高金钱成本不可推卸的责任者。

第二，分析一下制度安排归因视角。该视角将劳工跨国流动日益增加的成本看作制度安排的结果。劳工流动的金钱成本除服务费外，还包括"外派劳务人员的出国费用"和为国外生活工作需要所准备的其他附加费

---

① 对外劳务合作企业向同一国家或地区派出的劳务人员数量超过 100 人的，应安排随行管理人员（商务部合作司，2012-08-01，《对外劳务合作管理条例》第十六条）。"生活老师"来自中国的经营公司，被公司派往日本组合中负责移工的日常生活和工作事宜。

② 商务部合作司，2010-01-20，《出国劳务必读》，http://fec.mofcom.gov.cn/article/ywzn/dwlwhz/zcfg/201512/20151201202313.shtml。

用。外派劳务人员出国费用主要包括护照费、签证费、体检费、适应性培训费（部分国家还包括打预防针的费用）等①。

合同期1年或2年的移工所缴中介费在1.5万—2.5万元，一般情况这些费用包含了外派劳务人员的出国费用。合同期3年的移工所缴中介费在3.9万—5.7万元，这些费用可能包括也可能不包括外派劳务人员的出国费用，又或许包括一部分。LXL缴纳4.2万元给劳务中介后，护照、体检和差旅等费用均自己出，而ZZQ、ZQD、LJL和DLZ等在缴纳4万—5万元后，护照费自己出。此外，还需支付适应性培训3个月（一般3个月，还有些要求6个月）期间的生活费及差旅费等。如LXL在北京参加培训3个月花生活费3000元，自付出国飞机票3100元，还有护照费260元和体检费400元等，共计近7000元；HWE缴纳5万元费用和1万元押金后，培训期间共花费1万元，虽然回国后押金已退还，但所有的花费共计6万元左右。制度视角将移工流动成本的增加归因于复杂的制度安排和文书系统，具有一定解释力。因为复杂的制度安排和文书系统使护照、签证、适应性培训甚至体检成为移工跨国流动必不可少的条件，而这些费用基本由移工自己支付。

第三，在前两种视角基础上，本书提出第三种视角——全球化不平等视角。该视角强调经济全球化引致民族国家间经济不平等，进而推动移工跨国流动。大量移出国农村居民溢出边界到移入国次级劳动市场打工，由此产生长途差旅费；而打工期间与家人的有效沟通产生了购买电脑等通信设备的费用；他们为获取经济利益尽可能压缩消费，由此产生出国前的购置生活物品费。大部分移工在出国前会购买许多生活物品以供出国后使用，因为移出国家乡的物品价格远低于移入国。恰恰是经济全球化带来的国家经济、劳动市场和消费市场的不均衡推动了移工其他附加花费的产生。

> 去日本多带点吃的，这个没错，因为那边的物价比较高，家里这边便宜很多，你要是带了吃的（指干菜），去很长一段时间不用买菜。（WYZ 150831）

---

① 商务部合作司，2010-01-20，《出国劳务必读》，http://fec.mofcom.gov.cn/article/ywzn/dwlwhz/zcfg/201512/20151201202313.shtml。

具体而言，移工跨国的差旅费是一笔不小支出，赴日本、韩国和新加坡的交通费用都要几千元，这笔费用无论是否由移工缴纳，往往最终转嫁到移工身上。除差旅费外，附加费用也是很大支出，包括买电脑、食物和衣服等。购买电脑有利于维持与远距离社会网络的亲密和交流，购买衣服和各种干菜食物，既可省钱，还可为移工生活提供方便。干菜的购买动辄上千甚至几千元。因此，在出国前的附加费用进一步增加了移工流动的成本，使许多家庭在将移工送到国外后几乎被掏空。

实际上全球化不平等视角和中介归因视角、制度安排归因视角并不冲突，甚至互补。移工跨国流动具有较高金钱成本需三种视角共同解释，缺一不可。劳务中介在跨国流动过程中往往由于层层转介绍而产生额外服务费，而制度安排造成的复杂文书系统使护照、签证、适应性培训甚至体检成为移工跨国流动必不可少的条件，而这些费用基本由移工支付。全球化引致国家间的经济不平等、劳动和消费市场的不均衡造成了移工的其他额外花费，如长途差旅费、购置通信设备和生活物品费等。服务费、出国打工的费用和各种其他附加费用共同促成了移工流动的较高金钱成本。

二 花几年时间

时间成本内嵌于移工流动的制度安排。移入国的劳动市场需求和外劳制度将移工限定为临时逗留者，且规定了可停留期限。他们不能在目的国长期居留和入籍。在留时间限制、跨越国界的复杂性和回国探亲的高成本使很多移工在合同期间不会回国探亲。与国内劳工流动相比，跨国流动具有的"长时间"（一般1—5年）和流动期间"不回国探亲"等特征，给劳工及家人带来了巨大时间成本。下则招聘广告明确表明不允许回国探亲：

> 本月（2016年10月）20号面试的鱼糕项目为日本第四大鱼糕加工企业，招收22—30周岁女工7人（已婚为主），主要从事鱼糕食品加工相关工作。3年期间不允许回家探亲。面试前需提交报名人员的家访报告，需劳务人员家属签字。该项目收费35700元。尚有较大缺口，请大家积极招募。

时间成本对不同婚姻状况的移工产生的影响不同。对未婚移工而言，最主要的时间成本是"大龄"造成的婚姻压力。无论是未婚男性还是未婚女性，都面临这个问题，而这也成为父母阻挡子女出国的重要原因。对已婚移工而言，时间成本主要是已婚移工在孩子成长中的"缺席"。

（一）"晚婚"或"大龄"困境

中国是一个"普婚制"国家，"每个人都应结婚"成为社会主流价值观（杨雪燕等，2013）。在此背景下"大龄未婚"受到格外关注。关于"晚婚"有两种观点，第一种观点来自国家计划生育政策，即女性满23周岁，男性满25周岁（刘爽、蔡圣晗，2015）；第二种观点认为年龄为25—27岁（张春汉、钟涨宝，2005）。"大龄未婚"的年龄限制为30岁及以上（刘爽、蔡圣晗，2015；韦艳、张力，2011）或28岁及以上（李艳等，2012）。"剩男剩女"则指男性30周岁以上、女性27周岁以上（伦丽，2013：8）。"大龄青年"和"剩男剩女"是寻找婚姻对象较困难的群体。据农村文化传统和婚姻习俗、实地调查研究及其他研究发现，年龄一旦超过24岁（包括24岁）①，父母开始担心子女婚姻问题。15位未婚者中有10位移工在合同到期后的年龄超过24岁（包括24岁），其中6位移工的父母反对子女的出国决定，因为孩子年龄大了不容易找对象。

LXL（26岁，男）和ZSJ（26岁，男）的出国打工决定受到了家庭最大的阻碍，主要是因为他们的年龄已不容易找对象，出国三年，回国后找对象将更加困难。两位移工为此与父母展开了艰难的"斗争"。LXL的父亲表示，当初LXL要出国打工，自己和孩子的母亲都非常不同意，经常因为这件事争论得不可开交，因为他们还着急抱孙子。ZSJ的父母也不同意他出国，ZSJ执意要出去，就找自己的同学朋友借中介费，最终得以成功出去。

虽然LJX的年龄较LXL和ZSJ要小很多，当他和父母说自己要出国时，父母虽没有阻挠，但母亲心里却担心他的"添人口"问题，觉得出国回来24岁，找对象有点困难。不过母亲只是稍微提了一下，并没有特别在意。无独有偶，BHY和DLZ的母亲也和LJX的母亲一样，认为女儿回国后24岁，找对象就困难了，所以一开始也不同意她们出国。但出于家庭经济的需要、移工出国锻炼自我的需求，大部分父母还是会同意子女出国打工。如果实在不同意，子女可能采取两种措施，第一种是自己缴纳

---

① 由于北县农村地区汇报岁数以虚岁为主，因此24岁在他们看来是25虚岁。

或找朋友借钱缴纳中介费，因为缴上中介费后父母将无法阻止他们，第二种是避开一般的三年合同期而签一年合同，这种方法被 LX 采用。

> 那时候不就 22① 岁了嘛，俺妈觉得大了，想给找婆婆家了，要是走了回来就 25 了，这不就老了嘛，不好找了，所以俺妈就不同意我出去。俺爸爸就想得远一点，（他）非常同意我出去，和俺妈说，"她想就让她出去吧，反正在家里也不挣钱"。（BHY 150901）

（二）孩子成长中的"缺席"

对已婚移工而言，时间成本主要体现在孩子成长中的"缺席"。22 位已婚移工都在有孩子后再出国打工，且大部分孩子的年龄在 2—7 岁，即处于幼儿时期，因为他们认为孩子可留给家中老人照顾，且孩子未进入学校，不会影响孩子的学习。但这一时期恰是孩子智能发育加速，活动范围增大，语言、思维和社交能力明显发展的时期，父母双方或一方的缺席将对孩子产生不利影响，因此孩子成长的缺席成为重要阻碍因素。但与拥有孩子后的经济压力相比，很多父母仍会忍痛割爱出国打工。这看似和国内农民工情况相似，实际上有些不同，移工往往在国外待至少两年，且多数时候不会回国探亲。

多数已婚移工，尤其是女性移工的流动明显受到孩子的阻碍，而孩子对家庭中男性的影响较小，这与传统的性别规范和分工一致，即孩子年龄小时更需要母亲呵护。11 位已婚女性移工中 6 位最初的出国打工决定受到家人反对，理由之一就是孩子太小，离不开妈妈。

GGF 表示，开始想报名出国，但孩子太小根本不行，当时孩子 1 岁，后边又过了半年，孩子 1 岁半时她才出国打工。（孩子）她奶奶说 GGF 心狠，孩子这么小就出国打工，一走就是 3 年，回来孩子已 4 岁半。其实 GGF 不是不想孩子，但想着出国挣钱就没有再想太多。像 GGF 一样，其他几位已婚女性的出国都受到了家庭其他成员的很大阻挠，这种阻挠可能来自丈夫、公公婆婆，甚至是女方的父母。也有人因出国打工的时间成本高而未出国。LJT（女，29 岁，女儿 3 岁）在安镇的某服装厂工作，下班时间负责照看孩子，上班时间孩子由婆婆照看，丈夫在青岛做电焊工。她

---

① 北县人比较习惯使用"虚岁"而非周岁，其实 BHY 出国时只有 21 周岁。

非常坚决地说自己没有出国打工的打算,"俺也不羡慕别人挣多少钱,挣再多的钱不也就是那样,钱可以慢慢挣,但孩子的成长只有一次;再说出去太远,时间还长,还不能回家。我认识的一个人,出国回来后小孩现在都不认她啊,和她一点都不亲"。

跨国流动的时间成本是很多移工及家人考虑是否出国打工的重要因素,也因此产生了家庭内部的强大分歧。移工可能采取的折中方式是选择1—2年合同期的工种,以尽可能减少对孩子或自己大龄婚姻压力带来的负面影响。

三 思念之痛

在永久移民研究中,社会网络如何影响迁移需要具体研究,因为社会网络在移出地可能同时扮演促进和阻碍角色。鼓励假定认为家庭也许会鼓励成员到国外工作,作为确保家户收入的一种策略(Stark,1991);亲密关系假定则认为在居住地有亲戚朋友将减少迁移的可能,与社区的联系和较强的当地亲属连带等社会网络都是移民的一种阻碍因素(Haug,2008;Ritchey,1976;Uhlenberg,1973)。移出地社会网络的阻碍作用源于移工与移出地亲属朋友的情感连带。情感成本,可能是所有跨国流动成本中最不好测量的成本。情感成本与时间成本相似,嵌入在跨国流动结构进程中,甚至可以说与时间成本相伴。移工的跨国流动使移工与家人面临时间和空间双重分割。跨越地理界限的长时间分离,给移工及家人带来巨大情感成本,即彼此想念的痛苦。移工和家人在跨国务工中产生的情感思念,往往因不能回国探亲而加剧。

(一)"不舍得"移工出去

移工的家庭成员,尤其是父母、孩子、配偶等,对移工的离开会深深地不舍,尤其是父母和孩子,因为大多时候出国打工的决定是夫妻商量做出,出于经济理性考虑,配偶往往会抑制自己的情感,而父母和孩子则不然。出国打工在大多数人看来是"受苦受累""背井离乡""撇家舍业"。37位移工中大多数人表示,当初自己要出国打工,父母尤其是母亲因不舍自己出国而伤心落泪。FYQ把出国的决定告诉了母亲,她的母亲曾跑到亲家指责女儿的婆婆,两家闹得不愉快。

孩子她妈(FYQ)要出去,咱也不撵她,也不留她。反正就是你想走就走，不想走就算了。这是俺儿子和儿媳商量的，不过俺们也没说让她别走。她娘来我们家找我，嫌我不给她把女儿留住，她就这一个闺女，不想让她出去，还说一走就是三年，想女儿时人都见不着，一边哭一边骂我。我也没办法，是她（指儿媳）自己愿意出去的。（FYQ 婆 150724）

QYE 也说自己母亲不太愿意，觉得自己在家里都没有受过罪，出过力，嫁到婆家还要出去受这个罪。临行前母亲不停流泪，自己的心里也很不好受。像 QYE 和 FYQ 一样，很多移工临走前父母都是以泪相送。BHY 的母亲和 LXL 的父亲在送别孩子时都因舍不得孩子而哭，一是因为三年的分别会想念孩子，二是因为他们觉得孩子出去受苦受累，甚至可能会受到委屈。

刚开始俺闺女走的时候，我不舍得，不舍得怎么着，人家婆家同意、支持，我们也管不了。刚走时真是（想得）了不地了啊，她去那么远的地方，要是一年一回来咱还不挂牵，三年你寻思寻思，时间很长，当时（心里）可是觉着（味）了。（QYE 妈 160201）

孩子在移工的跨国流动中往往是被忽略的对象。由于孩子的年龄一般较小，因此他们对父母出国打工这件事的知情权被剥夺，孩子的声音"沉默"了（刘兴花，2016）。即使孩子年龄大点，很多父母也表示孩子"不需要"知道他们的决定。访谈资料也表明，多数情况下孩子是被动、无声的。对年龄小点的孩子而言，他们不希望父母出国打工，而对年龄稍微大些的、有认知能力的孩子而言，他们比较纠结，在父母出国挣钱和情感分割间进行取舍。下面一则劳务中介的招募广告指出，女性嫌三年合同时间太长而犹豫的话，建议考虑一年合同期项目。

嫌三年时间长，想走一年项目的美女们，快来看吧！一年食品摆盘加工，日本大阪，女工 18 人，小时工资 875 日元。年龄 18—32 岁。主要从事食品摆盘，工作轻松。条件优越。一年时间转眼就过。十月中旬面试，机会不容错过哦！电话：×××。（LDG 160809）

夫妻情感往往是最容易被忽视的问题,"留守儿童""留守老人"话题讨论较多,而"留守配偶"问题则较少受关注。跨国务工首当其冲的是夫妻间的情感关系,尤其是长时间的夫妻分离造成性生活缺失,以及通信工具带来沟通限制,很可能危及夫妻间的感情,导致夫妻感情破裂和家庭解体(刘兴花,2016)。这种案例在跨国移工中并不少见,因此也成为许多夫妻在商量出国打工时考虑的重要因素。但出于对彼此的信任以及家庭经济的需要,移工和配偶还是会选择出国打工。LBQ 和家人商量出国打工,孩子的奶奶刚开始同意但随后却动摇了,因为一些人三年后回来离婚了,有些人第三者插足。LBQ 很淡定地说,"要是想出轨的话,在家里也一样,你看也看不住,拦也拦不住。"所有受访者中有 4 对夫妻商量共同出国打工,最终成功出国 3 对。"夫妻档"出国打工可能是夫妻两人同时出国,也可能是夫妻一个先出国,当回国后另一个再出国。这两种形式无论哪一种,都将增强夫妻间的信任和对彼此的支持。

(二)不想离开家

很多理论和模型需掺入依附或情感因素(White & Johnson,2015:72)。与家人不舍移工出国相对的是移工不想离开家。但移工对家人与家乡留恋之情很大程度是被抑制的,因为他们更加明确自己出国打工的目的,深谙自己内心的追求,或为实现自己与家人的"淘金梦",或为自己的"长见识、开眼界""磨炼与成长""暂时的自由"等。因此家人运用"感情牌"或"时间牌"来说服自己不要出国打工时,他们所采取的是坚持,这并不能说明他们对家人和家乡没有情感,而是只有牺牲这种情感才能实现自己的目标,特别突出的个案是 LJL。她表示自己一开始排斥出国打工,因为打工三年和家里生活一点没有关系,还背井离乡跑那么远,但父母希望她出国打工,改善家里的经济状况,且面试又通过了,所以才出国了。LJL 的个案表明,移工并非不思念家乡,只因有更重要的事情——挣钱——而使这种思念和不舍搁置。下面是 LJL 在出国前的 QQ 空间动态:

2010 年 10 月 6 日 站在十字路口,为什么人生总要做出那么多选择。

2010 年 11 月 18 日 我现在只想爸妈可以健健康康,等三年过完我们再一起狠狠的……狠狠的……幸福!

2011年2月23日　前方是满满的雾,我在一路忐忑着前行。

2011年4月3日　我想说,如果世界是一本书,那我很庆幸又翻到了下一页!明天我们开始分别……祝福我,不要想我,因为我还会回来……回来继续我们未完的青春!

2011年4月4日　第一次坐那么长时间的船,黑漆漆的大海,四周是冷冷掠过的风……我站在甲板,眷恋了一城的夏伤!我想……好好地去,好好地回,一切都是好好的模样!

LJL社交平台更新的状态是她从开始决定到正式出国后的心路历程。从中可知,她和大部分移工一样,怀着忐忑不安、忧伤别离和对未来憧憬的心情踏上国外旅途。实际上受访者对自己的不舍情感往往隐藏,在访谈中很少表现出来,但在社交平台的状态更新足以反映当时他们的内心想法。有移工说自己在离开时看到同车其他移工挥泪和家人告别,觉得并没有这么伤感,她们没有哭而是笑着离开。也有移工说离开时家人送别,心里很不是滋味。无论是不舍得离开而哭的移工,还是笑着离开的移工,其实心里可能都有些许不舍,又或这种不舍混杂着即将出国的兴奋和冲动,被这种充满探索和冒险的跨国旅程冲淡。

四　社会适应困境

国际移动比国内移动要克服更多障碍,除交通成本外,还有学习适应新文化的成本、获取适当证件的成本(Massey et al.,1993)及人身安全成本等。因此跨国流动决定中还需考虑一个重要影响因素——流入地的社会适应成本。移入地社会网络对移民社会适应的促进作用已被证明(Palloni et al.,2001),但亚洲的国际劳工并没有在移入国形成有效的社会网络,只有同在国外打工且地理距离相近的亲属朋友才能发挥些许扶持作用,因此社会支持网对移工移入地适应的作用非常有限。

这种适应成本既源于移入国的市场和文化,也源于移工家人对移入国的陌生感和不安全感。移民需处理经济困难、工作挑战、语言障碍和社会歧视等问题,这些都与不熟悉的环境相联(Chib et al.,2013)。社会适应成本主要体现在四个方面:第一,移工在流入地的语言障碍;第二,在国外的人身安全;第三,工作的辛苦劳累;第四,流入地的工作压力,即自己的技能能否胜任流入地的工作。有些学者将语言障碍、与移民日常活动有关的职业和经济困难定义为"功能压力"(Chib et al.，2013)。

(一) 语言障碍——听不懂

雇佣许可制对赴韩务工人员的素质、语言和劳动技能要求较高，务工人员在出国前需进行韩语培训，而赴日本的移工在出国前要进行3个月或6个月的日语培训，以便进入日本后能迅速适应当地语言。相比较而言，去新加坡一般不需要进行英语培训，因为新加坡输入的劳工主要从事建筑业、制造业、海事业和服务业（陈小谊，2010：6），移工一般在中国公司承包的工程项目或华人餐馆等地方工作，因此对英语要求并不是特别高。但无论是韩语、日语还是英语，对身处农村的跨国移工而言都是陌生的，他们在做出国决定时担心的因素之一是语言。

> 看着别人都去，俺孩子刚开始也想去，但后边想了想又不大愿意去了，因为她觉得去了日本，不大懂那里的语言，心里害怕，在县城进行培训，才培训了两个来月，心里还是没底啊。(ZZQ 妈 160204)

一位在国内工作但加入国外劳工QQ交流群的人在群中聊天，向其他已在日本的中国移工询问去日本工作的情况。他对自己的犹豫给出的解释是，"不会日文，哪里敢出国啊"。即使已在流入地工作的中国移工，也会因为语言不通而遭遇一些尴尬时刻。XX 于 2017 年 1 月 11 日刚到日本，从事为期 10 个月的毛巾制造工作。在她到日本工作 1 个月后，笔者询问她的适应情况，她很无奈地说，"虽然进行了 3 个月的日语培训，但我们培训的那些话在日常生活中根本用不到啊，过来什么都听不懂，也不会说，每天社长[①]开会，我们就坐在那里，像超吧[②]一样，多亏以前在青岛干过服装，要不活都不知道怎么干"。

(二) 受苦受累——工作累

家人对移工出国之所以持反对态度，是因为他们认为国外的工作不好，是脏、累、差的活，而移工出国打工意味着受苦受累，甚至受委屈。LX 在访谈中提到，母亲当初执意不同意自己出国，因为母亲觉得出国干的活肯定不是好活，好活外国人就干了，肯定都是"不好的"活才给中

[①] "社长"指日本企业的雇主。
[②] "超吧"在北县方言中指"傻子"。

国人干。

LX 的母亲听到女儿这么说自己，接话说：

> 本来就是那么个事，这不就是出去受罪，你不寻思寻思咱们这里，不都是有好活本地人干，还能有外地人干了啊。（LX 妈 160214）
> 就因为我出国，屋帽子差点都掀了（形容争吵厉害）。叽里呱啦的，哎呀那个娘啊，直接打（指吵架）疯了，户口本都藏起来了，不给我。他们越是不让我出去，我就非要去看看，就算在那里累得慌我也不后悔，也不会和俺妈说"我不愿意干了，想回家"之类的话。（LX 160214）

正如 LXL 所言，"家里人的态度主要是父母对孩子非常关爱、关心，知道出国（打工）非常受苦受累，不忍心孩子出去，但我们自己也提前做好了受苦受累的心理准备"，更精辟的概括应该是 LBQ 所说的，"人家不是都说嘛，你出去后悔三年，不出去后悔一辈子，出去可能遇到各种情况，如工作累、不安全、夫妻感情问题等，但如果不出去一辈子也就那样了，出去既能挣钱，也可以看看人家那边，那边的景啊、人啊，也不孬啊"。有些受访者还通过和国内打工比较来说明，即使在国内打工，工作的强度和时间与国外并没有显著差异，国外的工作甚至可能比国内还要轻松，并挣更多的钱。

（三）工作压力——重新学

还有一种担忧是自己的技能能否胜任国外的工作，即流入地新工作的压力问题。出国前劳工进行过面试或业务能力测试，但这些测试往往是最基本的，并不能完全反映流入地工作的要求。LXL 表示，由于自己在国外从事的工种是农业，虽然在农村长大，家里的农活也从小懂一点，但还是担心去日本后什么都不会干，因此在临走前，自己在青岛乱七八糟的什么活都干，比如说杂活，在冷库里干搬运和装卸，还干过建筑，贴过广告牌，给别人打扫过卫生，干过物流和采购等，目的是增强对工作的适应能力，进入流入地后能迅速适应新工作。QYE 在决定出国时有过犹豫，除担心语言不通外，还有一个让她打怵的是担心出国后适应不了那边的工作和生活，但因为自己已缴纳两千元押金，如果退出的话，押金将不会退还，因此感觉自己被押金"拿住了"，于是硬着头皮去了。其实国外的那些工作一般属于低技能或无技能的工作，只要学习一段时间就可适应，但面对未知的工作，移工还是担心和害怕。

（四）人身安全——不放心

移工在国外的人身安全是家庭最关心的问题。许多移工家人提到"有安全才有一切"。移工的人身安全也是家人同意他们出国的"最低要求"。XX 从 15 岁辍学就在青岛打工，采访时 21 岁，六年一成不变的打工使她对国内打工失去兴趣，按照青岛的工资，加班到晚上 9 点，每个月 3400 元，除去房租 500 元，生活费 1000 多元，还有各种护肤品、衣服、鞋子等 500 多元，每个月净剩 1000 多元，一年可积攒 1 万元左右。但相比出国一年可净剩 10 万多元，因此她一心想出国，但父亲却不同意，两人"僵持"了一个多月仍没有结果。当问 XX 的父亲为什么不同意时，XX 的父亲说，自己家并不是特别缺钱，不需要女儿出国挣钱，最主要的是担心女儿的安全，在国外遇到意外，保守做法是留在国内打工。XX 的母亲比较同意女儿的想法，趁年轻出国挣点钱，一年时间很快就会过去，所以和女儿一起劝其丈夫，丈夫虽然没有支持，但也没有太反对。

综上所述，社会网络、市场和民族国家对移工流动产生了一定阻碍作用。阻碍因素包括金钱成本、时间成本、情感成本和社会适应成本。金钱成本源于服务费、外派劳务人员出国费用和为国外工作生活准备所需的附加费用；时间成本包括未婚移工大龄或晚婚的困境和已婚移工孩子成长的缺席；情感成本则包括家人不舍移工出国和移工不舍离开家乡；社会适应成本则包括语言障碍、工作压力和受苦受累等功能压力及人身安全等底线压力。上述四种阻碍因素都内嵌于亚洲临时劳工制度中，或存在于移工跨国流动的结构化进程中。

上述四种成本都根源于民族国家、市场和社会网络对移工流动的影响。整个分析的基本切入点是"跨越民族国家边界"，正因为需跨越国家边界，因此移工既面临移入国外劳制度控制，还面临"陌生"和"不确定"的国外社会文化环境。而国家的边界和外劳制度控制主要体现在三个方面：第一，拆分型劳工家庭再生产模式（Burawoy，1976）使移工只能独自前往移入国而不能携带家属。第二，通过合同对停留时长进行限制，移工尽可能在国外打工期间努力挣钱，而主动放弃甚至本来就没有机会回国探亲，这意味着移工在国外停留至少两年以上，一般 3—5 年。第三，国家政策规定和复杂的文书系统导致移工需通过多层关系（国家双边劳务中介）才能跨国流动。

这三个方面连同"陌生"和"不确定"的国外社会文化环境可概括为：远距离（跨越国家边界）、长时间、复杂性和陌生性。在这种远距离（空间分离）、长时间（时间分离）的跨国流动下，移出国社会网络对移工流动的阻碍作用主要是流动产生的情感成本，即移工与家人间的互相不舍，此外还导致已婚移工在孩子成长中的缺席。长时间的流动使未婚移工面临大龄或晚婚困境。而也恰是这种远距离和长时间的特征导致移工为维持移出国有效的沟通而购置电脑等设备。在远距离、长时间和陌生性的跨国流动下，移入国有效社会网络的缺失使移工及家人存在语言障碍、工作压力和人身安全等诸多担忧。复杂性则体现在国家复杂的文书系统与劳务中介介入导致的劳务人员出国费用增加。至此，民族国家和社会网络对移工跨国流动的阻碍已比较明显。而市场因素中，移入国的劳动市场和移出国的劳务中介也阻碍了移工的跨国流动。移出国的劳务中介往往存在层层委托的"转介绍"现象，通过间隙经纪人的转介绍招募和组织劳工，增加了移工跨国流动的服务费；而移入国劳动市场的次级特性，导致许多移工家人担心移工出国后从事脏、乱、差的工作受苦受累，且次级劳动市场中的低收入与当地较高消费水平导致许多移工在临出国前准备大量的干菜和衣物等日用品，也增加了移工跨国流动的经济成本。

小　结

日本、韩国、新加坡的外劳制度和市场需求与中国的对外劳务合作政策与劳动力储备形成了移工跨国流动的宏观结构背景。在此背景下，中国的劳务中介公司（又称经营公司）扮演了极其重要的角色。中国对外劳务合作的显著特征是商业化，合同移工并不是单纯由政府组织和招募，还有许多私人机构作为劳务中介进行劳工招募，即目前合同劳工的招募更加多元化和市场化，但实际上中国的劳务中介市场并不仅依靠正式的劳务中介公司，还包括大量半正式和非正式的"间隙经纪人"，他们主要来自农村社会网络，包括亲属网络、同乡网络、朋友同事网络、同学网络等，这些人作为"熟人"为广大农村地区意欲出国的人提供重要信息，并从中获取一定经济利益。社会网络在移工的跨国流动中除发挥信息传递功能外，还利用"心理陪伴"机制和"相对剥夺感"机制推动移工跨国流动。

社会网络的心理陪伴主要体现在出国前一起报名培训，出国后相互支持，这是村庄效应与亲属效应混合所致。而社会网络的相对剥夺感，既包括以往研究中提出的"经济的"相对剥夺感，也包括"非经济的"相对剥夺感，跨国流动带来的高收入和对国外现代性的体验探索都使留守国内的人对跨国打工产生无限兴趣，继而推动潜在移工的跨国流动。

除社会网络所发挥的信息传递功能、相对剥夺感和心理陪伴功能，移工之所以跨国打工最根本的原因离不开移工个体及其家庭的动机。经济动机是所有移工最重要的驱动因素，与国内打工具有相同的行业和工种、相似的工作条件和时间，较高的收入是跨国打工最重要的激励因素。无论是"欠巨债"形成的还债压力、结婚成家困难面临的强烈经济需求，还是当前和预期消费压力导致的为家庭获取并积累经济资源，抑或是移工家庭经济条件较好，但移工个体希望通过自己努力获得国外高收入，即"手头有点零花钱"，移工跨国流动最主要的原因都是经济资源的获取。此外还有一个重要原因是个体发展理性，这主要体现在对个体独立和自由的追求。具体包括三个部分：第一，出国看看长见识；第二，出国磨炼一下，促进成长；第三，出国可追求自己"暂时的"自由。大部分移工都认可出国可实现"多样化"目标，包括各种经济目的和非经济目的。而这种非经济动机和经济动机，既可能来自家庭和朋友、同乡网络的经济和非经济相对剥夺感，也可能直接来自家庭网络或个体自身的一种需求。

移工跨国流动的研究呈现理论"碎片化"特征，甚至不同研究者得出不同研究结论。以往关于劳工移民跨国流动研究，主要从不同层次和视角入手，出现了多样化理论，但各种理论对跨国流动都具有部分解释力，对驱动跨国流动的多样化机制进行整合并解释，有助于更好地理解移工的行动驱动机制。移工跨国流动既是个体和家庭基于经济需求和非经济需求做出的决定，也受社会网络、市场和国家规制和机会的双重影响。熟人网络、自由化的市场、国家干预都强有力地影响了移工的首次流动。同时，国家、市场和社会网络对移工流动产生了重要阻碍作用，主要体现为四种成本：金钱成本、时间成本、情感成本和流入地社会适应成本。

第一，民族国家层面，民族国家的边界控制和外劳制度使移工只身赴国外做固定期限的工作，即拆分型劳工家庭再生产模式和最长停留时间限制，使未婚移工面临大龄或晚婚压力，而已婚移工则面临孩子成长中的缺席。此外，跨越民族国家边界产生了语言文化、工作压力和人身安全的担忧。第二，市场层面，二元劳动市场导致移工从事次级劳动市场工作，而在一般人看来，次级劳动市场往往脏、乱、差，这引致父母对孩子受累的担心；次级劳动市场的低收入和高消费使移工在出国前准备大量干菜和衣物等物品，增加了流动的经济成本；劳务中介公司通过层层委托和间隙经纪人实现劳工的招募和组织，增加了移工的金钱成本。第三，社会网络层面，移出地社会网络的阻碍效应和移入地有效社会网络的缺失，导致移工与家人彼此不想分离，也不能依靠社会支持网络来积极适应移入地的工作生活。因此，社会网络、市场和民族国家与移民自身特征结合，使移工形成种种担忧，很多人甚至因此放弃出国打工。

第 四 章

跨国日常体验

> 每个人都有每个人的辛酸史，出国打工都不容易，又想家又累，怎么说呢，反正这都是为了"家"，苦点累点也都没什么。
>
> ——一位移工如是说

在日本打工的日子非常辛苦，首先是语言障碍。虽然在出国前进行过日语培训，但培训的内容远不能满足日常生活和工作交流的需要。在刚去日本的几个月，语言适应非常痛苦。为了努力存钱，LXL 省吃俭用，每两周去超市购买一次日常生活用品①，尽量压缩自己的消费开支。冬天每天吃白菜，夏天每天吃土豆和茄子，秋天每天吃菜花和卷心菜，春天啥都没有，什么菜便宜买什么，一般在下午超市蔬菜打折时去买，每月生活费等各项支出维持在 600 元左右（根据汇率浮动变化，约 1 万—1.5 万日元）。消费压缩伴随着生活物理空间的压缩。由于自己做饭吃，因此每天的生活半径是大棚和宿舍的"两点一线"。只有去超市购物时才会暂时离开宿舍，这既缘于日本雇主不想让他们与其他中国移工有往来的强制，也缘于外出可能花钱的自愿性隔离。三年日本打工的时间对 LXL 来说是漫长的，无论从他的日志、网络社交平台（包括 QQ 空间和微信朋友圈）动态，还是与家人、朋友、同学的聊天中都可看出，"无聊""单调""千篇一律""焦虑"等是他打工三年的写照。LXL 希望三年合同到期后，带着挣的钱回家，（在城市买房）付个首付，找个对象和工作，然后平平淡淡地开始以后的生活，并表示以后再也不会出国打工。

无论是合同结束回流，还是异常回流，移工的日常体验都构成了回流

---

① 每两周去一次超市，在赴日移工中比较普遍。

的重要背景,即只有将移工的回流放入移工在国外的日常生活工作中分析,才能真正理解回流的多样化类型及其产生原因。如果说阻碍移工首次流动的因素仅是移工及其家人的担忧,那移工跨国的日常体验则是一种发生的事实。跨国劳工的日常体验主要包括跨国产生的"拖网效应"、物理空间和消费空间的压缩、工作艰苦以及语言障碍五个方面。跨国劳工的日常工作和生活体验,可以揭示其日常的生活工作情景,为了解移工在流入地的基本情况提供一种图景,也为移工的回流提供一种背景。

第一节 社会网络的拖网特征

托利(Tolley,1963)认为总迁移与距离负相关,因为越远的地方,环境对人们来说越不熟悉,如果人们倾向于留在熟悉环境中,那两个地区间的不同将阻碍他们迁移。他将迁移分三种类型:100英里内的移动、区域内的移动、跨地区移动或移动到与原来环境相比非常不熟悉的环境中。区域内(100—1000英里)或跨区域(1000英里以上)的迁移会使原有社会连带破裂。与之相对应,移工不仅受流动的远距离影响,还受国家边界控制和配额管制等制度的影响,这都使其处于旧有社会连带破裂而新社会关系未有效建立的状态,"拖网效应"非常明显,构成了移工国外日常体验的重要部分。

所谓"拖网效应",指社会联系在距离越远的流动中所剩越少(杨肖丽,2009:16;Tolley,1963)。移工在流入国社会关系"拖网"主要体现在社会网络缩小和网络成员"核心化",即网络成员变少且以几个主要成员为核心。无论去日本、韩国还是新加坡,能与移工交流的往往是身边的中国同事,但由于三个国家都实行配额制,根据不同行业、工种和公司规模限定外劳人数。日本不同监理团体接收的外籍劳工名额不同,中小企业团体的会员和农业协同组合中的法人会员等按照公司规模大小引入技能实习生;韩国政府每年根据就业形势和企业需求情况确定配额;新加坡政府在不同行业实行不同的配额限制,如建筑业规定雇用外籍劳工的额度限制是1:7。这说明国外为同一雇主工作的移工人数受限制,以日本为例,多数移工受雇的日本企业在300人以下,即雇用最多不超过10位移工,假设这些移工全部从中国招募,根据合同制规定,一般移工与雇主合同期为3年,如每年招一批,则每年可招收3名,而允许招收3人的公司,则

3年合同期内每年仅可招收1名。韩国和新加坡的限额招收也使中国移工为同一雇主打工的人数较少。中国移工数量有限，大部分雇主只能招有限的几个中国人工作。

跨国移工的日常社会网络构成主要概括为4层：以父母、孩子、配偶和兄弟姐妹为主的核心亲属关系，以好朋友（2—3人）为主的次核心朋友关系，以流入地一起工作的中国移工为主的次外围同事关系，及以雇主为主的外围劳资关系。移工日常的生活工作基本与中国同事一起，在闲暇之余还会和家人联系。多数受访者表示，在国外联系最频繁的是亲属，包括父母、孩子、配偶、兄弟姐妹。但如遇一些烦心事情，受到委屈，不想让家人知晓，一般会和自己关系较好的国内朋友讲。大部分移工有可谈心的朋友2—3人，一般不超过3个。以前国内的一般朋友、同事或同学，出国后一般不会再联系，很多事情不方便讲给他们听，即使和他们讲了，他们可能还会觉得移工在炫耀或在诉苦。由此可知，移工社会网络的主要成员是家人，其次是移工的朋友和同在国外的同事，最后是雇主。他们一般不会与其他亲戚或一般的同学、朋友、同事联系。

> 以前和朋友联系较多，但出去后感觉变了个人似的，不愿意联系了。感觉生活圈变了，不像以前了，以前朋友还问工资怎么样啦。出去后吧，有些事说了她也不知道，说吧人家还不明白，问的吧还不愿意说，如挣多少钱，再说我们那里中国同事工资都不一样，也不方便说。一般就是看电视多，和家人视频聊天比较多，就是这些事。（WXH 160201）

LXW通过青岛某集团股份公司在新加坡成立的分公司进入新加坡从事电焊工作。这种在移入国成立新公司招募中国移工的做法也是对外劳务合作的重要组成部分。LXW所在的新加坡工地虽然有印度人和孟加拉人，还包括当地一些黑人，但主要还是中国人，没有语言障碍，中国人住在一起。他们的房间共住了包括LXW在内的三个中国人，工作之余可闲聊。和LXW联系最频繁的是妻子和儿子，还有父母，他一般和家人开视频，因为视频比较方便，还可面对面地互动。在国外逢年过节不能回家时，他会和自己的发小LJC（在距离LXW四站地铁距离的另一个工地做电焊工）约好，一起去找LJC的姐姐（QH）和姐夫（QHF）聚会，QH和QHF是跨国务工的"夫妻档",他们共同在新加坡一家华人餐馆工作,分别是面点师和服务员,工资分别是1800新元/月和1600新元/月。这种聚会往往源于移工们的地理位置相近。

LXL 在日本从事农业种植,所在的农户家只有3个中国人,其余5人是日本本地妇女,50多岁,只有比较忙时这些妇女才会去干活,闲时她们会放假。他们很少和这些日本妇女"打交道",平时 LXL 主要与父母、妹妹和姐姐保持联系,在遇到委屈或困难时会和国内好朋友诉说。除此之外,他的社会网络还包括一起工作的另外两个中国人及日本雇主。LXL 的社会网络构成具有典型性,代表了大多数在日中国移工的社会网络特征,按照关系的亲密程度可分为家人、朋友、在流入地一起工作的中国同事、雇主。用他的话说,"我们的社会关系很简单很简单"。大部分移工在国外即使与当地人一起工作,彼此的交流也非常有限,因为语言交流不畅,平时见面主要是简单问候或打个招呼,没有更进一步的沟通。他们主要集中在中国人圈子中。他们的简单社会关系在一些雇主禁止外籍员工上网、与外界相联系的情况下变得更加稳固。实地调查发现,虽然许多移工在国外没有受雇主监控,但仍存在一些雇主不允许移工安装电脑、购买手机,甚至忌讳移工彼此串门。对此移工给出两种解释:担心他们与外界联系,惹出事情,带来不必要麻烦;担心移工与其他中国移工联系,对收入进行比较后偷跑打黑工。

第二节 有限嵌入

移入国社会网络的压缩,往往伴随移工物理空间和消费空间的压缩。移入国外劳制度将移工的流动定位为"临时流动"(Hugo, 2009; Battistella, 2014: 10, 14–15),而移工也将自己定位为"临时迁移者"。恰恰是这种"临时性"特征,对他们的流动行为和选择产生重要影响(Dustmann & Görlach, 2015)。移工跨国流动主要受经济因素驱使,他们在国外短期逗留,希望在有限时间里通过辛勤劳动和自我牺牲带着钱财回家(周敏, 1995: 43–44),因此语言障碍、工作繁忙、攒钱欲望等都驱使移工尽可能缩小自己的活动空间,同时面对相对高水平的物价尽可能买便宜东西以省钱。这构成了他们在国外的一种适应方式,也使他们成为国外社会的"有限嵌入者"或边缘人。

一 物理空间压缩

他们的活动范围非常狭窄，日常生活非常单调，用他们的话形容是"生活无聊，单调乏味"，几乎成"三点一线"——吃饭、干活、睡觉，也就是食堂、公司和宿舍。一些移工自己做饭吃，因此就是公司和宿舍"两点一线"。"无聊"成为许多移工日常体验的真实写照。当问移工在国外的生活工作情况时，很多人表示无话可说，或不知从何说起。阅读过 WXH 在国外写的生活工作日记，几十篇几乎无明显差别，每天的工作、生活遵循一种固定模式；LXL 曾说，"我们的生活千篇一律，没什么好说的，每天一个样"。这种单调的日常工作和生活正是移工物理空间压缩的体现，物理活动空间的压缩与移工不变的日常模式相对应。大多数移工很少出去玩，即使出去玩也不会走很远，因为交通费对他们来说很高。

> 网页也打不开，每天翻来覆去听这些歌，还有一部《神雕侠侣》，短短几个月都看10遍了。（LXL 140210）

> 在外边（指国外）没有什么很有趣的事，就是出去玩玩。反正和别人又不打交道，就和咱们这些人（指中国同事），一般都是上网聊天，视频，看个电视，要是网络不好电视也看不了。（WXH 150828）

> 在日本，很多得封闭症和自闭症的。（这种人）有的是啊①。一是交流少，再一个就是每天干活上网，干活上网，成天地干活，就那样。（FQQ 160214）

相比较韩国和新加坡，赴日移工境遇会稍微好点，因为许多移工所在的公司或组合会一年组织一次或两次外出旅游，这可能是移工最高兴的时候。HZS 和 HZT 说公司曾组织她们去富士山、东京游玩，而 LXL 表示，他们和雇主及雇主家人曾去东京迪士尼游玩，且表示那是自己在日本打工近三年来最开心的事情。

---

① "有的是"，北县方言中指"许多"。

二 消费空间压缩

与物理空间压缩对应的是移工消费空间压缩。这种压缩几乎在所有移工身上有所体现。多数移工表示自己在国外的生活水平远低于国内。原因之一是国外物品普遍较贵，而他们在国外的工资往往是当地最低工资，有些甚至低于最低工资，这种工资不能保证他们像在国内一样正常消费，因此大多数人不舍得花钱，甚至尽可能省钱。这也是移入国次级劳动市场所具有的典型特征，即就外劳而言，相对移入国来说的低人力成本与高消费水平间的矛盾。QYE在日本消费的感受是，"我刚到日本时感觉东西好贵，一个土豆要5元，一棵葱要七八元，看看什么都不舍得买，从家中带来上千块钱干菜，每天就是蒸馒头炒干菜，后面吃得够够的了。再说第一年自己手里也没什么钱，就不舍得吃。"（QYE 160130）

> 平时出去主要是去超市，两个星期去一次超市，买一些需要的东西。你又不能天天出去玩，出去一趟代价很大，坐电车很贵。无非就是礼拜天时去附近转转，还没能的（意思是甚至）半年一年出去趟。（WXH 150828）

> 从明天开始，有计划地将空闲时间利用起来，再也不像以前一样盯着手机，一盯一晚上。要好好研究菜谱，炖白菜，蒸白菜，腌白菜，煎白菜，炸白菜，红烧白菜，水煮白菜，酸辣白菜，醋熘白菜，清炒白菜，炝炒白菜，凉拌白菜……至于菜谱，无须担心，百度里面多得是（笑脸）。（LXL 160214）

这段关于"白菜大集合"的段子是LXL在冬天的真实写照，从侧面反映出他每个季节所能吃的菜，往往是应季的且最便宜的菜。LX表示，在日本一年几乎都在吃面条，甚至用夸张的话说"自己吃的面条可围绕地球两圈了"。每天就是面条和面包片，打电话不用问她吃的什么饭，肯定是面条。GGF是什么便宜买什么，"土豆便宜就多买些土豆，白菜便宜就多买些白菜"，一碰到打折、半价的东西就"使劲"买。中国移工往往不买贵菜吃，因为在他们看来没必要，如果实在想吃，就等到一天打折时，那些菜都蔫了卖不出去了再去买，这样既可省钱，又能吃到想吃的食物。

我不建议出国（打工），当然在国内好，在国外咱们就是最底层，跟咱们这（指家里）不一样，不舍得吃不舍得穿，谁舍得去饭店来一桌子菜。(WLJ 150830)

因为外面东西很贵，中国东西便宜，经常不舍得花钱，尤其和中国东西一对比，在外面六块钱买一个苹果，在中国六块钱买一篓子苹果，有时候会寻思，这不买苹果了，回家后吃个够。(LXL 151221)

图4—1是LXL购买的多次打折之后的鸡腿。该鸡腿在打折前是680日元（按购买时汇率折合为43元左右），打折后是204日元（13元左右），即打了3折。LXL买了以后在网上该图片下留言："烧鸡腿真好吃（后面附加10个笑脸）。"如果移工实在想吃一些东西，也会等到打折时再去买，相比原价会便宜很多，而且可以满足他们对食物的欲望。

图4—1　购买多次打折的鸡腿　移工摄

消费空间压缩除体现在饮食上，还体现在其他消费上。虽然一些移工在狭小的地理空间内活动可能出于公司的约束和限制，即一种外部"约束性隔离"，但很多时候也是一种"自愿性隔离"，而导致他们自愿隔离的因素除语言障碍外，很大程度上是经济的限制，因为如果要出去逛街，就会花钱消费，如果在节日期间去远一些的地方游玩，可能会支付较高的交通费。考虑到这些消费，很多移工采取自愿性隔离。除生活费，他们几乎很少有其他花费，部分女性可能会买些便宜的衣服或护肤品，但除此之外尽量节省。他们懂得国外工作赚钱的辛苦与不易，因此比他们在国内时更节省。

不过物理空间和消费空间的双重压缩并非一成不变，对部分移工来说，随着在国外打工时间的增加而发生变化。许多移工在出国第一年，手里没有钱且物价又高的情况下非常节省，但第二年或第三年随着自己积蓄的增加，他们开始稍微"舍得"一些。QYE 她们第一年出去玩骑自行车①，到第三年时改坐电车或公交车，"最后一年出去玩的多点，一般在我们附近，或去逛超市，坐电车去，也会买东西了。头一两年不舍得花钱，有时就会想，把孩子放家里，能不花的就不花，省下点，再说家里还有饥荒，最后一年（指第三年）就花的多了，也舍得花了"。但这种"舍得花"是相对移工打工的第一年或第二年而言，即使如此，他们也只会买自己想吃的或需要的物品，与国内正常消费相比还是压缩的。

> 第一年不舍得吃，第二年或第三年就习惯了，不是说挣得多了，而是你习惯了，如果不买的话，就是这个价格，最低就是那个价。本身你在那里买的价格就是最低的。你不吃的话饿着啊。（WYZ 150831）

第三节 工作艰苦

虽然日本、韩国和新加坡的外籍劳工从事的行业和职种有差异，且来自不同国家的劳工允许从事的工作种类也不尽相同，但外籍劳工所从事的都属低技能或无技能工作，如建筑业、服务业、制造业等。这就决定他们的工资较低，工作条件较差，加班时间长，劳动强度大等。在这些行业工作的移工往往比较辛苦，从事繁重的体力劳动，而努力加班挣钱又使移工工作时间较长，工作强度较大，加剧了移工的身心疲惫感。一如 FYQ 所言，"出国打工人的钱不是大风刮来的，而是辛苦努力挣来的"。移工普遍形成"加班福利"理念，认为"月收入多少取决于当月加班多少""出

---

① 雇主为每位移工配备一辆自行车，作为平时去超市购物的交通工具。

国不加班挣不了什么钱"(刘兴花、王勇，2019）。据 WXH 介绍，"在国外最计较的就是加不加班，上不上班"，因为加班和上班意味着挣钱。日本、韩国和新加坡对劳动时间、加班及费用进行了明确规定。很多时候"加班多"成为劳务中介吸引移工的重要条件。下面是劳务中介的广告。

> 日本女工项目：汽车座椅缝制。爱知县，合同三年。小时工资：840 日元。会社加班多，三年到手工资 550 万日元以上。年龄要求：18—28 周岁。工作内容：主要从事丰田汽车坐垫等相关缝纫工作。

LXL 在日本从事农业种植，在比较忙的 4—5 个月里，每天凌晨 4 点多起床，晚上忙到 10 点左右。下面挑选 LXL 在 QQ 空间的记录动态：

> 2014 年 4 月 24 日 20：45　不管多苦多累，都对自己说，坚持就是胜利！
> 2014 年 8 月 23 日 21：25　想想兜里的钱，想想银行卡的存款，想想离你而去的恋人，想想日渐苍老的父母，想想那些关心你、在乎你的朋友，想想自己未来的人生，你还有什么理由不去奋斗，不去坚持？！
> 2015 年 4 月 3 日 22：34　我要坚定地，往前走……
> 2015 年 4 月 13 日 04：29　真心地起不来床……瞌睡啊！
> 2015 年 5 月 1 日 11：38　五一，劳动……节呢？……已 90 天没休息了……
> 2015 年 5 月 8 日 05：41　准确记录：100 天没休息。
> 2015 年 5 月 28 日 19：20　人生最艰难的岁月，我不会放弃！
> 2016 年 5 月 7 日 22：30　好想躺在床上睡一天一夜。
> 2016 年 5 月 29 日 22：00　一个字：累！

从 LXL 的状态可知，他的工作——农业种植非常累，在比较忙的春季从早忙到晚，甚至连续 4—5 个月不休假。虽然在工厂上班的移工比厨师、建筑工、农业种植工等相对轻松，但他们的工作也非常辛苦。LBQ 在日本从事肉食加工，3 年挣了 750 万—800 万日元（相当于一般出国劳工的 2 倍），每天只睡 4—5 个小时，加班特别多，早上 6 点半上班，因为住的地方离公司有一段距离，外加每天要带午饭到公司，因此早上一般4点半起床，晚上经常加班到10点甚至12点。由于加班太多，睡眠时间太少，每天只能靠喝咖啡提神醒脑。

虽然同在公司打工，其他公司的中国移工加班没有LBQ多，工作强度和时间长度也不如LBQ，但他们的工作依旧辛苦。DLZ的工作加班一般，每天上午8点上班，下午5点下班，有时正常工作日的晚上和周六、日要加班。大部分移工的工作时间长度和强度与DLZ相当，一般一天工作10—11个小时。在工厂的移工基本负责固定工序，DLZ负责汽车零部件检查，每天拿剪刀将检查完的货物进行裁剪，以证明自己检查过。因为一直拿剪刀，DLZ的手起了血泡，但这是她的工作，所以只能忍着。

> 人总要有独立的一面，不能成天跟着爹娘后边。我有一批大活①，磨手，就是用一个小剪子，检查完后把多的那部分小盖头全都剪去，再用白笔打上一个记号，代表我们检查过。一直用剪子剪，弄得我手起了大泡，很疼，一拿剪刀就疼，一拿剪刀就疼，就是一点都不愿意干那活，但你还是要干，这就是你的工作。（DLZ 150901）

虽然很多移工愿意加班，但国外雇主有意无意地克扣加班工资，少给甚至不给的现象屡见不鲜。这种克扣加班工资的现象在日本和韩国较严重，在新加坡则较少见，可能由于新加坡法律对雇主的惩罚措施较为严厉。

第四节　语言障碍

语言障碍是阻碍移工与当地人有效沟通的最大障碍。无论是日语、韩语还是英语，对这些来自农村的跨国移工都比较困难。很多人在决定是否出国时就曾因语言障碍有所退缩。由于工种和工作不同，雇主和劳务中介不同，移工在出国前可能进行了语言培训，也可能没有进行语言培训。即使进行过语言培训，也只是培训较为简单的日常用语，远达不

---

① "大活"指每个人手里每天都要干的主要的活，如果这些活干完，移工还可以去做一些其他的活。

到有效沟通的水平。这种语言障碍既不利于移工和雇主间的有效沟通，也影响了移工在当地社会网络的扩展，不利于他们与本地人的沟通。大部分受访移工表示自己存在语言障碍，外语（日语、韩语和英语）讲得不好，在国外一般不和外国人交流，交往的主要是中国同事；只有少数移工认为自己外语掌握得较好，能够和外国人进行一定的沟通，没有感到语言障碍。

  人家日本人问我们个话，我们都听不懂，不知道怎么和人家拉呱①，有什么事情一般不和领导反映，不会说怎么反映，一般都是等我们那个翻译（指生活老师）过来后帮我们，我们平时主要就是干活。在国外哭了很多次，有时候人家说日语听不懂，被自己气的。（BHY 150901）

  LXL 在地里摘蓝莓时不小心被毛毛虫毛到，身上起了很多红疙瘩，浑身痒得难受，于是去药店拿药，在临行前上网查了下"毛毛虫""痒""用手抓痒"几个词之后，就到药店简单说了下，并让售货员看了下自己的疙瘩，拿了点药。WFY 一开始去韩国做厨师，由于在出国前没进行韩语培训，老板和他讲韩语听不懂，语言无法沟通，这是 WFY 离开雇主非法就业的重要原因。LXW 在新加坡干木工，平时如果出去，一般坐地铁不坐公交车，因为坐公交车还要询问到哪里了，他觉得自己英语不好，不方便。

  公交车都是英文，咱也看不懂，一般都不坐。有地铁，地铁上面有路线图，到哪一站哪一站的都很清楚，那个方便点，坐公交车，上去还要问问巴巴的②，咱们还觉着不太会说话似的（哈哈哈哈，无从表达啊）。（LXW 150828）

虽然个别移工的外语水平较高，能与外国人进行沟通，但上述一些个

---

① "拉呱"，北县方言中指"聊天"。
② "问问巴巴"，北县方言中指不清楚一些事情需要询问，此处指语言存在障碍，不方便沟通。

案中的现象具有普遍性。大多数受访者认为自己的外语（日语、韩语和英语）不好，无法与老板及当地人有效沟通，这使他们一般不和一起工作的本地人打交道，主要和中国同事打交道，社会网络局限于中国移工群体；在外出时尽量避免使用需交流的交通工具如公交车而使用地铁；在公司里尽量避开老板的目光，担心老板问问题自己回答不上来；无法忍受语言的障碍，一些移工选择跑去打黑工，离开自己所在的语言环境。语言障碍形成一种天然屏障，无形地增加了移工国外生活和工作适应的难度，在移工心中形成一种心理成本，很大程度上推动了移工的自愿性隔离。WFY 跑黑后做建筑工，即使在韩国五年，但很少和本地人打交道，韩语也不怎么能听懂。

> 我在这里五年了，韩语还是不大会说，平时主要和中国人在一起，不用说韩语，再说和韩国人打交道少，所以还是不会说，就会说一些非常简单的。(WFY 160319)
>
> 我们厂子里大家一看老板过来了就快点躲。躲是因为怕人家问，你听不懂，丢人知道吧。(老板和俺说话)俺听不懂就只是笑，他一看你笑，就知道你没有听懂，就走了。(LBQ 160130)

小 结

移工的国外日常体验主要包括四个方面：社会网络的拖网特征明显、物理空间和消费空间压缩、工作艰苦、语言障碍。地理距离的拖网效应，使移工跨国界后原有部分社会网络断裂，但受移入国最长停留时间、配额管制等制度因素及语言障碍等因素的制约，移工在移入国并未建立起有效的社会网络，这就构成了移工简单的社会网络，即以父母、孩子、配偶及兄弟姐妹为主的核心亲属关系、以好朋友（2—3 人）为主的次核心朋友关系、以流入地一起工作的中国移工为主的次外围同事关系，及以雇主为主的外围劳资关系。除社会网络拖网特征明显以外，移工的物理活动空间和消费空间由于雇主的限制、市场消费水平较高、努力攒钱等强制和自愿因素而受到压缩。他们的生活非常艰苦，这既源于他们工作在次级劳动市场，工作强度大、时间长、条件差，还源于他们努力加班赚钱的想法。语言障碍也是移工日常体验的重要特征。语言障碍在移工面前形成一道无形屏障，阻碍了他们与当地人的交流和融入，以及与雇主的沟通。无论是赴日本、韩国还是新加坡，移工面临的语言障碍进一步使他们被隔离在自己的狭小工作生活空间中，与其他因素一起造成了他们单调、无聊、乏味的日常生活，使移工成为移入国"有限的"嵌入者。

第 五 章

回 流

> 既然出国了就"好好"工作,"挣钱"回家。别"好不容易"出去的,没干完中途就回国了。
>
> ——来自大多数移工内心的声音

在首次流动合同期结束后,移工会面临回流和重复流动两种选择。移工的首次流动、重复流动和回流并不是序次排列的,因为重复流动和回流的顺序不确定。劳工移民主要遵循三种路线:"首次流动—回流""首次流动—重复流动—回流""首次流动—回流—重复流动—回流"。本书将"回流"定义为从移工移入国回到移出国的一种行为。基于以往回流的研究,本章节并不关注回流与重复流动的序次,及回流是迁移的一种结束还是新的开始(Battistella,2014:20),而主要关注移工回流的类型及驱动机制。

关于亚洲临时劳工移民的回流研究,很大程度上不同于主流的国际移民研究,因为亚洲移工的回流不仅是一种个体选择行为,更受市场和国家的双重制约。亚洲的移民政策鼓励回流,甚至强制回流。结构和个体因素引致移民的发生、继续和结束(Battistella,2014:9),个体因素主要包括个体动机,而结构因素则与国家政策相关如遣返。此外,社会网络也会对回流产生重要影响。所以,亚洲临时劳工移民的回流类型及其驱动机制需考虑社会网络、市场和国家等多种因素,在具体的结构情境中对劳工移民的回流进行细化研究。

移工的回流可分为两种形式:合同结束的正常回流和异常回流。合同结束回国是移工回流最普遍的一种形式,而异常回流也在一些移工中存在。异常回流按移工选择又可分为主动回流和被动回流。主动回流①指基于移工主动选择的回流，而无论移工内心是否愿意回流，只要主动选择回国，就是主动回流；被动回流则指移工被动的、没有选择的一种回流。移工的主动和被动回流都受社会网络、市场和国家的影响。据实地调查资料，主动回流主要源于社会网络的抑制作用，按照流入地和流出地的社会网络分类，主动回流又包括同事关系不易处所致的回流、因恋家而回流和为家庭而回流；而被动回流则表现为市场和民族国家的影响，即被遣返所致回流和被雇主辞退所致回流。

第一节　合同结束回流

一般情况下多数移工的回流按合同进行，即合同到期后回流。这些移工的回流属"正常回流"，也是移工的"主动回流"。这时移工既获得了预期收入，也证明了自己的能力。这种回流很好地回应了临时移工的"三赢策略"，即输入国满足了劳动力需求，而输出国则获得了外汇，劳工移民也获得了预期收入（Lindquist et al., 2012）。这时移工往往作为"凯旋者"满载荣誉和金钱而归，因为他们既出国挣了钱，还看了国外的风土人情，是"出过国的人"，这也成为移出国居民对跨国打工成就建构的基础。在乡土社会，其他人在谈到回流移工时会附加一句："人家很能啊，出过国来着。"但国外的生活工作只有移工及家人比较清楚，移工是如何努力省钱、努力赚钱的。

国外打工3—5年，看似时间不长，但对移工来说却非常漫长。由于从事低技能、无技能工作，因而日复一日重复简单无聊的工作。跨越国界、语言障碍、消费压力、攒钱等使移工社会网络拖网特征明显，物理活动空间和消费空间压缩，努力加班的同时可能受雇主的克扣盘剥等，都使跨国务工充满艰辛与不易。没有坚持下来而中途回国的人并不少。在整个

---

① "主动型回流"和"被动型回流"的含义不同学者有不同看法，如由于家庭因素如照料家人、抚养子女等产生的回流，有学者认为属被迫返乡行为，是被动型回流（金沙，2009：30－31），但也有学者认为是个体综合考虑各种情况下的自愿选择，而非迫不得已，是主动型回流（郭秀云，2011：11）。这种分类是基于个体回流意愿是主动选择还是被迫选择，家庭因素产生的回流既可能是主动型回流，也可能是被动型回流。本书并不关心移工的回流意愿是主动还是被动的，只要是移工自己主动做出的选择，无论基于自己的意愿还是被迫，都被看作主动回流。

跨国过程中，移工合同结束顺利回流既得益于社会网络支持，也源自债务约束与契约束缚，同时这种回流还昭示着预期收入的获得和自我能力的证明。

一 债务约束与契约束缚

前文已非常详细讨论过移工需支付跨国打工的所有费用，包括服务费、出国费用，还有为国外工作生活准备所需的附加费用。赴日本、韩国和新加坡等国家打工，根据行业工种和合同期限不同，缴纳的服务费也不同。大部分移工选择三年及以上合同工种，因此缴纳服务费用在4万—5万元，外加出国费用和购置物品的附加费用，一般在5万元左右，有些甚至达6万元。一部分移工家庭经济情况较差，如QYE、SCK、LXL、BHY等，他们需通过多种途径"凑钱"缴纳费用，而另一部分移工无须外借，可由父母或自己直接缴纳。无论移工是否需借钱，出国前后的各种费用都是一笔不小开支，尤其对家庭经济条件一般甚至很差的人。对多数移工而言，出国第一年所积蓄的钱比较少，很多时候刚够冲抵各种出国花费，第一年的工作基本是为把出国费用挣回来。移工出国最主要的目的只有一个就是挣钱。但移工受国家和市场因素制约，外劳制度将他们与合同制牢牢绑在一起，只为固定雇主服务，一旦离开雇主成为"自由工"即变成"黑工"（项飙，2011）。这种规定加剧了移工与资方相比的弱势地位。移工或因没有与雇主协商的权利，或因着急在有限契约时间内赚更多钱而全力配合超时劳动，这提供了雇主调节生产速度的高度弹性（蓝佩嘉，2011：72）。许多雇主给移工的工资甚至连最低工资标准都达不到，这种情况下非法就业是可能的选择之一，但由于跑黑存在诸多风险，一旦被遣返，出国的各种费用都将付诸东流，因此很多移工要忍受超长时间劳动和工资被克扣等双重压力。

ZSJ赴日后才发现自己每月工资仅5000元，即仅8万—9万日元，远低于他所在地区的最低工资标准。当初父母不同意他出国，而他从朋友同学处借钱才得以出国，为了攒钱并还钱，他三年始终没有跑黑，因为他担心跑黑后被遣返，那挣钱更无从说起。为了省钱他每月各种花费只有200元人民币，几乎不吃任何蔬菜水果，只吃主食。移入国的外劳合同、遣返政策及移工挣钱攒钱的动机，将移工限定在固定的位置，即项飙所说的"一个萝卜一个坑"（项飙，2011），而移工在制度结构制约和经济目的驱使下坚持完成合同，顺利回国。这是大部分移工所遵循的"出国—回国"模式。

二 未来更好的生活

临时移民情境下，两国工资差异可能驱使移民在有限几年内努力工作，在后续的生命历程中享受休闲，而长久移民情境下，移民则会在他们的生命周期过程中更加平等地分布休闲消费（Dustmann & Görlach，2015：3）。用移工的话说，"出去就是辛苦三年"。回国后移工拥有了积蓄，虽然他们并不会长期且完全地沉浸在享受休闲中，但许多移工确实在回国后的一段时间里（几个月到几年）没有再去就业，但过去这段时间后他们仍会寻找工作。WXH 出国前就想着"最起码三年后回国有些积蓄，不用再拼命挣钱"。为了更好更轻松地生活，移工认为"坚持三年"是值得的，也正是这种想法驱使很多移工坚持下来。

大多数移工想出国打工挣点钱，见见世面，获得一定收入回国，继续开始自己以后的生活。他们也在契约合同的履行过程中慢慢实践自己的理想，距离合同结束越近，他们就朝理想迈进一步。完成合同回国首先意味着拥有一定金钱，这是最主要收获，其次还增加了人生阅历，增强了自己的实践能力和吃苦耐劳的精神，最后是开眼界了，见到国外的风景和人，见识了国外的生活和工作。ZQD 说，"三年说长不长，说短不短，既然出国了，就安安分分地挣钱回来，顺便看看外面的世界，回国后再找份工作，找个对象，结个婚，日子继续过下去，多么好啊"。她这句话道出大多数移工心声。对大多数移工而言，出国打工最直接的收获是"增加了一笔钱"。

> 出国比在中国挣得稍微多点，经济上算有点保障，但没学到相应的、自己想要的技术，比较遗憾，因为学种花对自己的情况不太适用，以后的生活还要重新找工作，再回复原点，但这个原点和那个原点中间增加了一笔人生阅历，还增加了一笔钱，虽然钱不多，但对自己来说还是令人满意的。（LXL 151221）

三 自我能力的证明

能在国外坚持下来，且平安顺利带钱回家，是移工自我能力的一种证明。当移工回国后，同乡人往往用羡慕的口吻说："人家出过国，杠的能啊（方言，形容厉害）。"这也形成同乡人对出国成就的一种建构，移工身上往往携带"出国者"光环，无论是见世面还是挣钱，他们都已比乡土邻里前进一大步。移工用自己的行动、劳动、辛苦和汗水换来金钱，获得家人、亲戚朋友和邻里的尊重。女性挣钱回家后在家中地位明显提高，在实地调查中能明显感觉到已婚女性受到婆婆、丈夫、亲属还有邻里夸赞，并指出她们作为女性，在国外打工真的很不容易。WXH 的婆婆表示，儿媳（WXH）在国外挣钱非常不容易，当初家人不同意她出去，但自己却非常支持儿媳的做法，因为"年轻人难免想出去闯一下，谁还没有年轻的时候"。但回国后看到儿媳在电脑上记录的一篇篇出国日记，婆婆心里不是滋味，也深知儿媳在国外打工不易，且说，"儿媳回来后我们大家可高兴了，心情这不都好了"。

QYE 公公指出，当年儿子、儿媳由于养殖失败欠下巨债，儿媳主动提出出国打工，缓解家庭经济困境，令他非常感动。自己虽然 58 岁了，但为了支持、鼓励和陪伴儿媳，他也坚持在外面打工三年。访谈中他对儿媳给予高度评价和赞扬。

> 俺儿媳妇很厉害，因为家庭穷了后没法弄了，这不才想出去。她说要去日本。我说你想去就去吧，我陪你三年，我也去外面干活三年。毕竟快 60 的人了，其他的活也干不了，于是过了年我就去大连打扫了三年的马路卫生。（QYE 公 150827）

未婚女性则会带一部分钱作为嫁妆到未来婆家，因此提升了她们在婆家的地位。15 位未婚移工①中女性移工 12 位，其中 4 位移工（LX、ZQD、HWE、LHW）的父母表示钱是孩子辛苦挣的，将留给她们做嫁妆；还有 2 位移工（DLZ、HJE）将挣的钱给了家里一部分，自己预留了一部分，当实地调查时，受访移工表示家里并不是特别缺钱，但毕竟是父母缴纳的中介费，且父母也不容易，所以出国打工所得要与父母共同分享；其余 6 位移工（LJL、ZZQ、WYZ、BHY、HZS 和 HZT）的打工所得大部分给了家里，父母则将小部分钱（一般在 3 万—5 万元）作为嫁妆返给女儿。无

---

① 此处 15 位指详细接受访谈的移工，简略接受访谈的移工不包括在内。

论这三种情况的哪一种，未婚女性都或多或少携带了嫁妆嫁入婆家，提升了她们在婆家的地位。正如 LXL 所说，"家里没有钱才会出去挣钱，如果有钱很少有人出去，不过有些家庭条件可以的，也会选择出去，用自己的方式去挣钱，既缓解家庭经济压力，也是为了证明自己的能力，挣钱回来后完成自己的梦想"。

> 那几天打电话回来，说给我们邮寄点钱。我说俺们不用，你先攒着，攒了我们不要你的，你回来后自己花吧。（LHW 爸 160202）
> 钱还都在卡里没有兑换。俺妈一分钱都不要，都给我留着。（LX 160214）

男性移工，无论已婚还是未婚，挣钱回国对他们都非常重要，因为按性别角色分工，他们是家庭经济的主要来源者和贡献者，挣钱回来是他们家庭角色的重要体现，因此也增强了他们在家庭中经济来源者的地位。综上所述，移工的回流很大程度上秉承劳工移民新经济学的"成功范式"，即将移民看作一种临时移动，回流形塑了移民的倾向，使他们与移入地的人相比工作更加努力（Stark, 1991：392），积攒更多的钱（Galor & Stark, 1990），一旦目标或目的在移入国实现，就会选择回流，回流移民被看作一种成功的故事（Cassarino, 2004；陈程、吴瑞君，2015），也形塑了当地人对成就的建构。因此，移工在国外努力工作，完成合同回国，只为实现最初理想，为以后更好更轻松地生活。

四 社会网络的支持

跨国务工的典型特征是离开家乡时间长，一般至少一年以上（其间一般不会归国）；与家乡的地理距离远，跨越国界；远离父母、孩子、兄弟姐妹及其他亲人，情感成本高；工作非常辛苦，加班较多；由于语言、消费能力、制度等因素，生活相对隔离；关系网络缩小，原先的一些社会关系断裂，社会联系的"拖网特征"明显；承受巨大的时间成本、经济成本、情感成本和社会适应成本，目的是为家庭积累财富。移工出国打工，离不开社会网络的支持，能完成合同回国，更离不开社会网络的支持。社会网络可定义为"由个体间的社会关系构成的相对稳定的体系"（张文宏、阮丹青，1999；黎熙元、陈福平，2007）。

（一）社会支持分类及网络构成

社会支持的内涵在学科间并未达成共识（周林刚、冯建华，2005：11），学者从不同视角对社会支持进行定义。综合既有研究，本书中社会支持采用广义定义，即人们从社会中所得到的、来自他人的各种帮助。虽然学者已认可社会支持包括不同类型，但就社会支持的属性分类，学者没达成一致。本书指出，社会支持的类型可分为工具性支持和情感性支持，前者主要包括资金和物质支持，家务劳动及其他行为支持，建议、信息、指导等指导性支持；后者主要包括交流思想的陪伴性支持、提升自尊自信的赞成性支持，及表示尊重、理解、关怀、同情的慰藉性支持。社会支持网络则指群体中一系列可以提供支持的互动关系，或人们可以提出需求并获得支持的关系结构（Schilling Ⅱ，1987）。从社会支持网中个体可获得各种资源支持，如金钱、情感、友谊等（Wellman & Wortley，1989；贺寨平，2001）。

跨国劳工在流入国面临工作生活适应、社会网络"拖网"，物理空间和消费空间压缩、加班讨薪、工资过低、同事关系不和谐、与雇主有矛盾等问题。这些都会增加移工在国外生活工作的难度。在跨国务工过程中离不开家庭、亲属、同学朋友和国外移工同事的支持与帮助。他们提供的社会支持类型主要分两种：工具性支持和情感性支持，对合同结束回国的人，社会网络的工具性支持主要包括实物支持和抚育性支持；情感性支持包括陪伴性支持、慰藉性支持及赞成性支持。

（二）社会网络与工具性支持

第一，邮寄家乡食物。社会网络提供的实物支持主要是给移工邮寄食物，而这种支持主要发生在赴日移工中，到新加坡和韩国的移工几乎不存在此现象。在赴日移工中又以女性移工为主。首先，北县去日本的移工比去韩国和新加坡的多，且赴日女性移工较多，女性较男性更易思念家乡，产生恋家情感，而食物是家乡情感的寄托，想念家乡食物其实也是想念家乡的体现。去新加坡和韩国的移工多以男性为主，且多从事建筑业、制造业、渔业等。男性较女性更理性，即使对家乡非常思念，很多时候也不会表露出来，很少要求家里邮寄物品。此外，新加坡与中国地理距离较远，邮寄非常不方便，很多移工嫌麻烦且邮寄成本太高。

37位移工中13位移工在打工期间家里给邮寄了吃的，邮寄物品主要包括各种干菜（木耳、豆皮、粉丝、咸菜干）、辣酱、煎饼、花生、零食

[饼干、点心、辣条、火腿肠、干果（如枣、葡萄干等）]和衣服等。邮寄的东西几百到上千块钱，有些移工家人买一千多块钱东西，邮费花一千块钱，邮寄一次花两千块钱左右。从邮寄物品的构成和实地访谈得知，家人邮寄东西给移工有三个主要原因，最重要的原因是移工长时间在国外，对家乡食物比较怀念，如煎饼、花生和零食等，邮寄食物可缓解他们的思乡情绪，在国外吃到家乡味道的食物，移工会比较开心。"馋"和"想吃"被大多数接受过邮寄物品的移工提到。因此，邮寄既可以"解馋"，还可以缓解他们的思念。

> 当时想我烙的煎饼，还有家里的花生，说那边没有花生，就算有也很贵，这不给她邮寄的煎饼和花生。俺儿媳妇就喜欢吃我烙的煎饼。邮寄了两次，每次邮寄个七八十斤过去。（WXH 婆 160202）

邮寄食物还有象征意义，即象征移工与家人间的联系。据 LJL 介绍，对爸妈给她邮寄东西，一开始她是拒绝的，但想到村里其他人都邮寄，最后就同意了。在 LJL 的个案中，母亲执意给不需要邮寄物品的女儿邮寄东西，因为在母亲看来，这是体现他们对女儿支持的一种方式。邮寄物品成为建构和维持社会支持网络的重要形式，也昭示移工与远距离社会网络的亲密关系和交流。

邮寄食物的第二个原因是促进移工在流入地适应生活。移入国次级劳动市场的较低收入与相对高水平的物价间的张力，使移工仅靠每月收入并不能像移入国本国居民一样正常生活。许多家长出于省钱和方便移工考虑，邮寄许多干菜，因为她们经过计算发现，即使每次购买物品外加邮寄需近千元甚至几千元，但与移工在当地消费相比还是较划算。从国内邮寄物品过去，既可以节省移工的日常生活开支，还可以方便移工的日常生活。LBQ 说，平时工作比较忙，家里给邮寄点干菜，如果平时不想做饭买菜时就直接炒点吃，很方便。

第二，祖辈自己"熬下的"。抚育性支持主要体现在已婚移工中，尤其是已婚女性移工中。受性别角色规范影响，传统"母性"的观念强调在孤立背景下的亲子互动，及在母亲实践中哺育照顾的支配角色，即女性主要承担家庭照顾者角色（刘兴花，2015a），但随着妇女参与到劳动市场中，其家庭照顾者和经济来源者角色发生冲突，而农村的家务劳动社会化并没有发展起来,这时移工家人承担起照顾孩子的重任。而这里的"家人"主要指孩子的爷爷、奶奶和父亲,偶尔包括外公、外婆。无论家庭内部对已婚女性的跨国流动经历了何种争议,最终女性能够出国绝对离不开家人的支持,已婚女性移工可通过汇款、礼物、长距离通话等来构建一种新的母性,即从疏离、遗弃儿童到强调母亲的努力和牺牲,及在跨国情景中处理好母性的职责和家庭的分离(Peng & Wong,2013)。

提供抚育性支持的主体往往是家中祖辈,如孩子的爷爷、奶奶或外公、外婆。11 位已婚女性移工中只有 1 位移工(WZJ)将孩子交给外公、外婆照看,其余 10 位交由爷爷奶奶照看,父亲如果在家乡附近工作,也会与爷爷、奶奶一起照看。已婚家庭中孩子成为被动接受者(刘兴花,2016)。这种与家庭的时空隔离减少了移工与孩子的接触时间,弱化了他们对孩子的教育和抚养责任,给孩子的健康成长带来不利影响。

> 刚开始小 H 她妈离开时,她还和妈妈开视频,后来每次我和她妈开视频,让她过来看她妈,她也不过来看;她妈打电话让她接她也不接。越弄弄得也不大爱说话了,性格也变了。我觉得挺对不起孩子的,过年回来好好陪陪她。(FYQ 夫 150220)

已婚移工的跨国流动中除孩子"失声"外,祖辈也成为"失声"主体。之所以说祖辈"失声",是因为他们无论自愿或非自愿,一旦儿子和儿媳决定要出国打工,尤其是儿媳要出国打工,照看孩子的重任一般会落在祖辈身上。一般情况爷爷、奶奶会承担起儿媳妇出国后的责任,在子女出国打工时,他们往往还比较年轻,这时他们不需要别人照顾,且会承担起照顾孙辈的任务,通过对孙辈的照顾体现他们对整个家庭的价值。中国社会中,与传统"家本位"文化相连的是一种父母对子孙负责的、在代际关系上"向下倾斜"的责任伦理(杨善华,2010),其特征是老年人只强调自己对后代的责任和义务,在各方面对子女不计回报地付出(杨善华、贺常梅,2004)。这种"向下倾斜"的责任伦理使祖辈为出国打工的子女提供着重要支持,减轻了移工的思想负担。

> 俺二儿媳妇去日本打工,其实开始我不同意她出去,因为孩子才一岁,太小了,我担心自己看不了,但人家两口子(指儿子和儿

媳妇）商量好了，媳妇儿出国挣钱，我又没有办法。俺儿这不直接和我说，"给看着小孩哈"。媳妇、儿子走了后，孙女就由我和她爷爷照看着，平时去地里干活、出门走亲戚都带着她，她几乎一步不离我们。不管我们愿不愿意，还是要看。看看现在村里这些出国打工的，小孩不都是爷爷、奶奶看着嘛。俗话说得好，我们这一辈人是"活要干着，孩子看着"。这不也是为了整个家好。（GGF 婆 150826）

QH 的公公和婆婆接受访谈时提到，儿媳妇出国打工对他们并没有特别大的影响，主要是看孩子，每天接送孩子上学累些，不过在他们看来，"累点就累点吧，我们累得好受"，并认为"没有好的老的（指老人），年轻的是出不去的，为了小孩把家着①过日子，其实是应该的"。当孩子们的爷爷在说这些话的时候，孩子的奶奶在一边应声附和，表示非常赞同老伴的观点，趁着儿子、儿媳年轻，给他们看着孩子，他们两个一起出去挣点钱，要不等过几年他们"七老八十"②的时候，就看不了孩子了。从 QH 公公和婆婆的话可知，照看孩子其实是祖辈实现家庭价值的重要方式，也是为子辈以后更好的生活做出贡献。在受访的祖辈中，大部分祖辈经常提到的词是"自己熬下的"。对于"熬下的"是什么意思，她们也说不清楚。经不断追问，并与当地文化相结合，可知"熬下的"指为了自己的后代努力付出是值得的，为了他们就是为了自己，含有传宗接代、绵长延续的意思。

都是自己熬下的，不给看怎么着。（FYQ 婆 150724）

但并不是所有的公公、婆婆都甘愿替儿媳妇照看孩子，虽然这种公公、婆婆非常少见，但也存在。恰如 QH 公公所说，"没有好的老的，年轻的是出不去的"。这里的"好"并非说不帮看孩子的公公、婆婆不好，而指甘愿为子女后代的幸福生活付出。对公公、婆婆的付出，许多女性移工非常感动，并在访谈中表示感谢。

---

① "把家着"，北县方言，指操持奋斗家业。
② "七老八十"形容人年龄大，老了。

我出国最累的是俺婆婆，要帮着看俺孩子，那时候她还要照顾自己的公公、婆婆。孩子的老爷爷去世后，老奶奶又得了脑血栓，俺婆婆就每天抱着孩子去给她婆婆送饭，那一段时间很累。(WXH 160201)

(三) 社会网络与情感性支持

情感性支持主要包括陪伴性支持、赞成性支持和慰藉性支持。其中陪伴性支持和慰藉性支持是最普遍的两种类型。移工在移入国的社会网络（中国移工同事）和移出国的社会网络（家属和朋友）是提供情感支持的重要主体。中国移工同事和移工一起工作、生活，交往频率非常高，且语言、族群身份相同，因此会增加彼此的扶持。而移出国的家属和朋友并非基于交往频次而是情感强度，与移工维持着较亲密的关系，前者依靠血缘亲缘关系而后者依靠友谊关系。能在移工跨国后维持的朋友关系，往往是移工在移出国关系非常好或较好的朋友。

第一，社会网络与陪伴性支持。陪伴性支持指社会网络成员与移工通过日常交流沟通而形成的情感陪伴。陪伴性支持是三种情感性支持中最普遍和常见的，也是最容易被移工感受到的。提供陪伴性支持的主要是家人及亲属和中国移工同事。家人及亲属主要包括父母、配偶、孩子、兄弟姐妹，而同事指与移工共同生活和工作的中国人。

一是中国移工同事的陪伴。移工在国外主要和中国同事一起工作生活，因此他们之间形成了一种互相陪伴的关系。共同的生活、工作、语言、国家，形成了关系较为密切的小团体，这种"小团体"往往指同辈群体，即同一批去国外打工的人。他们往往是移工度过国外打工期的重要支持者。在日本存在较强的前后辈文化，即先到日本的移工是前辈，后去的是后辈，彼此间界限比较分明，同辈间关系比前后辈间熟悉一些；而韩国和新加坡则不存在这种情况。在较为封闭且自愿隔离的工作生活环境中，移工间的交流可以缓解彼此的压力，促进他们对移入国的适应。看似平常的同事关系在国外日常生活中甚至扮演了比家属还重要的角色。通过几年相处，很多移工关系非常好，她们在回国后还经常联系，结婚时到场，ZQD 和 LJL 就属于这种情况。ZQD 当初同北县三个小姑娘分到一个公司，她们在国外三年相处很好，回国后关系也依旧。LJL 等一起工作的五个北县（分别来自安镇、陵镇和官镇）小姑娘相处得也不错，回国后还时常相约一起到县城玩。

当然也有移工间相处不好的情况，这种情况主要体现在前后辈间，如 SRQ 因看不惯前辈的"颐指气使"而和前辈争执，彼此互摔电脑。不过这种情况比较少见。多数情况下同事间是朋友，可以一起聊天、逛超市等。除关系不好的情况，他们都促进了彼此在移入国的适应，给彼此提供了重要的陪伴性支持。

二是家人亲属的陪伴。亲属是移工与国内联系的核心群体。在问及"平时主要和哪些人联系""联系的频率怎样"等问题时，大部分未婚移工表示主要和父母与兄弟姐妹联系，而已婚移工则表示和自己的父母、配偶的父母、配偶、孩子，还有自己的兄弟姐妹联系。可见已婚移工的社会支持网络较未婚移工更加复杂，涉及夫妻双方的父母及其他亲属。

> 平时联系的是这两边（指自己和丈夫两边的家人）。打电话给俺妈最多；几乎每天晚上和俺老公、小孩开视频，俺对象不是在青岛嘛，俺小孩在家里，一般晚上都开两个视频。再一个是给俺弟弟打电话，平时偶尔给俺姑打个电话，就是想起来时打个电话联系联系，别的一般都不大联系。（WXH 160201）

社会网络的缩小、消费空间和物理空间的压缩，使移工的生活非常单调、无聊，主要的休闲娱乐是工作之余上网看电视，或两个星期一次的"逛超市"购物。这种简单无聊的生活除同事的陪伴，家人无疑是最重要的陪伴，也是他们能坚持下去的动力。家人及亲属与移工最日常的聊天，其实是对他们最长情的陪伴。许多移工在网络社交平台（如 QQ 或微信）上记录日常状态。通过查看大多数移工在打工期间的网络空间动态发现，虽然移工所去的国家、从事的行业工种不同，但他们都表达了同样的主题：想念家乡和亲人；希望日子过得快一些，能早日结束合同回国；国外生活无聊；为了美好的明天努力奋斗拼搏等。"归心似箭"的情感、国外工作生活的无聊、没意思，都使家人的陪伴显得格外重要。ZQD 在 QQ 空间中的部分动态：

> 2011 年 10 月 25 日　又是一个夜晚来临，妈妈、爸爸、妹妹，此刻我好想你们。
>
> 2012 年 1 月 1 日　睡觉了。新的一年好好善待自己，嘿嘿，过

完今年我就快回家了。期待 2014 啊。

　　2012 年 1 月 7 日　还有 770 天了……

　　2012 年 2 月 19 日　忙忙碌碌又是一天，没什么意思。

　　2013 年 2 月 28 日　哈哈，两年前的今天，我在船上漂了两天后来到这个陌生的国家……还剩最后一年了，希望顺心顺利、开开心心地过完。

　　2013 年 8 月 5 日　200 天。

　　平时俺儿打电话，就问家里情况，看看我和他爸最近身体好不，家里有什么事吗。我也和他说最近做什么了，把家里的事和他说说。有时候也会嘱咐几句，"在外面别不割舍吃①"，"天气冷了多穿点"，"家里都很好放心"。其实每一回都没什么说的，就是随便拉拉呱②。（LXL 妈 150215）

　　第二，社会网络与慰藉性支持。慰藉性支持指社会网络对移工提供的尊重、理解、关怀和同情。一般发生在移工工作上遇到困难时，如与同事相处不融洽、雇主对移工不满意、克扣加班工资、加班辛苦等。除此之外，也可能发生在日常生活中如想念家乡及亲人、身体不舒服等。慰藉性支持既可能由家人及其他亲属提供，也可能由好朋友和中国同事提供。

　　一是亲属网络与慰藉性支持。大部分移工表示，"在遇到事情或困难时，一般不和家人说，因为和他们说了没用，他们又提供不了实质性帮助，只会徒增他们的担心"。在移工口中听到最多的是"报喜不报忧"，在遇到高兴的事情时会和家人说，而有烦恼困难时则不会说。

　　一般有什么事情不和家里说，说了也没用，他们还干撒急③。（LJL 160204）

　　WXH 的观点是"一般报喜不报忧。如果心情不好、加班的问题，或

---

① "不割舍（ga she）吃"，北县方言，指"不舍得吃"。
② "拉呱"，北县方言，指"聊天"。
③ "干撒急"，北县方言，指"干着急"。

和同事不和，就不会和家里说，因为感觉没必要，你说多了家人还担心，也帮不上忙；如老板请我们吃饭、老板娘领着出去玩，旅游啊，就和家里说。"多数移工所持的观点与 WXH 相同，如 LXL 在国外没有得到老板认可而受到委屈，但他没有告诉父母，只是将这些写到了日志和网上；LJL 的同事不小心被撞的腿骨折了，也没有主动和家人说；WXH 加班工资被老板克扣，和同事一起找老板协商，一开始家人并不知情……移工虽然遇到事情一般不和家人说，但很多时候家人会通过各种途径了解到移工的困难，从而给予安慰。如经常和家人联系，尤其是开视频等，家人会通过和移工的视频聊天了解移工最近的工作生活状态，或移工可能会告诉兄弟姐妹或朋友一些事情，但很可能会传到父母那里。所以，一般刻意被移工隐瞒的事情，最终家人往往会知晓。

> 小孩有什么事都不和我还有他爸说，害怕我们挂牵。有时和他妹说，她妹就会和我们说，我们就知道了。小孩在外面给人家干活不容易，老板他娘还不喜欢他，经常找他碴，怎么这样啊，他们没有孩子吗，对着①（俺儿子）这样，想想我也很生气，不过我们还是会和他说，让他能忍就忍，别和人家生气，毕竟咱们这是给人家打工，寄人篱下，能忍就忍，反正就这三年。（LXL 妈 150215）

LXL 认为，遇到事情关键是自己如何处理，为了不让家人担心，能安稳地生活，很多事情尽量不告诉他们。并不是所有移工遇到事情都不和家人说，少数移工遇到事情时主动与家人说，如 BHY、WFY 等人。BHY 在工作时和一位日本同事闹矛盾，除了将自己受到的委屈写到网上，还和家人讲了。因为在她看来，遇到伤心、难过或委屈的事情，即使自己不和家人说，家人尤其是母亲也会刨根问底，所以有什么事情往往直接和家人说，家人也会安慰她。WFY 磕到肋骨、支模板划伤脸部等事情，妻子在家里都知道。因为每天晚上开视频，丈夫受伤的事情瞒不过妻子。

二是朋友和中国移工同事与慰藉性支持。移出国的朋友和移入国的中国移工同事是移工慰藉性支持的重要补充。在遇到事情而又不想和家人说的情况下，移工同事和移出国的好朋友是非常好的倾诉对象。至于他们聊

---

① "对着"，北县方言，指"对待"。

些什么内容，不同人看法不同，即不同社会网络所提供的慰藉性支持涉及哪些方面因人而异，但大致包括移工的加班问题、雇主对自己的态度问题、移工间关系的问题等。有些移工认为加班问题、雇主对自己不满意等问题可以和同事聊，因为同事对整个事情比较了解，可以为自己提供与事实吻合的一种分析，但也有人认为和同事聊这些问题可能不好，因为毕竟每个人的加班时间和工资不同，且雇主对移工的态度可能也不同，因此他们可能会找移出国的好朋友聊这些话题。还有一些移工不会和家人、同事、朋友聊这些，而是将其发到网上，以这种方式来宣泄，但一旦发到网络上，可能还是有好朋友询问并安慰他们。所以中国同事和好朋友都是跨国移工慰藉性支持网络的重要组成部分。他们除安慰移工外，还会主动劝移工"忍让""和同事处理好关系""和老板处好关系"，甚至在一些原则性问题如加班的事情上，面对雇主的剥削与压迫，WXH、LXL 的家人也采取"劝忍"的方式，担心和老板"闹翻"对移工的工作生活产生不利影响，而这种担心源于移工与雇主相比的弱势地位。

第三，社会网络和赞成性支持。社会网络还可提供给移工提升自尊自信的赞成性支持。赞成性支持是社会网络提供给移工的情感支持中最少的一种支持类型。虽然许多家人会表达他们对移工牺牲自我的肯定，但实际上他们在与移工的互动中很少表达这种情感，因为大多数农村人并不善于正面表达对他人的情感、观点与评价。QYE 因家中欠巨债而出国打工，QYE 的公公给予儿媳高度评价，在与儿媳通电话时称赞儿媳有能力，对她表示感谢，并和儿媳说自己知道她在外面的不易和艰辛。听到公公对自己的评价，QYE 坚定了在国外打工的信心。

> 俺儿子不正干，家里欠了这么多债，也不出去好好挣钱，还很能花钱。刚开始（孩子）他妈妈走的时候还和他爸爸联系，后来他爸爸不过日子，这不就不和他联系了。打电话时就只问她儿子，也不问孩子他爸爸了。俺这个儿媳妇很厉害，家里这么重的担子都能挑起来，这个家多亏了她。我和俺儿媳妇说过，这个家离了她就没法过（日子）了啊，俺孙子这么小，俺儿子又不正经干活，这还行啊。（QYE 公 150827）

在漫长的国外打工期间，许多移工最初的目标会变模糊，尤其在合同期中间时段（第2年与第3年期间）。目标之所以变模糊和不确定，首先缘于他们已经历了难熬的第一年，因为在第一年里，他们需慢慢适应移入国新的工作生活环境，克服语言障碍、工作任务等多重压力，而这一年支撑他们的是出国前的明确目标和理想。进入合同期的第二年到第三年，虽然没有了各种适应压力，且工作生活也慢慢固定下来，程式化的生活、无聊的工作内容、狭窄的活动空间、压缩的消费、社会关系的拖网等，使他们开始对自己的选择产生动摇，他们不确定当初的选择是否正确，也不知道最终面对的是什么结果，因此许多移工进入打工"彷徨期"。进入第三年后，因为距离合同结束越来越近，所以移工又重新有了"盼头"，这时多数移工的目标会再次明确，即挣钱回家。这是一般情况下移工心理变化的路径。但也有一些移工在第三年虽然有了盼头，但对各种回国后的不确定产生严重焦虑，这主要存在于未婚移工身上。因为他们回国后往往到"谈婚论嫁"年龄，而年龄已大、找对象困难等问题困扰着他们，成为他们在第三年打工期间焦虑的主要来源。

我觉得去日本三年，第二年最难熬，第一年去了很新奇，很快就过去了，第二年一切都已熟悉，习惯了，回家又没有什么盼头，所以就会很难熬，第三年就不太难熬了，因为回家已有盼头了。（WLJ 150830）

ZQD 在 QQ 空间的状态：

2012年5月16日　有时候，我真希望能快进时间，这样我就能看看，最终的结果是不是值得。

2012年8月7日　不乱于心，不困于情。不畏将来，不念过往。如此，安好。《晚安》

2013年2月8日　2012年我一个人走走停停，冷暖自知，自始至终自给自足。我不知道我在等待什么，就像不知道什么在等待着我一样。

另外一位移工 LJL 在她的动态下留言：

别颠①了，什么都不用知道，只需要带着期待往前走，不知道才能有希望，而希望便是这个世界上最美好的东西。我们都拥有呀（拥抱）。过年了，记得吃饺子呀亲（笑脸）。

通过实地访谈与网络文本资料分析，移工使用频率较高的词汇大致可分为三类：第一类是形容移工生活中感受状态的词汇，如"难熬""愁人""无聊""寂寞""难受"和"明月"②；第二类是形容日常生活中事实状态的词汇，如"晚安""做饭""逛超市"等；第三类是形容移工目标、动机状态的词汇，如"幸福""机会""明天""努力""加油""期待""家人""希望""值得""盼头"等。当移工对自己的选择产生动摇，目标变得模糊，且心情躁动不安时，虽然亲属和朋友网络没有提供实质性的赞成性支持，但还是发挥了鼓励移工继续前进的作用。

第二节 社会网络引致的回流

无论赴日本、韩国还是新加坡，临时劳工移民必须遵循合同制原则。与合同结束回流这一"正常"预设相比，未按合同规定回流是一种异常回流，往往带有"被贬低"色彩，即移工在外遇到困难才回流，其实并不完全是这样。移工回流既可能因为社会网络的抑制效应，也可能因为跑黑被遣返或被雇主辞退，即受国家外劳制度和移入国市场的影响。本研究将回流分为正常回流和异常回流，前者指合同结束的回流，后者指未按合同规定的回流，包括社会网络引致的回流、跑黑遣返和被雇主辞退回流三种类型。

回流研究产生了多样化理论，这些理论往往采用单一视角对回流进行分析，且主要针对自由移民而非合同移工，因此大部分理论对临时劳工移民回流的解释力非常有限。合同移工受移入国外劳制度和市场约束，他们的回流并不单纯是一种自主选择，更是嵌入在结构中。项飚明确指出研究亚洲移工回流的重要性，并认为迁移被看作个体自发行为的同时，又受国

---

① "颠了"，北县方言，指疯了、胡思乱想。这里的"颠"应改为"疯"，但出于维持移工QQ空间动态原始记录的需要，故没有对其修正。

② "明月"并非一种事实所指，而是一种象征。移工往往使用明月来寄托对家乡和家人的思念。

家治理的影响。并非像项飚一样集中于国家制度视角，移工在国家规制下仍有多样化的回流体验，而不同回流体验受移工社会网络、市场和国家多重因素的复杂影响。因此，具体化不同的回流类型及其背后的机理，对研究移工的回流非常重要。

在移工首次流动的分析中，移出国社会网络可能对移工流动产生阻碍作用，这是社会网络的"亲密关系假定"，即认为在居住地有亲戚朋友将减少迁移的可能，与社区的联系和较强的当地亲属连带也是移民的一种阻碍因素（Haug，2008；Ritchey，1976；Uhlenberg，1973）。其实社会网络并不仅在最初跨国流动的决定中起阻碍作用，即使在跨国流动的过程中，移出国社会网络仍对移工的国外工作生活产生影响，进而推动移工回流。移入国的社会网络往往被学者认为对移民有积极效应，但它也在一定程度上对移工的适应产生阻碍作用，进而推动移工回流。Battistella（2014：9）强调虽然经济因素在迁移决策中具有优势地位，但非经济因素对移民回流决定的作用也非常显著，其中家庭关系是最重要的非经济因素。这种观点从来源国社会网络来看，而除来源国的社会网络外，目的国的社会网络也会对回流产生影响。本书研究中，移出国的社会网络主要指移工的家人和朋友，而移入国的社会网络则指中国移工同事。

一　家庭网络的阻碍效应

（一）思念之苦推动的回流

家庭网络可能作为一种牵绊对移工的流动产生阻碍作用。金沙认为（2009：63），心理及家庭因素对国内农村外出劳动力的回流有重要作用，对家乡环境的归属感和认同感而产生的恋乡和恋家情结是促使农村外出劳动力回流的重要原因。这也是跨国移工回流的重要原因。部分移工因移出国社会网络产生思念之苦而回流，WH、LJL 和 JX 是较为典型的个案。

WH 已婚育有一个儿子，在她出国时儿子 4 岁，在出国 6 个月后她就回国了，回国的原因之一是舍不得孩子，且丈夫也希望她能回国照顾孩子。在工作时提到孩子她就泪流满面，一起工作的同事就安慰她，但有些未婚女性移工不解，"整天哭，为什么还出国"。LJL 一开始不想出国，是父母让她出国挣钱帮助家里，虽然自己出国了，但仍对家乡亲人和朋友恋恋不舍，在第一年结束时提出回国申请，经中介和雇主一年的协调，终于在第二年结束时同意她回国。

JX 来自北县阳镇，有两个孩子，出国时已 38 岁。像 JX 这种年龄的女性，一般情况已超过国外用人单位的年龄标准，但也有单位由于招不到足够数量的外劳，而将年龄范围适当扩大。在国外服装公司的工作和生活非常辛苦，除忍受长时间的繁重劳动，在工作劳累和速度减慢时雇主还会骂人。有一次 JX 由于工作很长时间，已没有力气将机器踩到底，雇主嫌她干活慢就径直走上去，在前面用脚把她的脚踩下去，还在车间里骂了人。在坚持一年后她回国了。一起赴日的其他公司的中国移工劝她"都坚持一年了，再坚持坚持吧，好不容易去的"。她和同事说："要是再待两年，想都不敢想了，一天都待不下去，老板有时候看着我们做的不合他意就会发火骂人，再说家里还有两个孩子，我也很想孩子。我就坚持这一年，别折了本，把出国交的钱挣回来就行。"

现在 LJL 回想起来还会感慨，如果自己当初结婚了可能会成熟些，不至于因为想家而非要回国，她表示现在出国的话，一定会将三年合同期顺利完成，因为她现在已成家有孩子，体会到生活不易，自己当时单纯因为想家，没有考虑过多挣钱的问题。这种因想家而回家的移工比较少，因为很多移工如果舍不得离开家乡和亲人，在一开始就不会选择出国打工，或即使选择了，一些人在参加适应性培训的几个月里可能会后悔而退出。这种在出国准备阶段（面试结束到正式出国这一阶段）就后悔的人其实并不少。

（二）家庭基本责任推动的回流

家庭视角既强调经济资源的重要性，也强调婚姻、抚养、子女教育等非经济因素的重要性（白南生、何宇鹏，2002）。异常回流，除基于家庭网络对移工的情感牵绊引致回流外，还可能基于家庭的需要而使移工回流。这里的家庭需要主要指在国外打工期间家中发生某些变故，如父母生重病或去世等不得不回家的情况。这种基于家庭需要而回国的人虽然比较少，但也存在。XHT 是在 WXH 后面一批赴日的移工，在 XHT 去日本的第二年，母亲被查出癌症，XHT 在得知这个消息后非常痛苦，为了能及时回国照顾母亲，她找到中介公司的生活老师，在说明具体情况后申请了回国，但前后办理各种手续用了很长时间。与 XHT 相似，SSL 的同事也在出国期间父亲生病病逝，经过许多周折最终得以回家给父亲办丧礼。这种基于家庭变故的回流是一种必须的回流，按照移工意愿属主动回流。

二 同事关系不易处

中国同事是移工日常交往最重要、接触最频繁的人。他们每天一起工作，甚至一起生活，做饭、买菜、逛超市等。同事网络对移工在流入地的社会文化适应起到非常重要的作用。大多数移工认为，他们同作为"出国打工者"，在国外都不容易，能相处得来就尽量相处，如果相处不来也不要发生矛盾，少接触就好。但出乎意料的是，当问移工对"与同事关系"的评价时，除一些移工认为相处得还不错外，还有一些移工认为同事关系"一般"。由于同事关系闹僵而回国的个案主要发生在日本，很少发生在韩国和新加坡。在日本的同事关系分为前后辈关系和同辈关系两种。同辈关系指移工属同一批出去的，因此关系一般会比前后辈关系好。但无论是同辈还是前后辈之间，由于中国人在国外一般是一起生活、工作，因此很多时候会有矛盾，同事关系"一般"正是日常矛盾的反映。

同事网络导致的移工回流，主要由于前后辈关系处理得不好。日本比较注重前后辈的礼节关系，前辈在后辈面前往往具有一种权威或威严。一般情况下前辈与后辈在工作和生活中是指导与被指导关系，但也有一些前辈对后辈不好，如工作上将自己的活硬塞给后辈，让后辈干一些额外的工作，生活中优先使用做饭工具等，所有这些都引发了前后辈间的矛盾。有些后辈面对前辈的欺负选择隐忍，但有些后辈则和前辈公开争执起来。LY 和前辈就因餐具问题"打了起来"，最后彼此把对方的电脑摔坏。两人甚至由于打架闹到公司，最后 LY 忍受不了前辈的欺负，主动放弃国外打工的机会回国。虽然因为闹僵的同事关系而回国的个案并非很多，但却有一些。访谈中一些移工会提到"谁谁谁"因为和前辈打架而闹翻回国。一般情况下欺负后辈的中国前辈并不多，即使有，许多后辈移工也会选择忍让，因为"多年的媳妇熬成婆"，自己也会成为前辈，当然，她们可能并不会对自己的后辈做出过分举动，毕竟相安无事便好。

第三节 雇主的辞退

除遣返外，移工被动回流的另一种形式是被雇主辞退。如果遣返是国家的制度策略和治理工艺，那被雇主辞退则是强势资本在劳动关系中主导地位的一种呈现。这种回流在移工中并不多见，因为移工出国后从事的多属低技能或无技能工作，即使移工在最开始没有掌握相关技能，工作一段时间后就会熟练。老板如果对移工确实不满意，可能会采用"挑人加班"方法，挑选的人一般是工作能力强、动手快、业务熟练的工人。

一　移工更换雇主困难

移工与雇主名义上是双向自愿选择关系，雇主对移工不满意时可中途解约或不再续签合约，而移工如对雇主不满意，也可和中国的经营公司联系，要求调换雇主，但移工主动调换工作往往较困难。因为外籍劳工一旦出国，他们与雇主间就是绑定关系。日本、韩国和新加坡三个国家都规定，在移入国工作期间，外籍劳工不能随意更换雇主，一旦离开雇主寻找工作，将由合法身份转变为非法身份，且面临法律的惩罚和遣返。在韩国和日本可更换雇主的情况相对严格，而新加坡的规定相对宽松。一般情况移工不会更换雇主，即合同期内为一个雇主打工，除非原来公司破产倒闭，或其他客观的不属移工责任的原因，中国经营公司才可能给他们更换，而在未经经营公司许可的情况下私自更换雇主，移工会成为"自由工"即"黑工"。GGF 在日本从事汽车真皮座椅生产，在工作 2 年 8 个月时公司倒闭，由于距离 3 年合同期满还有 4 个月，于是经营公司将她们安排到另一家服装厂继续工作。这种客观原因导致的更换雇主相对容易。

"生活老师"是中国经营公司派到日本接收技能实习生组合中的管理服务人员，负责在日中国移工的工作和生活问题，如提供生活上的帮助，给移工送米送面等，这些物品由移工花钱购买，相当于生活老师替移工买东西、办事；工作上，生活老师的日语非常好，经常和日本人打交道，主要负责协调技能实习生和雇主的关系，协商、解决和处理他们之间的问题。

一些移工与雇主关系不好，甚至受到雇主不公平对待，要求经营公司给他们更换雇主，但生活老师往往宽慰移工，劝说他们出国的目的是挣钱，能忍就忍，并承诺尽量从中协调，但事情往往不了了之，最多是生活老师找雇主谈一下然后离开。不给移工更换雇主出于两方面考虑：第一，更换雇主手续烦琐；第二，维护经营公司利益。移工如果更换雇主，那经营公司除需为他们寻找新雇主外，还需找人代替该移工目前的工作，此外厚生年金、税金等各种手续都需处理，且移工不会重新缴纳服务费给经营公司。因而生活老师对更换雇主申请一般置之不理。虽然少许移工更换雇主成功，但多数移工更换较困难。

老板的母亲很不喜欢我，甚至无数次质疑我，这使我很伤心。我也想过换个雇主，但老师不给调，说很难办，因为很多移工想调，老师要是忙着每天这个调过来，那个调过去，也累坏了，他是能推就推，能拖就拖。(LXL 151221)

另一个原因是维护中国经营公司的利益，而他们（经营公司、生活老师）与移工所在的公司（一级接收单位的组合和二级接收单位的中小企业）是合作关系，生活老师作为中国经营公司的代表，不会因个别移工而得罪雇主，因为很多公司已和中国的经营公司合作十几年，且以后还可能继续合作，经营公司不会因为流动的移工而得罪相对固定的雇主。经营公司不但不轻易给移工更换雇主，很多时候移工与雇主间存在问题时，生活老师也不会轻易去找雇主谈，甚至移工自己也不会轻易叫生活老师过来，因为技能实习生非常清楚，即使他们叫生活老师过来，生活老师也不会轻易找雇主谈问题。

二 雇主辞退移工

与更换雇主难相对应，雇主辞退移工较容易。多数移工去日本前和经营公司通过《劳务派遣合同》① 签约三年，但实际上移工和雇主间的《劳动合同》是一年一签。《劳务派遣合同》规定，"乙方（指移工）出国前按最长时间三年来计算预收服务费，而乙方赴日后与雇主每年一签合同，在每年合同结束之前如果通过技能资格考试②，乙方可根据甲方与接收机构签订的《派遣接收协议书》，以及乙方与接收机构签订的《雇佣合同》来延展与雇主的合同"③，即雇主与移工需每年一签合同。这三年中如果雇主对移工不满意，可中途解雇或不再续约。按日本《劳动基准法》，在雇用期间解雇时，用人单位应提前 30 天通知当事人，或作为预告补偿金支付相当于平均工资 30 天的工资，若因劳动者本人原因导致其被解雇，

---

① 许多劳务中介代理人称之为"中介合同"。
② "技能资格考试"指每年合同快结束时移工所参加的鉴定和资格考试，以评判在移工和雇主签约的一年内，移工的工作能力是否符合雇主的要求，而移工只有参加并通过考试，才能继续和雇主签约。
③ 摘自某技能实习生的《劳务派遣合同》。

在获得所辖劳动基准监督署长的批准时,可无须提前预告或支付补偿金①。从该规定可知,在日本只需提前 30 天通知当事人,雇主就可解雇移工。新加坡的移民法令也规定,新加坡主管当局和雇主有权取消外籍工人的工作准证,准证失效 7 日内外籍工人必须离开新加坡,否则会受《移民法令》惩罚。②

虽然一般情况雇主不会主动辞退移工,但如果想辞退移工非常容易。雇主可在合同中途直接解雇移工,也可在合同结束后不再与其续约。如在日本,在一年合同期结束后,移工需参加"技能资格考试",只有通过考试的人才可能与雇主续签合约,但如果雇主想辞退该移工,在合同即将结束时将直接不会让该移工参加考试,也不会再和他续签合约。

SG、LXL 和 RZ 在日本一家农户工作,该农户不允许移工购买电脑和手机,甚至忌讳移工间串门。无论出于何种原因,雇主对移工的"半封闭式"管理确实存在。SG 趁周末到其他农户家找移工同事玩,而移工同事也到 SG 的宿舍找他玩。SG 与同事间的串门被 SG 的雇主发现,于是雇主非常生气,在第一年合同即将结束时,没有让他参加技能资格考试,且不再与其续约,直接将其遣送回国。由于 SG 提前知晓了雇主的辞退通知,特别沮丧难过,虽然回国后可按比例退还服务费,但他为了出国前后忙了大半年到一年,参加适应性培训,支出了各种出国的费用,付出了时间和金钱成本,仅工作一年就回国令他非常难过。于是他找生活老师帮忙协调,既然雇主执意不肯续约,能否给他调换一家企业。这种要求原则上可实现,因为生活老师在和经营公司汇报并商量后,可以给他调换一家企业,但 SG 的雇主出于各种担心③,执意不肯生活老师给他调换,并坚持将其遣返。经营公司在处理移工的调换雇主申请时会考虑雇主的要求,如果原雇主不同意移工换雇主,执意让移工回国,那移工必须回国。从 SG 的例子可知,雇主在移工的中途回流中发挥了重要作用,甚至关键作用。虽然在回国后经营公司退还了他 1.8 万—1.9 万元钱,即 45%—47.5% 的

---

① 国际研修协力机构,2012 年,《技能实习生手册(中国语版)》,第 14 页。
② 资料来自《对外投资合作国别(地区)指南:新加坡(2015 年版)》第 49 页,网址:http://fec.mofcom.gov.cn/。
③ 由于没调查国外雇主,因此并不清楚雇主的想法,为什么执意遣返 SG 而不允许调换雇主。据一起工作的中国移工分析,可能出于雇主家庭安全的考虑,担心中国移工调换到其他企业后,回来伺机报复,或偷东西等。

服务费①，但相对于 SG 已花费的各种成本，及如果继续留在国外的所得而言，遣返还是给 SG 带来了沉重打击。

  如果老板及家人对你不满意要解雇你，老师就可能给你解决，第一，你直接回国，回国后按程序来。第二，老师给调换到别家去，调换前提是这家农户同意你调走，如果他不同意，非让你回国，那你只能回国。（RZ 160912）

  虽然有时候雇主辞退移工有正当理由，但有时候也是雇主与移工不平等地位的体现。正是不平等关系的存在，使一些移工在日常工作和生活中提心吊胆，担心出错被遣返。因此，移工的处境是移入国外劳制度（包括遣返、与雇主绑定等）和雇主的市场优势地位所共同形塑的。移入国外劳制度规定"自由工即为黑工"，剥夺了移工"用脚投票"的权利，而这种"与雇主绑定"的规定和遣返政策一起增强了雇主的优势地位，使移工处于边缘化弱势地位。因为移工出国打工的主要动机是挣钱，所以他们会辛苦工作，努力表现，这也是 LXL 刚开始工作的一年工作压力特别大的原因，因为出国前没有农业种植经历，一切需从头学起，因此雇主的母亲对他很不满意，他非常担心自己一年合同期结束就被辞退回国。为了出国挣钱，从报名到顺利出国等了整整一年多时间，还参加了三个月的日语培训，花了很多钱，如果只工作一年就回国，他心有不甘，既没有挣到钱，也会引起别人对自己能力的质疑，影响自己的名声和面子。所以即使雇主母亲对自己不满意，自己承受着巨大压力，还是努力工作，以争取能顺利留下来。面对被解雇的压力，LXL 即使生病也没去医院，因为看病会耽误时间，且雇主可能会让休息，因此无法挣钱，而且还担心雇主母亲因此而认为他身体不好，作为解雇他的理由。

  虽然交了保险，去医院看病免费，但去医院牵扯太多，一是要跟老板说，老板会叫生活老师过来，再是去医院做检查什么的，半天时

---

① 按该经营公司与移工签订的劳务派遣合同，三年期合同共收取 4 万元服务费，如果移工回国，根据移工已在国外的时间长短计算退还比例，移工工作一年回国退还 1.8 万—1.9 万元（45%—47.5%），工作两年回国退还 8000—9000 元（20%—22.5%）。

间就过去了，回来后老板还要让休息，不让上班了，就没钱了。还有就是老板的妈妈，那个老太太肯定又说身体不行，干一年回家吧……唉，只能自己想办法了。用前辈的话说，出来挣钱不容易，没人疼没人爱……（LXL140905）

正是处于优势和主导地位，雇主在日常工作中如果对移工不满意，可比较容易地叫来生活老师。相比较移工如果对老板不满意，叫生活老师过来的情况，雇主对移工不满意而叫生活老师过来的更加频繁。其实如果移工不违反雇主确立的一些规定，如有些雇主禁止串门、上网、谈恋爱等，而只是由于工作引起了雇主不满，那雇主想辞退移工时，生活老师可能首先采取的措施是协调。生活老师会先找移工，和移工说雇主对他不满意的地方，以后需改正，然后再和日本雇主说已和移工进行过沟通，希望能再给移工一段时间好好表现，如果不行再辞退。生活老师积极帮助雇主与移工沟通，传递雇主意图，化解雇主与移工间的矛盾。

从雇主与移工间的互动过程以及老师扮演的角色可知，雇主在这一过程中占优势地位，而移工处于弱势地位，中国经营公司的老师负责中间协商，但更加注意维护雇主和中介公司的利益，这也是为什么移工换雇主较困难，但雇主辞退移工相对容易，移工较少叫老师过去处理问题，而雇主对移工不满意时可以叫老师过去处理的重要原因。

小　结

移工回流既可能发生在首次流动后，也可能发生在重复流动后。无论回流发生在跨国流动的哪一阶段，根据是否符合合同规定，可分为合同结束的正常回流和异常回流。移工的国外日常体验构成了回流的重要背景。跨国带来的移工社会网络拖网、物理空间和消费空间的压缩、工作的艰苦和语言障碍等日常体验，由社会网络、市场和民族国家共同形塑产生。

合同结束后的回流是移工最普遍的回流形式，是一种主动回流，在移工的预期计划中。移工之所以能顺利完成合同回流，主要基于四种因素：第一，移工出国后受债务约束和契约束缚，因此必须努力工作，全力配合雇主，才能挣钱还债和不被遣返；第二，在这种债务约束和契约束缚的环境下，移工的动机是挣钱，或说为了未来更好的生活，在有限的合同期内努力工作，而在回国后适当放慢前进的步伐，即临时移工以不均衡地分配自己的休闲消费为代价，忍受国外不良的工作环境和工作条件，为以后的生活做出牺牲；第三，社会网络对合同结束回流秉承一种"成功范式"，即当地人对跨国移工"成就"的一种建构，无论已婚还是未婚男性，合同结束回流都被看作一种自我能力的证明，而已婚女性和未婚女性由于为婆家或未来婆家带来了重要的经济资源，因此在婆家的地位也大大提升；第四，社会网络的支持也非常重要。正是社会网络提供的各种情感性和工具性支持，使移工能在如此艰辛复杂的国外打工环境中坚持下来。合同结束的正常回流受国家、市场和社会网络三种因素共同影响，国家和市场产生的高昂中介费、合同制、遣返等使移工在各种约束下努力工作，而社会网络的经济动机、成就建构、社会支持则保证了移工坚持工作和正常回流。

异常回流并不像合同结束回流一样普遍。异常回流按移工个体意愿可分为主动回流和被动回流，主动回流主要受社会网络的抑制效应影响，可分为移出国家庭网络和移入国同事网络的影响，前者又分为思念之苦引致的回流和家庭变故引致的回流，后者则是因为同事关系不易处而产生的回流。被动回流则包括跑黑遣返和雇主辞退遣返两种主要类型。异常回流也充斥着移工动机、移入国的劳工政策、制度、中介市场和雇主市场以及（移入国和移出国）社会网络等多重因素。正是这多种因素的作用，才产生了如此多的异常回流类型。单纯因社会网络产生的回流，包括因恋家而回流、为家庭而回流、因移入国同事关系适应困难而回流；跑黑遣返和雇主辞退遣返，分别是以国家和市场因素为主导的回流，但其中又混杂着其他多种因素的影响。

第 六 章

重复流动

> 什么东西都有好有孬，中国再孬，毕竟也是自己的家乡，国外再好，也不是咱们自己家。想想（国外的日子）感觉就像"做梦"一样，回来了，就好好"过日子"吧。
>
> ——一位回国移工如是说

移民理论研究中移民的重复迁移或重新迁移（re-migration）研究并不多。移民是否会再次迁移，哪些移民会再次迁移等问题并未获得充分关注（Battistella，2014：16）。测量正常迁移流非常困难，测量循环迁移更困难。到底工人不再到国外找工作在亚洲国家多久才会发生？Martin（马丁）认为难以预测这一转折点，因为这依赖于迁移嵌入在一种良性循环还是恶性循环中，而决定良性与否的三个因素是招募、汇款和回流。Abella（阿贝拉）等人则认为当经济福利达到一种可持续发展水平时转折点就会发生，但充分就业和迁移可能同时存在（Battistella，2014：21）。学者对迁移的预测从宏观进行，而在微观个体和家庭角度，移工是否会进行重复流动？为了解循环迁移的复杂本质，应从多维度——微观（如个体和家庭）、中观（如社区和地区）和宏观（如国家和世界）——进行调查和分析（Chapman & Prothero，1983 - 1984：622）。

亚洲移工的重复流动既是个体选择，很大程度也是制度和结构的产物。虽然许多移工在国外工作一段时间后确实很想回国（Agunias & Newland，2007：1 - 2），但不可否认，他们的迁移自由受限制。本研究中重复流动指同一个移民参与到循环流动中，与目的国无关（Wickramasekara，2014：52 - 53），既包括为同一国家的不同雇主工作，也包括为同一国家的同一雇主继续工作（即再次聘用），还包括到不同国家就业。其中为同一国家不同雇主工作的重复流动非常少①，因为日本、韩国和新加坡外劳制度规定，移工在合同期内不能随意换雇主，虽然新加坡的移工换雇主较容易，但在最初的流动计划中移工很少更换雇主。移工重复流动主要发生在首次流动后，包括续签合约和到不同国家就业。在允许停留的最长时间里，许多移工以"续约"②的形式重复流动，即再次聘用，还有一些移工会选择到不同国家就业③。考虑到两种重复流动类型的影响因素可能存在差异，本章节将对移工的重复流动类型分开探究。

第一节 续签合约的重复流动

大多数移工在首次流动后选择回流，因为这在他们最初的计划中。但在合同结束后，移工是否可以续签合约？影响移工续签合约的因素有哪些？为什么有些移工选择了续约？移工的续签合约行为受社会网络、市场和国家共同形塑。

一 外劳制度作为一种机会结构

移工是否续签合约并不完全由自己决定，因为亚洲的临时移工很大程度受移入国外劳制度影响。在韩国工作满3年可续签1年10个月，最长可停留4年10个月（Castles & Ozkul, 2014：39）；在日本工作有1年期和3年期两种类型，1年期结束移工必须回国，而3年期合同，2015年1月前在留满3年必须回国，2016年12月后所有工种都可续签2年，在留期满且归国1年以上的技能实习生如获许可可再次入境工作④；使用工作准证在新加坡工作2年后可续签，其他工种每次续签2

---

① 虽然日本采取了二次返日政策，但政策的具体实施和落实仍缺乏细致、可操作的规定。
② 此处"续约"指移工在超出《劳务派遣合同》中规定的合同期限后续签合约，而非一些移入国实行的合同"一年一签"的续约。如赴日移工在出国前一般与中国中介公司签订最长三年的合同，但到日本后根据当地政策一年一签，这种情况不算续约，因为这种续约在移工最初的迁移计划中。这里"续约"指不包括在移工最初合同期中的续约。
③ 再次聘用和到不同国家就业是两种主要的重复流动形式，这两种形式可能单独存在，也可能在同一移工身上发生，如移工在再次聘用结束后到不同国家就业，或到不同国家就业后选择再次聘用，但后一种情况比较少。
④ 《对外投资合作国别（地区）指南：日本（2015年版）》，第40页，网址：http://fec.mefcom.gov.cn/。

年，建筑工类每次续签 1 年，最长 4 年[①]，技术准证也可续签，最长 10 年（陈小谊，2010：15）。移工是否可以续签合约，首先由移入国外劳制度决定，即必须在外劳制度规定的最长时限内续约。部分赴日移工签订的 1 年合同，合同结束后就无法续约；大部分赴日移工从事行业的最长停留时限为 3 年，且在合同结束后都已如期回国，这种如期回国是移工对移入国劳工政策的一种顺从，但如果 3 年期满有续约机会，移工的选择是否会发生变化？

2015—2016 年是日本外劳制度的转折年，因为政策规定许多行业的最长停留时间变为 5 年，即在原来 3 年基础上可续签 2 年。部分移工在日本打工期间听到这一消息非常兴奋，甚至有不少人打算续签合约，在原合同结束回国前已参加了续约所需的技能资格考试，并和雇主谈妥，一些雇主也欣然同意移工的续约请求。但日本政策针对的是在留期满且归国 1 年以上的技能实习生，因此打算续约的移工纷纷回国。由于处于新政策实施初期，很多移工并不清楚是否可续约，有些移工即使有续约想法，但未能付诸行动。与日本不同，即使新加坡也有最长停留时间限制，但被许多劳务中介认为具有"可操作性"，正如中介代理人 HH 所说，"新加坡一般停留 10 年没问题。我送过去一个建筑工，第一次签约 2 年，后边 1 年一签，在那边都干 8 年了。所以这个时间限制没有那么死，很灵活。"新加坡外劳制度相对宽松，使一些移工在合同结束后选择了续约。

移工的续签合同行为受外劳制度明确限制，2015 年前没有"最长可停留 5 年"这一说法时，移工在合同到期后即回国，因为合同延展不被允许[②]，但在 2015 年日本外劳制度松动时，一些移工也产生了续签合约想法。LX 在 2014 年 12 月赴日本从事合同期 1 年的干洗工作，在 2015 年 12 月合同到期回国后，仍想去日本打工，但被中国中介公司负责人告知不允许，因为合同已结束。与她不同，LXW 和 LJC 在新加坡完成最初计划的 2 年合同期后，分别续签 1 年和 2 年合同，而 QH 和 QHF 这一对"夫妻档"移工在新加坡一共工作了 5 年。移入国外劳制度提供了移工是

[①] 虽然新加坡政策规定工作签证就业最长时限为 4 年，但劳务中介明确指出，要根据移工的年龄、工种和雇主态度确定最长停留时限，年龄合适且雇主比较满意的话，则时间限制不会很死，一般工作 10 年左右没问题（HH 170106）。

[②] 也有移工在合同即将结束时跑黑，因为想在国外多挣些钱，这种情况是对最长停留时间规定的一种挑战。

否可续约的一种机会结构，一旦这种制度规定予以放宽，部分移工的行动选择也会相应变化。因此移工的重复流动选择在外劳制度有限框架下发生，并不单纯是个体决定。

二 续签手续和过程的简化

为什么一些移工在合约能延展时会选择续签合约？这主要因为与初次办理出国相比，手续更加简化，过程更加快速、简洁。对移工而言，首次流动的办理手续和过程复杂，从面试、适应性培训到出国，整个过程手续烦琐，时间冗长，且花费巨大，移工也往往花费较长的时间和较大的心力成本，即"费时、费力、费钱"。续约（指合同延展）对移工而言非常方便，在为同一雇主工作的情况下，合同延展不需移工重新进行面试和培训等，因为在先前的合同期内移工已为雇主工作几年，他们彼此不需要重新适应且比较了解，在移入国制度许可的情况下，移工申请，雇主同意并发出邀请函，中国中介公司负责帮助移工办理其他延展手续即可。虽然中国中介公司仍需按照工作年限和工种收取移工一定的费用，但相比首次流动，移工续约所花费的要少很多，因为免去了适应性培训期间的额外花费（参加培训的交通费、餐饮费）、出国所需的其他附加费用（如购买电脑）等，因此续签合约具有明显的优点：省时、省力、省钱。无须参加面试、培训以及由此带来的一系列花费，无须担心在移入国的工作生活适应问题等，都使部分移工产生了续签合约的想法和行为。

> 续签简单，在到期一个月前，去办公室要张续签延期申请表或结算申请表，填完交上去，办公室签字，再到公司劳务中心，人家看看干几年了，什么情况，如果批准就可以了，给你通知，你可以先回国再回来，也可以直接不回国，公司还有奖励，相当于机票补贴，那样公司会给500元新币。（LXW 150828）

在描述跨国流动时移工使用较频繁的是"好不容易出的国"，"好不容易"恰恰体现了移工首次流动的复杂性。在雇佣制下办理赴韩务工的基本流程是"韩国语水平考试→确认赴韩意向→体检→进入求职者名簿→韩国雇主在求职者簿中选人→签署合同→办理护照→行前教育培训→

办理签证→赴韩→入韩后二次体检合格及上岗前培训→至雇佣单位工作"①；在技能实习生制度下办理赴日务工的基本流程是"报名→日本接收机构（或雇主）或中国经营公司面试→体检→办理护照→3个月（或6个月）行前适应性培训→办理签证→签署劳务派遣合同和雇佣合同→赴日→2个月左右的岗前培训（可能需二次体检）→至雇佣单位工作"②。去新加坡和赴日韩一样，都需经过报名、面试、适应性培训等一系列过程。"好不容易"既体现在一系列烦琐的跨国程序上，也体现在由此带来的时间、金钱、精力成本上。续签合约的重复流动，移工只需在原来基础上办理相关手续即可，无须再经历如此冗长的环节。许多移工正是考虑到这一优势而选择或意欲续签合约。

三 赚"更多"钱——比较收益和临时流动中的动机

经济和非经济动机从微观上推动移工首次流动，但在续签合约的重复流动中它们是否依然发挥重要作用？移工为什么在最初合同计划结束后续签合同？

在续签合同的重复流动中，经济动机的首要甚至决定性地位被再次强调。虽然在首次流动中移工的日常体验较差，但在合同结束后部分移工选择了或意欲选择续签合同，因为他们想在既有条件下赚"更多"钱。其实一般情况赴日本和韩国的移工在三年合同结束时大致能挣20万—30万元，而赴新加坡的移工在两年合同结束时能挣20万元左右。这些钱对农村普通家庭来说也算一笔不小的积蓄，但"多多益善"的攒钱思维及压缩休闲时间的"临时性"流动共同促使移工产生"多挣些钱"的想法甚至行动。

这种经济动机的成立得益于国外打工的相对高收益。QH 和 QHF 将两个孩子留给家里老人照看，一起去新加坡餐馆打工。两人平均每年净剩15万元以上，最初合同期是2年，"觉得在那边干着不错"，于是又签了3年，5年时间大约净剩70万—80万元，而 LJC 和 LXW 分别在新加坡2

---

① 中国商务部经济合作司，2010-06-10，《中华人民共和国商务部和大韩民国劳动部关于启动雇佣许可制劳务合作的谅解备忘录》问答，http://fec.mofcom.gov.cn/article/ywzn/dwlwhz/zcfg/201512/20151201202318.shtml。

② 赴日务工的基本流程根据受访移工的访谈资料归纳而来，可能存在一些细节的遗漏或环节的顺序倒置，但这一基本流程包含了主要环节。

年合同到期后续签了 2 年和 1 年合同，原因是续签合同比较方便，且还可以多挣些钱。

其实合法移工续签合同的驱动因素与非法移工非法滞留的驱动因素有相似之处。WFY 在韩国跑黑后，一直没有回国。2015 年 9 月，WFY 的妻子说丈夫已和自己商量并决定在"十·一"国庆回国，因为在国外打黑工非常辛苦，且离家四年非常想念亲人，但在"熬"到快国庆时又突然决定不回国了，继续留在韩国打工一年。对他这一行为，WFY 和妻子的回答一致，"好不容易出国的，能干还是再干一年，因为国外（指韩国打黑工）一个月两万元的收入实在太吸引人"。所以无论是黑工还是合法劳工，在国外继续打工都是基于较高经济收益的考虑。

第二节 不同国家就业的重复流动

到不同国家就业与再次聘用有两个明显不同：第一，日本、韩国和新加坡存在语言文化差异，因此回流后到不同国家就业仍需经历面试、适应性培训（主要指语言培训）等一系列复杂过程和时间、精力的投入，而续签合同的再次聘用恰恰具有这些优点。第二，再次聘用往往是对原先合同的延展，而回流后到不同国家就业与首次流动在时间上往往断裂，即移工一般在回国停留一段时间后再出国打工，这将有效缓解移工的思乡之苦。这种重复流动大多数发生在男性移工身上。

一般情况经过首次流动后，大多数移工获得了一定积蓄，大约二三十万元。拥有积蓄后他们会将工作生活节奏适当放慢，用他们的话是"在国内慢慢挣"。这时移工将不会再出国打工，而是在家一如既往地过日子。

与多数移工不同，少数移工在首次流动后重复流动。LPC、WFY、XJP、RB 和 WF 五位移工都经历过不同国家就业的重复流动。LPC 先后去过韩国和日本，WFY 去过阿联酋和韩国，而 XJP 和 RB 则去过新加坡和日本，WF 去过非洲、俄罗斯和日本。LPC 在 1997—1999 年首次去韩国打工，在 2005—2008 年二次出国到日本打工；WFY 在 2007—2009 年首次去阿联酋打工，在 2011—2016 年第二次去韩国打工；XJP 和 RB 在 2014—2017 年二次出国到日本打工，在此前他们曾分别在 2009—2011

年、2010—2012 年到新加坡打工；WF[①] 在 2007—2008 年去非洲打工，2008—2011 年到俄罗斯打工，2011 年 12 月去日本打工，计划 2018 年 12 月回国，截至 2016 年 12 月，共在日本待了 5 年。

重复流动的移工人数要远少于首次流动的移工。据 LXL 介绍，他们一起赴日的一批移工共计 50 人左右，其中仅有 2 人曾去过其他国家打工，而其他人都属于首次跨国流动。

一　外劳制度下的"旋转门流动"

亚洲的循环迁移与临时迁移有相同意思（Skeldon，2012：53）。劳工移民参与到许多启程与回程中被称"旋转门迁移"（Battistella，2014：18）。该种迁移基于"轮换法则"，典型特征是移工具有限定性的劳动时间、限制性的劳动市场和居住权，无法与家人团聚，长久定居的可能很小，对移入国的社会和文化影响较小，对基础设施的需求很少，获得相对低的工资等（Castles & Kosack，1973：39-43；Castles & Ozkul，2014：33）。这种移民由国家和市场共同规制和组织。

移工在回流后到不同国家就业，恰恰反映了移入国对外籍低技能移工的一种限制，移工参与到许多启程与回程中，在移出国和一个或多个目的国间移动，他们是基于"轮换法则"的客工，在有限时间内为固定雇主工作。移入国外劳制度规定移工通过合同到目的国打工，一旦合同结束，移工必须回国，如打算再次出国，则往往会到不同国家就业。与到不同国家就业一样的是，为同一国家的不同雇主工作，这种情况在一些国家允许，如日本二次返日政策的实施，只要符合条件的移工就可二次返日，新加坡也规定，回国后再次赴新加坡可为不同公司工作[②]，但由于日本新政策实施的模糊性和新加坡续签合同的便利，这种为同一国家不同雇主工作的移工非常少。

---

① WF 持中级厨师签证去日本打工，属技术签证。在日本，与低技能或无技能劳动力相比，该签证允许移工在满三个月后携带家属，同时对移工的停留期限没有限制。

② 根据受访者（指赴新加坡的中国移工和对外经营公司的业务代理人员）访谈资料归纳而来。

二 "一动不动"① 的消费支出与重复流动

部分移工选择到不同国家打工，除受外劳制度限制外，最重要的是移工首次流动的积蓄主要用于消费支出，对移工及家庭而言，"仍需要钱"或"无过多积蓄"驱使移工重复流动。随着经济社会发展，人们的需求层次逐渐提高，很多人不再仅满足于生存需求，而是既追求消费商品的使用价值，也追求其符号价值（布希亚，2001）。消费商品因此具有功用的和符号的用处，而消费符号的意义和规则是社会建构的。消费行为具有明显的社会性，参照群体与社会模仿、社会攀比和炫耀以及消费所引起的示范效应都是社会性的体现。

（一）"买房"消费

很少有移工在回流后将国外工资所得全部用于储蓄。许多移工将进行"一次性支出"，而这种一次性支出包括买车、买房和做生意等，买车和买房是移工最普遍的两种消费支出。这种一次性支出使移工国外所得迅速减少，甚至可能全部花完。随着城市化进程加速和农村劳动力乡城流动的迅速发展，一些年轻人已不满足在农村有房子，而是去城市生活，这推动了农村居民的城市买房支出。与此同时，汽车等消费品得到推广，许多农村居民购置汽车作为家庭交通工具。在"房子"（指城市楼房）和"车子"（指汽车）仍是农村稀缺资源的情况下，汽车和楼房对农村居民既有使用价值，也有显示身份和社会地位的符号价值，在哪里买房和买何种价位汽车的符号价值也不同。

一些移工回国后在青岛、日照等临近家乡的城市或北县县城买了房。LPC、XJP、RB、WFY、HJE、LXL、DLZ 等都已经或即将在城市买房。青岛、日照和北县的房价不同，在移工能支付的范围内，青岛偏远郊区和日照②的房价一平方米 6000—7000 元，一般首付在 20 万元左右（按购房面积 90 平方米 * 每平方米价格 * 首付比例 30%），而北县县城房价一平方米 4000—5000 元，首付也需近 15 万元。移工的打工所得最多只够付首付，因此买房后仍需要钱分期付房贷。但实际上移工在回国后往往缺乏稳

---

① "一动不动"的消费支出，"一动"指汽车，"不动"指房子。
② 选择青岛和日照这两个城市买房是因为它们距离北县较近，是北县人打工的主要流入地，且两个城市同属海边城市，经济发达，环境优美，交通便利，房价相比北县县城也没有高太多。

定的工作和收入，即使有工作，每月工资也在 2000—5000 元，大部分人工资在 3000 元左右。劳工所得一旦用于偿还每月房贷，将不会剩余多少。在少数移工看来，再次出国打工成为不错的选择。XJP、RB 和 WFY、LPC 都在北县县城、日照和青岛买了房子，但买房后缺乏稳定收入偿还房贷，于是他们选择了重复流动。

> 一般都在外面买楼。俺们村那两个从国外回来的都在青岛买了房，一般只有逢年过节才回来。现在好像还没有回来①。本来她们对象（指丈夫）就在外面干活，出去小孩教育也好，咱们这里教育不行。（LBQ 160130）

（二）买车消费

虽然买车和买房并不必然导致移工的重复流动，但重复流动往往因为首次回流后进行了某些比较大的消费支出，买车就是其中一项。在汽车逐渐推广和普及的农村，中低端汽车市场的扩张恰好符合农村居民日益增加的需求。受汽车市场的刺激、他人购置汽车的示范效应、社会地位和身份的考虑等因素驱使，与少数移工购买房子相比，在不买房情况下多数移工购置了汽车。北县农村居民买的汽车主要在 1 万—8 万元，少部分人买的在 10 万元，很少有超过 10 万元的。大部分移工回流后购买了汽车，价格至少在 5 万元以上，还有些移工买的在 10 万元左右。LXW、FYQ、FQQ、JQQ、GGF、LJX、LBQ、DLZ、WZJ 等移工在回国后纷纷买了汽车，且都在 5 万元以上。GGF、DLZ、LBQ 和 WZJ 买的汽车在 10 万元，LXW 和 JQQ 还有 FQQ 买的在 8 万元左右，移工购买的汽车往往价格较高。

> 俺姐姐出国挣了 34 万元，这不花 10 万元买了辆车，我结婚的时候给了我 8 万元用，还剩下 16 万元在银行放着。（WZJ 弟 150829）

买车虽然没有城市买房贵，不会花太多钱，但对回流移工而言，毕竟算一项较大支出。LXW 表示，自己回国后买了车，还剩下十几万元，感觉钱还是不够，且国内工资没有国外高，因此想再出国打工挣点钱。相比

---

① 当时临近春节，但在青岛定居的两户人家都还没回到村里。

买房推动的重复流动，买车带来的经济压力相对小，因此对重复流动的作用有限，但也在一定程度上推动了部分移工的重复流动。这种"一动不动"的消费支出，既来自移工及家庭日益增加的生活需求，也源于同乡、亲属和朋友等网络引致的消费示范、社会地位建构等的影响。

三 比较收益的持续存在

无论是续签合同还是到不同国家就业，或到同一国家为不同雇主工作，移出国和移入国间的比较经济收益都是最重要的驱动因素。就像首次流动一样，无论移工的重复流动是基于"想赚更多钱"，还是一次性消费支出引致的"仍需要钱"，移工最根本的动机是赚钱，而具有比较收益和临时性特征的跨国流动成为移工的最佳选择。用劳务中介代理人 LDG 的话，"这些人（指移工）已有过出国打工经历，尝到出国打工的'甜头'，考虑到国内外打工的比较收益，他们索性决定再次出国打工或续约，这样'钱来得更快'。"很多移工面对"为什么想续约或再次出国"的问题，回答是"国外工资很有诱惑力"。

> 我们这里有（出国）四五趟的，这是认识的问题。他们觉得在国内挣钱不如出国多，出力可能还少。这是他们考虑的主要原因。找个不错的活，且生活简单，思想简单，不用早起晚归，在建筑工地上吃住，不用跑来跑去。再说国内的活又不接手，国外每月 8000 元保底，平均一年 10 万元。虽然一直在外面（指国外），撇家舍业，但钱说馋也很馋。（劳务中介代理人 LDG 150913）

第三节 现代性想象的退去

移工的重复流动与首次流动相比，驱动因素有哪些不同？除本章前两节分析的国家制度和经济动机外，非经济动机是否在首次流动和重复流动中发挥了相同作用？

在移工首次流动的驱动因素中，移工个体的发展理性，即个体对独立和自由的追求是重要因素。正如 LJL 在即将出国时的状态："我只是想暂时退出你们的世界，寻找一下自己。"对国外现代性的想象和个体独立与自由的追求是否在重复流动中扮演了同样的角色？在移工重复流动中，这种作用已变得不明显,甚至无关紧要,因为经历几年的打工生涯后,他们对国外的打工生活已没有太多想象,单调、无聊、苦闷、繁重劳累、社会网络的拖网、物理空间和消费空间压缩等日常跨国体验,都在时刻侵蚀着他们对国外现代性的想象。除此之外,他们也亲身体验了国外的生活和风土人情,甚至劳务中介组织的每年一次的旅游或移工自己外出的游玩都已满足了移工的国外好奇体验。在重复流动中,无论是续签合同,还是为同一国家的不同雇主工作,抑或到不同国家就业,移工对国外现代性的想象和好奇心理逐渐退去,因此这种非经济动机发挥的作用大大减少,即使有些移工选择了到不同国家就业,如去过新加坡打工,后来又去日本或韩国,这种非经济动机的作用也非常有限。在实地调查中,当谈及"为什么再次出国打工"时,很少有人回答因为想出去锻炼自我或想出国看看国外的风土人情。

第一次出国,仅以一程换一种经历,仅以一程换一种懂得。(LJL 110401)

刚出去的时候很好奇,现在回来了就感觉和咱们家里一样。出国打工就是满足一个好奇心,其实风景国内外都差不多。(WLJ 150830)

第四节 移工日常的体验

个体的社会经济学特征——个体迁移经验对移工的后续循环迁移有重要影响。积极的临时迁移体验将推动移工的后续循环迁移(Vadean & Piracha, 2009),而相反,消极的临时迁移体验可能会阻碍移工的重复流动。从一种过程视角看,移工过去的体验会对其目前或未来的行动产生一定影响。首次流动中的日常跨国体验是阻碍移工重复流动的重要因素。这种体验主要包括次级劳动市场带来的工作生活艰苦和跨国产生的移工与家庭的时空分离。

一 跨国务工的艰苦工作和生活

(一)节约的生活

移工国外生活的典型特征之一是"节约",即消费开支的压缩。无论与国外本地普通居民的平均消费水平相比，还是与移工在国内的消费水平相比，移工在国外的生活都非常节俭。前文已指出，大部分移工在国外自己做饭，他们往往两周去超市购物一次，且大部分移工会在下午或晚上时段购买打折商品，"什么便宜买什么"是移工国外生活的真实写照，且不止一位移工讲述自己每天吃馒头或面条。"节约"并不是移工国外生活的个别状态，而是一种普遍状态。大部分移工在国外每月的生活费仅500—700元，在国外高物价水平下移工的低生活成本恰是消费压缩的一种证明。移工家人也用"不舍得吃穿"来形容移工。ZSJ是最节俭的一位移工。他每顿饭只吃一个土豆和一个馒头，在国外打工的第一年，最开心的事情是"拍了一根黄瓜拌着吃"。ZSJ三年的生活过得非常艰苦，他不愿意和别人提起自己的辛酸往事，且拒绝接受访谈。关于ZSJ的一些资料来自他父亲及好友LXL的描述。LXL和ZSJ两人都在日本打工，又是好朋友兼同学，在日本打工期间网上交流非常频繁，因此一些关于ZSJ的资料来自LXL的转述。

（二）单调的工作生活

移工国外生活的另一典型特征是单调无聊。移工在国外每天的主要内容是干活、吃饭、睡觉，偶尔逛超市，平时偷偷上个网，看个电影或电视剧，做的工作也不需要太费脑。每天接触的事物非常简单，导致"单调"成为移工描述国外生活出现频率最高的词。移工的工作内容和日常生活都是单调的，工作的单调和生活的单调分别由低技能、无技能工作的属性和物理活动空间的压缩所决定。移工对工作的单调并没有太多强调，而主要介意生活的单调，因为虽然工作单调，但移工每天至少有工作做，且工作可以赚钱，这些都足以使移工分散对"工作单调"的注意力。对生活的单调很多移工难以忍受。大多数移工在访谈中或网络社交平台状态中都曾或多或少表现出国外生活的"无聊"，一些移工在无聊时甚至希望能"上班"，因为上班就不会感到无聊，如周末休息或节假日时，他们可能并非真正渴望上班，而只是利用"忙碌的"上班来打发无聊的闲暇时间。

>　　2012年2月19日　忙忙碌碌又一天，没什么意思。(ZQD)
>　　2016年4月17日　讨厌休息日，让人无聊得抓狂。还是上班好，让人更充实，踏实。(LXL)

许多移工都曾发表过"回家倒计时"的动态，从几百天到几十天再到几天，正是国外工作和生活的单调、工作的艰苦和生活的节约才导致移工使用"熬"这一词语对国外生活进行概括。单调的生活使部分移工回国后并不能很好地适应国内的生活。ZQD 表示，她回国的时候思维还停留在三年前，回国后看到国内很多变化，甚至有些不适应，觉得自己变傻了。

（三）艰苦的工作

移工在国外从事工业制造业、农业、餐饮服务业、建筑业等，这些工作都属于次级劳动市场的工作，工作环境差、工资待遇低、劳动强度大、时间长。工作的属性和特征意味着移工将承担繁重的工作，承受身体的劳累，才能获得以移入国当地最低工资为标准的收入，就像移工所说，"他们的工资已经是当地最低工资标准，没有比这个还低的了"。这种国家间经济发展的不平衡和二元劳动市场的存在，既为移工提供了国外就业机会，也形成了对移工身体的使用。受访时部分移工对他们的工作轻描淡写，如 WFY，"肯定累啊，怎么不累，干建筑还有不累的"，LXW 的回答"在那里（指新加坡）干，活确实很累"，LXL 则说，"大家都知道出国非常受苦受累，要不很多人不舍得自己孩子出去"，也有部分移工对自己的工作内容进行了详细阐述，如 LBQ 和 DLZ，LBQ 每天只睡四五个小时，每天工作 16 个小时左右，每年休假只有几天，而其他移工虽然没有她辛苦，但在工作时间、强度和内容上并没有好多少。LJL 曾在工作之余改编过一首歌，如下：

2012 年 1 月 23 日 小呀嘛小二郎啊，大年初一去上班，不怕那活儿重，也不怕那身体累。只怕老板骂我懒呀，赚不到钱呀，无脸见爹娘……

这是 LJL 社交网络平台的一则状态，2012 年 1 月 23 日恰好是中国大年初一，但当天及前一天除夕由于移入国日本并不过中国春节，因此移工们仍在工作。LJL 改编的《小二郎》恰恰反映出移工为了挣钱，无惧繁重工作和身体劳累，努力工作的一种心理状态。FYQ 和 LJL 及其他大部分移工一样，都在拼命工作，努力坚持，直到合同结束的一天。

二 与家人的时空分离

跨国流动的最直接影响是移工与家人的时空分离。"家"是家庭成员的情感归属,因此与家人分离是痛苦的,而临时性的跨国流动必然带来合同期内的家庭成员分离,出于金钱成本考虑和部分中国劳务中介及移入地企业的规定,移工在合同期内一般不会回国探亲。这也是首次流动中许多家人对移工跨国流动坚决反对的原因,因为合同期内不回国的行为使他们不能接受。下面是 LJL 在出国前及出国后的思乡状态。

2011 年 3 月 3 日 分离若有期,何惧相思苦。(出国前状态)
2011 年 10 月 23 日 还是在日本……(出国后状态)
2012 年 10 月 8 日 想俺妈了……很想很想。
2013 年 2 月 9 日 没觉得想家,但人人都问我想家吧,就真的想家了;没觉得可怜,但人人说我可怜,就真觉得自己可怜……但不管怎么说,新年快乐,祝家人幸福健康!

移工的普遍心态是合同期内出国打工,合同结束回国继续自己的生活。正是这种信念才使多数移工在国外打工期间有了"盼头",很少有移工选择永久留在移入国,即使跑黑的移工也不例外。移工的跨国流动使移工家庭受到国界分割,减弱了移工父母与孩子间的联系,继而导致关系弱化。同时这种分离使许多移工产生痛苦的流动体验,而这种体验对移工的再次流动产生重要阻碍作用。XHT 在国外打工时母亲得癌症,SSL 的同事在国外打工时父亲患病去世等。LXL 在日本打工的第三年,外公得了肺癌和心脏病。2016 年 2 月 6 日外公因病突然晕厥,被送往医院后一直没查出原因,在 2 月 22 日病情得到确认,4 月 9 日外公去世。外公从被查出得病到去世仅短短两个月时间。家人知道 LXL 在外面工作很忙很累,因此一直瞒着他,后来他无意中得知这一消息。由于申请并办理回国手续烦琐,且春季正好是农忙季节,雇主不允许请假,因此 LXL 放弃了回国,但明显能看出他非常难过。LXL 在日志中写下一段话。

2016 年 4 月 15 日 20:24 原来,心是那么的脆弱不堪。给姥姥(指外婆)打电话,本来想安慰她们节哀,自己却哭得一塌糊涂,哽咽到什么都说不出来。以前受了天大的委屈也没有这样哭过。长大了，懂事了，坚强了，成熟了，更没有这样撕心裂肺地哭过。而今外公去世了，在他人生的最后我都没有回去看他，感觉心很痛，眼睛都哭肿了。

家人平安的话，移工在国外三年基本是平淡度过。在出国打工期间移工一般不回国探亲，因为除误工外，还需花费交通费，在移工们看来没有必要，但如果家里发生大事，如亲人去世，由于在国外打工而没有陪伴亲人往往成为移工终生的遗憾，给部分移工带来痛苦的跨国体验。

第五节　家庭情感责任的束缚

虽然许多移工打算重复流动，但最终能成功重复流动的并不多。之所以没有成为现实，除受移入国外劳制度制约外，还受移工家庭束缚。LBQ、QYE、WXH、FYQ、LX 和 YQT 等移工在受访时或有重复流动的想法，或已与雇主协商好一旦"二次赴日"政策通过，将返回原公司继续工作。但在 2016 年 8 月实地访谈时，她们都没有再次出国打工。即使国外的工资对她们很有诱惑力，但出于家庭责任的束缚，她们最终还是放弃了再次出国的打算。

多数情况下在做首次流动决定时，经济的重要性超过家庭的重要性，成为首先考虑的因素。因此，无论是已婚者的"撇家舍业"还是未婚者的"婚姻压力"，都没有成为移工跨国流动的绊脚石。在重复流动中，一般情况下移工个体和家庭会遵循情感责任逻辑，这时移工将不会再出国打工，这也是大部分回流移工的选择，而少数移工和家人仍关注经济需求，继而选择重复流动，如 WFY、LJC、LPC、QH 和 QHF 等。在个体和家庭同时遵循经济逻辑或情感责任逻辑情况下，不存在显著性别差异。但当它们发生意见分歧时，家庭的意见往往占支配地位，而家庭意见又受传统性别规范和角色分工的影响，即家庭对女性的期待基于情感责任需求，对男性则基于经济需求，因此男性为承担家庭经济责任而可能被迫出国打工，女性则由于承担家庭责任而无法再次出国打工。

一 双重情感责任逻辑下的流动终止

移工个体和家庭都遵循情感责任逻辑，认为移工首次流动已一定程度上满足了家庭的经济需求，在回国后需要更加关注家庭的情感和责任需求，即结婚生子、夫妻正常的性生活和照顾孩子等。这与移工开始出国时的想法一致，在有限的合同期内努力工作挣钱，回国后更加平等均匀地分布自己的休闲时间。首次流动中的经济逻辑主导转变为经济需求满足后的家庭情感责任逻辑主导，因此很多移工回国后没有再次出国打工。

（一）结婚生子的家庭责任

首先，已婚移工的二胎计划。回国后生二胎是许多已婚移工，尤其是女性移工及家庭采取的策略。FYQ[①]、FQQ、JQQ、GGF、WZJ、LBQ、QYE、WXH等在回国后都计划要二胎，因而无法再出国打工。其次，未婚移工的结婚计划。未婚移工回国后在1—2年内都会结婚成家，因为他们处于晚婚年龄段，部分移工则为大龄青年，对他们来说"头等大事"是成家。大龄男青年的婚姻压力在所有未婚移工中最大，未婚男性的压力又明显高于未婚女性，因为婚姻市场中女性占主导和优势地位。因此未婚移工回国后，面临结婚、生孩子等一系列人生事件，往往会以家庭情感和责任为重，继而不会重复流动。

（二）孩子照顾的需要

首次流动中无论是夫妻一方还是双方外出打工，孩子都将受到影响。孩子对跨国父母的态度爱恨交加，因为父亲或（和）母亲出国打工而将自己留给爷爷奶奶照顾，他们在孩子成长的重要时刻缺席，使孩子心中有一种遗憾，但他们回国后孩子仍非常开心，毕竟可以和父母在一起，且母亲可以在家陪他们，送他们上学。

> 我走后俺婆婆送孩子上学，俺孩子都要叫她妈妈。孩子就说，人家都有妈妈，俺妈妈呢？我快点叫你妈妈吧？这不放学了看着人家的爸爸妈妈都来了，这不就看着了。（WXH 160201）

[①] FYQ、QYE等人一开始没有续签合同的打算，只是打算三年合同期结束回国，但受移入国最长停留时间延长、雇主的邀请等影响，后来才有了续签合同的打算。

孩子在 GGF 回国接送自己上学时和其他同学说"这是俺妈妈，俺妈妈回来了"，QYE 的孩子做梦梦到妈妈，并向爷爷询问妈妈何时回家，WXH 的孩子看到其他同学的爸爸妈妈来接送，而自己是奶奶接送，于是想叫奶奶为"妈妈"。孩子的这些想法和行为透露了在妈妈离开的三年他们对妈妈的思念和父母爱的内心渴望，且孩子也希望父母能够团聚。移工与孩子的时空隔离导致双方感情沟通不足，且移工对孩子的日常生活与学习缺乏指导和帮助。首次流动带来的情感和时间成本使许多移工产生愧疚感，希望回国后好好补偿孩子，给予他们更多的爱和关心，因此这种孩子照顾的需要对移工重复流动产生了重要阻碍作用。

（三）夫妻正常生活的需要

出国打工使夫妻的性生活受到严重影响，表现为性生活的完全缺失，这将无法满足夫妻的基本生理需求及在此基础上的精神需求，甚至还会由于彼此时间不匹配、沟通有限等带来感情的破坏。LBQ 每天工作很累，下班后回到住的地方差不多晚上 11—12 点，回去后还需准备第二天捎带的饭、洗衣服等，每天忙碌的生活极大压缩了她和丈夫、孩子开视频的时间，有时候在网上说一句话，丈夫要隔天才能回复过来，而丈夫说一句话，她可能因没时间而无法及时回复。这种无效的沟通使他们经常因一些事情吵架，如 LBQ 在外面特别辛苦，希望丈夫能给予安慰，但丈夫却并不理解。与 LBQ 有同样遭遇的 FYQ、FQQ、QYE 等也都或多或少和丈夫发生了争吵。争吵的原因既因为有限的沟通无法传递准确的信息和情感，也由于跨越国界造成了夫妻彼此的不信任。因此，夫妻间不只正常性生活受到影响，夫妻情感也会受一定影响。许多移工回国后，无论是移工还是家人，尤其是配偶一般不会同意移工重复流动的决定。

二 家庭经济逻辑主导下的男性重复流动

在重复流动中，性别角色分工再次发挥作用，移工家庭普遍持有的角色期待是男性是家庭经济贡献者，而女性仅是家庭经济补充者，"从长久来看，挣钱主要由男的来挣，女的主要是挣点贴补家用"，因此在重复流动中，女性的决策权力非常有限，即使很多已婚女性移工有再次出国的打算，但出于家庭情感和责任的需求也会最终放弃；部分男性即使没有这种打算，但出于家庭经济的需求也会最终选择重复流动。XJP 和 RB 都曾去新加坡打工，回国后在城市买房成家。他们并不想再次出国打工，但由于结婚买房使他们不仅没有积蓄,且每月还要还房贷,这种家庭经济的需求使他们又选择了去日本打工。

  第一次出国挣的钱回来结了婚,在城里买的楼,钱也没剩,每个月还要还房贷,没办法这不又去日本寻思赚点钱,还房贷。我也不想出去,也不舍得家里,但在家里不挣钱。(XJP,转自 LXL 151221[①])

三 家庭情感责任逻辑主导下的女性重复流动

重复流动中与家庭对男性移工遵循的经济逻辑不同,家庭对女性移工遵循情感责任逻辑。FYQ、WXH、QYE、YQT 和 LBQ 等回国后仍有出国打工的想法,尤其是 FYQ、QYE 和 YQT 在回国前和雇主约好,一旦外劳制度允许且自己家庭允许,她们会继续返日工作一到两年,但最终这些已婚女性移工的重复流动都受到家庭情感和责任的束缚和阻碍。

2015 年底 FYQ 和 YQT 在临近回国的一个月,雇主与她们商量续约的事情。她们并不能独自做决定,于是打电话征求家人意见。续签合同虽然比首次流动简单很多,但这种重大决定仍需和家人协商,于是 FYQ 打电话给家人,但却遭到家人尤其是婆婆和丈夫的一致反对。他们给出两个主要理由:第一,照看孩子,接送孩子上学;第二,回国生二胎。这两件事情在他们看来非常重要,是家庭情感和责任的体现和要求。FYQ 虽然出于经济需求的考虑,打算续约一年,但她并不是没有考虑孩子,在经济和家庭的衡量中,她最终放弃续签合同,在家里陪伴孩子、照顾孩子。FYQ 和笔者说自己的同事"家里也是不同意了"。女性在首次流动和重复流动中的决策权差异,本质上反映了支配逻辑的差异,即经济逻辑向家庭情感责任逻辑转变。

小 结

移工重复流动主要包括三种形式:续签合同、到不同国家就业、为同一国家的不同雇主工作。在日本、韩国和新加坡,移工重复流动的主要形式是前两种,即续签合同和到不同国家就业。这两种重复流动有所不同,

---

① 该访谈资料来自 LXL 与 XJP 的对话。

续签合同在移入国外劳制度所规定的最长停留期限内发生，因此外劳制度作为一种机会结构存在，而与首次流动相比的优势是，续签手续简洁，方便高效，且移工基于"赚更多钱"的经济动机而选择续签合同；到不同国家就业的重复流动则发生在有"旋转门"特征的外劳制度下，即临时性停留使移工必须参与到许多的启程和回程中，这种流动是亚洲临时劳工移民系统的结构特征所致，而回流后"一动不动"（指买房买车）的消费支出导致移工仍缺钱，于是再次出国打工。临时性流动和国家间的比较经济收益所产生的经济动机是移工重复流动最主要的驱动力，而这种经济动机来自移工及家庭的经济需求。

与经济动机发挥的重要作用不同，在重复流动中移工的非经济动机消退。而移工国外的日常体验，包括工作和生活的艰苦及跨越国界产生的与家人的时空分离，都对重复流动产生重要阻碍作用。最后，家庭情感和责任束缚是多数移工放弃重复流动最主要的因素。回国后的结婚生子、夫妻生活、照顾陪伴孩子等家庭情感和责任都使移工不再跨国流动。

移民系统理论下，移工的重复流动受国家、市场和社会网络交织影响，而这三种因素对移工的重复流动都发挥着双面效应。在移入国外劳制度规定的最长停留时间内可续约，且续约避免了复杂的手续流程，而作为旋转门的临时劳工项目则推动了移工到不同国家就业，因此外劳制度成为移工重复流动的重要结构背景。合同制和拆分型家庭再生产模式所致的移工与家人时空分离，则阻碍着移工的重复流动。就市场而言，国家间比较收益产生的国外打工高收入是移工重复流动的重要原因，而次级劳动市场所产生的痛苦日常体验，成为移工重复流动的阻碍。就社会网络而言，家庭网络产生的"赚更多钱"和"仍缺钱"的经济需求是移工重复流动最根本的推动力，而家庭情感和责任束缚则是重要阻碍因素。移工个体、同乡和朋友网络所引发的非经济动机的消退也阻碍着移工的重复流动。

第七章

结论与讨论

> 移民系统方法是一种理论综合的努力与尝试,虽然存在模糊性和不确定性,但至少可以提供一种奠基性的概念框架。
>
> ——Fawcett & Arnold,1987

第一节 跨国流动的行为选择

对亚洲合同移工进行研究,绕不开历史上的契约华工和客工。本研究以"新淘金梦"为标题,意图表明移工与后两者不同。这种不同既体现在"淘金梦"的新旧差异,也体现在淘金梦所处的时代环境、实现途径和主体等方面。合同移工与契约华工、客工比较的显著特征是,移工产生于平等合作的国家政治经济关系,流动选择受移入国和移出国法律、政策制度的严格控制,劳务中介作为劳工招募主体呈商业化和多元化特征,流动基于移工自主自愿的经济与非经济动机,移工的性别构成更加均衡,女性人数迅速上升,从事的行业工种不断增加。由于存在这些不同,因此需要对合同移工的"新淘金梦"进行具体研究,以了解和掌握当前跨国移工的流动特征。

移民研究有一系列理论模型,意图解释国际移民的产生、延续和回流。这些理论对国际移民尤其是劳工移民有部分解释力,这里包含两种假定:第一,移民理论相互补充,只是解释了移民进程的不同方面(Massey et al., 1993);第二,每种理论对移民知识都有一定贡献(Battistella, 2014:2)。移民系统范式虽然对移民理论进行了综合,但当进行具体的移民系统研究时,附加问题的产生和理论的发展非常有必要。

基于以往移民研究的理论和移民系统范式,本书凸显的研究主题是移工跨国流动的行为模式选择，包括首次流动、重复流动和回流，以民族国家、市场和社会网络三种因素为切入点，探究在这三种因素共同作用下，人们的首次流动、回流和重复流动是否发生、如何发生及为何发生。以国家、市场和社会网络为切入点分别体现了以民族国家为起点、以劳动市场和中介市场为起点和以社会网络为起点，它们并非截然分开，甚至彼此联系，任何一方面都不能完全解释移工在整个跨国流动过程中的行动选择。因此，要准确理解移工跨国流动行为选择的机理，必须将三种因素结合起来进行探究。移工重复流动和回流的序次排列不确定，但本研究并不关注它们的序次，只关注移工是否发生重复流动和回流，发生原因及如何发生等问题。

一　首次流动的行为选择

国家、市场和社会网络对移工首次流动有重要影响，每种因素的影响都复杂多样，且因素间还会产生相互作用。它们对移工首次流动同时有激励和阻碍作用。

在激励作用中，就国家和市场而言，日本、韩国、新加坡等目的国的二元劳动市场对低技能、无技能劳工的需求，推动了这三个国家制定外劳制度引入移工。引入移工有两个主要原因：第一，工作强度大、时间长、工资低、环境差等使移工成为次级劳动市场的主导力量。第二，老龄化和低出生率推动了对国外劳动力的需求。日本的技能实习生制度、韩国的雇佣许可制及新加坡的《外国人力雇佣法案》等都在政策和法律层面保障着移工的正常有序流动。外劳制度为移工流动提供了一种政策环境和制度保障，使国家层面的劳工流动成为可能。而中国具有巨大的劳动力储备，尤其是农业人口储备。随着社会主义市场经济的深入，劳工的消费、发展需求与低人力成本间产生矛盾，在此基础上移入国（日本、韩国和新加坡）和移出国（中国）间的比较收益推动了移工的首次流动。中国政府在国家层面制定对外劳务合作政策对此进行规范，以推动与日本、韩国和新加坡的经济合作。中国的劳务中介市场迅速发展，成为推动移工跨国流动的中坚力量。

社会网络在首次流动中发挥了多样化功能。"社会网络"包括家庭亲属网络、朋友网络和同乡网络。家庭网络可以直接产生微观经济动机，如家庭欠巨债、结婚成家难、当前和预期消费压力等产生还钱、缺钱和攒钱需求，进而推动移工的跨国流动。前一种情况体现了生意失败产生的家庭极度贫困，后两种情况分别产生于地方彩礼文化和婚房需求及地方低人力成本与消费、发展需求的矛盾。社会网络也会通过"经济的相对剥夺感"产生跨国流动的经济动机。除经济动机外，大部分移工还基于非经济动机跨国流动，如出国看看长见识、磨炼成长和暂时的自由。这种非经济动机既源于个体的发展理性，也源于亲属、同乡和朋友网络产生的非经济相对剥夺感。

社会网络还通过"心理陪伴机制"和"熟人招募机制"推动移工首次流动。前者指亲属、朋友和同乡等出国打工，可以有效降低移工的心理和情感成本，后者指在移工和经营公司间存在大量熟人介绍和招募网络，可以为移工提供较可靠的信息资源或实质性担保服务。本研究将这种"间隙经纪人"称为"乡村劳务中介代理人"，包括半正式的经营公司业务代理人和非正式的个人劳务中介。

国家、市场和社会网络还通过多种机制使潜在移工对出国打工望而生畏，进而阻碍他们首次流动，甚至已出国的人在最初决定流动时，也面临复杂心情和艰难抉择。阻碍因素包括金钱成本、时间成本、情感成本和社会适应成本。金钱成本源于服务费、外派劳务人员出国费用和为国外工作生活准备所需的附加费用；时间成本包括未婚移工大龄或晚婚的困境和已婚移工孩子成长的缺席；情感成本包括家人不舍移工出国和移工不舍离开家乡；社会适应成本则包括语言障碍、工作压力和受苦受累等功能压力及人身安全等底线压力。上述四种阻碍因素内嵌于亚洲临时劳工制度中，受国家、市场和社会网络共同作用。

第一，就民族国家而言，拆分型劳工家庭再生产模式和合同制，使未婚移工面临大龄或晚婚压力，而已婚移工则面临孩子成长中的缺席，且国家的复杂文书系统导致劳工出国费用增加。第二，就市场而言，二元劳动市场导致移工从事次级劳动市场工作，继而导致父母担心移工受苦受累；次级劳动市场的低收入和移入国高消费水平使移工在出国前准备大量干菜和衣物等物品，产生为国外工作生活准备所需的附加费用；劳务中介通过层层委托和间隙经纪人实现劳工招募和组织，增加了移工的金钱成本。第三，就社会网络而言，移出国社会网络通过移工与家人彼此不想分离、孩子成长中的缺席等产生阻碍作用，移入国社会网络缺失也使移工无法积极适应移入地工作生活。社会网络和次级劳动市场产生的阻碍作用，在跨越国家边界（空间隔离）和合同期间不回国（时间隔离）的流动中得到强化和加剧，即社会网络和市场的作用需放入国家这一结构背景下考虑。因此，社会网络、市场和国家与移民自身特征结合，使移工对跨国打工形成种种担忧，很多人甚至因此放弃出国打工计划。

关于移工首次流动的研究非常丰富，以往的理论研究包括新古典经济学、劳工移民的新经济学、社会网络理论和累积因果理论、机构理论、二元劳动市场理论和世界体系理论及移民系统理论，实证研究包括微观因素的个体和家户人口学特征、个体人格因素、个体和家户的社会经济学特征、家庭压力和移民动机，及中观因素的移民中介机构、社会和文化规范等。本研究是在"移民系统范式"指引下进行的实证研究尝试和有益拓展，突破了以往移民首次流动研究理论碎片化的局限，提出一种综合性解释框架——复合因素驱动机制，即纳入家、市场和社会网络对移工首次流动进行解释。这三种因素在移工首次流动中都发挥着双重作用。国家间劳动力的供需互补和政策联系，是流动产生的宏观背景；劳务中介市场发挥着中坚力量；社会网络可直接产生经济动机和非经济动机，还可通过经济与非经济的相对剥夺感机制、心理陪伴机制和熟人招募机制，推动移工首次流动。反之，国家规制的复杂文书系统、劳务中介的层层转介绍、移入国次级劳动市场的属性、移出国社会网络的联结、移入国社会网络的缺失等因素，都是移工首次流动的重要阻碍因素。新古典经济学、劳工移民新经济学、社会网络理论、机构理论和二元劳动市场理论，及实证研究中的个体和家户的社会经济学特征、家庭压力和移民动机、移民中介等都有一定解释力，本研究既对这些因素进行了综合分析，同时还深化和细化了这些因素的效应，如指出非经济的相对剥夺感机制、经济与非经济动机由社会网络直接产生和通过相对剥夺感间接产生、社会网络和上层正式中介（指经营公司）的合作招募，此外还关注这些因素的负面效应。

二 回流的行为选择

回流发生在移工跨国后的日常体验中，这种体验主要包括四个方面：社会网络拖网、物理和消费空间压缩、语言障碍、工作艰苦，受国家、市场和社会网络共同形塑。社会网络拖网主要由跨越国界的"里程效应"和拆分型劳动力再生产模式决定，移入国社会网络的缺失加剧了拖网效应，使移工社会网络缩小和成员核心化。社会网络压缩往往伴随物理和消费空间压缩。次级劳动市场的工作时间长、强度大、工资水平低，移工挣钱和攒钱的欲望及移入国较高的商品物价水平，都使移工成为移入国"边缘人"、临时性"有限"嵌入者，"无聊、单调、节约"成为多数移工的真实写照。

大部分移工的回流模式是合同结束后回流。这种回流属于一种正常回流，也是主动回流，受债务约束和契约束缚、未来更好的生活、自我能力证明及社会网络支持的影响。跨国流动的金钱成本表明，移工出国的各种花费巨大，所需缴纳的各种费用很多时候正好冲抵合同期内第一年的收入，而外劳制度和合同又将移工和固定雇主绑定，因此债务约束和契约束缚制约着移工坚持到合同结束再回流。未来更好的生活和自我能力的证明则是移工能坚持下来的重要动力。未来更好的生活需要积蓄，出国打工带来的较高收益始终激励着移工，而移出国亲属、同乡和朋友网络对移工回流秉承"成功范式"。但移工之所以能坚持下来，也离不开社会网络支持，主要包括各种工具性和情感性支持。家庭网络可以为移工提供实物支持和抚育性支持，社会网络还提供各种情感性支持。

部分移工的回流属异常回流，根据移工回流意愿可分为主动回流和被动回流，前者包括因恋家而回流、为家庭而回流和同事关系不易处而回流，后者包括跑黑遣返和被雇主辞退。这种异常回流既可能因为社会网络的抑制效应，也可能因为跑黑被遣返或被雇主辞退遣返。这三种回流分别体现了社会网络、国家、市场的作用。就移出国社会网络而言，思念之苦和家庭基本责任都会推动移工中途回流，而移入国同事关系不易处则导致同事关系破裂，无法相处而回流。跑黑被遣返则是国家宣示主权的一种方式。与跑黑被遣返相比，被雇主辞退的回流发生较少但也存在。与移工较难更换雇主相比，雇主辞退移工较容易，这是由于资方（移入国雇主）相对于劳方（外籍移工）处于优势和主导地位，同时受目的国外劳制度制约，移工"用脚投票"的权利被剥夺，加剧了移工的弱势地位。被雇主辞退是移工与资方市场关系的一种反映。

以往关于移工回流的研究较少，已有的回流研究理论包括新古典经济学、失望理论、劳工移民新经济学、结构主义理论、跨国主义和社会网络理论、生命周期理论、国家主义，及国内农民工实证研究中的制度视角、家庭视角、情感视角、投资视角、个体素质视角和经济因素等。本研究对回流研究的贡献是，突破以往回流研究的单一视角，纳入国家、市场和社会网络三种因素，同时拓展了回流行为的多样性和复杂性。国家主义理论有非常强的解释力，无论是合同结束回流，还是跑黑遣返和被雇主辞退遣返，移入国的临时迁移政策和遣返政策都保证了移工及时离场；社会网络在移工回流中发挥着多重作用，在合同结束的回流中，具有重要的情感性和工具性支持功能，异常回流中则包括因恋家而回流、为家庭而回流、因移入国同事关系适应困难而回流；市场在回流中也发挥着重要作用，雇主的绝对优势地位导致辞退的回流较易发生，此外，债务约束和契约束缚等在合同结束的回流中起着重要作用。

由此可知，移工的回流并非如此简单，需综合考虑失望理论、劳工移民新经济学、国家主义、家庭视角、情感视角等多种视角，也即移工在移入国适应失败、移工的成就和成功、国家治理、家庭网络和情感羁绊等都对移工回流有部分解释力，但都无法给予完全且有效的解释，因此需综合考虑社会网络、市场和国家的影响，并在具体回流类型中对这些因素的作用进行细化和区分。

三　重复流动的行为选择

重复流动既指通过再次聘用（或续约）为同一国家同一雇主继续工作，也指到不同国家就业。亚洲移工的重复流动属"管制的"循环流动。续签合约的重复流动指并不在移工原计划中的一种流动。续签合约受移入国外劳制度、续签手续及经济动机的影响。移工能够续签首先基于移入国外劳制度提供了一种机会结构，即规定了移工可在国外停留的最长时间，在此期间移工可延展合同。合约延展还受续签手续和过程简化的影响。与首次流动相比，续签合约省时、省力和省钱。移入国和移出国的比较收益和移工赚"更多"钱的经济动机，推动了移工续签合约。只有部分移工会续签合约，还有部分移工会到不同国家就业。到不同国家就业的重复流动受"旋转门"外劳制度的影响，即移工流动是基于"轮换法则"的临时流动，一旦合同到期，移工需要另做决定，而家庭汽车和楼房的消费支出产生"仍缺钱"或"攒钱"的经济动机。到不同国家就业和续签合约有两种不同：第一，到不同国家就业更加复杂，因为移工面临全新的目的国，还需要经过报名、面试、适应性培训等一系列烦琐过程；第二，到不同国家就业的重复流动与首次流动在时间上往往不衔接，这样可以有效缓解移工的思乡之苦。移工重复流动的宏观背景是国家间比较收益和跨国流动的"临时性"。

阻碍移工重复流动的因素包括非经济动机的消退、痛苦的跨国日常体验及家庭情感责任的束缚。与首次流动不同,在重复流动中,对国外现代性的想象和个体独立与自由的追求已不再重要。艰苦的工作与生活对移工重复流动产生着重要阻碍作用。而家庭情感和责任束缚在移工重复流动和首次流动中发挥的作用不同。首次流动遵循经济需求逻辑,而在重复流动中,当个体与家庭需求不一致时,家庭需求占主导地位,但家庭需求存在性别差异,对女性遵循情感责任逻辑,即不再允许女性出国打工,而对男性遵循经济逻辑,支持男性再次出国打工。在重复流动中家庭情感责任的束缚包括结婚生子、夫妻生活和照顾孩子三个方面。

在重复流动中,国家可以从制度层面规制移工的最长停留期限,给续签合同以机会,也可以简化移工的续签合约程序,还可以通过临时迁移项目规制移工到不同国家就业;而劳务中介市场则仍发挥重要作用,只不过在到不同国家就业的重复流动中发挥的作用要大于在续签合约中的作用;社会网络则主要指家庭网络,家庭网络产生的经济动机是移工重复流动的重要动力,而当家庭和个人需求逻辑不一致时,家庭逻辑占主导且存在明显性别差异。

关于移工重复流动的研究非常少,重复流动的定义、重复流动与临时流动的关系、重复流动的驱动机制等都存在争议。关于重复流动的理论有跨国主义、累积因果理论和国家与市场的规制理论。理论研究相对缺失,且多数研究在自发的重复流动框架下讨论。以往关于管制的重复流动研究主要有国家和市场规制理论,本研究既纳入国家和市场因素,还考虑家庭网络的影响,同时对重复流动进行分类,并对不同类别的影响因素进行比较。本研究对移工重复流动的贡献是,首先对重复流动的定义及重复流动和临时流动的关系进行了探讨,其次,从移民系统理论出发重点探讨了"续签合约"和"到不同国家就业"的重复流动,并指出国家、市场和社会网络在重复流动中发挥着重要作用。两种重复流动的共同点是,国家对重复流动的规制是移工重复流动的制度条件,家庭网络产生的持续经济动机是重复流动的重要推动力,劳动市场的供需互补和劳务中介市场的存在,发挥着与它们在首次流动中相似的促进功能,而次级劳动市场的特性、家庭网络产生的情感责任束缚,则是重要的阻碍因素;不同点是,两种重复流动中外劳制度的规定、家庭网络产生经济动机的原因及劳务中介市场发挥的作用等都存在差异。

第二节 跨国流动与社会流动

从传统社会向现代社会转变的过程中，农村居民首先实现的是国内流动，许多地方打工收入甚至成为农村家庭收入的主要来源。低人力成本与高消费支出间的紧张与冲突，使很多人不满足于跨区域的地理流动而选择跨越国界，获取与国内相比的高收入。跨国流动反映了地理流动与社会流动的关系。判定跨国移工的声望变动情况，本研究使用流出地的声望评价体系，即"相对社会流动"[1]的概念。移工通过跨国流动实现相对社会流动，他们将移出国而非移入国作为自己临时流动的参考标准。以往研究将"相对社会流动"归因于收入因素，但经济流动并不是解释移民的充分原因，相对社会流动还包括其他原因，如对消费流动的追求。"社会流动"作为一个综合性概念，在逻辑上包含四个相互联系的向度：经济流动、权力流动、消费流动和地位（声望）流动。

依据社会流动的向度、地理流动和社会流动的理论关系，本研究认为，跨国流动产生的社会流动[2]除包括经济流动、消费流动和地位流动外，还包括海外体验带来的流动，经济流动、消费流动和海外体验引致的流动共同推动了地位流动，经济流动又可凭借经济资本兑换消费体验。具体而言，两国的比较收益是移工跨国流动的最根本因素。移工通过跨越国界的临时流动首先实现了经济流动，即移工在移出地财富或收入的增加，这是他们最初的动力和目的。这种经济收入不但为移工及家人带来了声望（地位流动）[3]，且带来了消费方式和消费空间的流动，许多移工回国后购买了汽车（消费方式流动）或楼房（消费空间流动）。除经济流动和消费流动外，本研究提出"经历流动"这一概念，指基于移工跨国经历和海外现代性体验而形成的社会流动。这是一种明确的非经济流动，得益于移工海外生活的体验、探索和冒险。通过跨国流动，移工获得了与移出国本

---

[1] 伴随地理流动，声望结构中的位置变动变得复杂，依据流入地声望评价体系而获得的向上社会流动称为"绝对社会流动"，依据流出地声望评价体系而获得的向上社会流动称为"相对社会流动"（王宁，2014）。

[2] "权力流动"在移工跨国流动中没有体现，所以本书没有对其进行讨论。

[3] "地位流动"指社会声望的获得。

地其他居民相比的海外体验。本研究中移工的经济流动和经历流动，与社会网络推动跨国流动中的经济动机和非经济动机相一致。

移工在首次流动和重复流动中的社会流动向度存在差异。在首次流动中，移工的经济流动、经历流动和消费流动共同促进了地位流动，而在重复流动中，移工的经历流动并不明显，经济流动和消费流动在地位流动中依旧发挥着重要作用。与此对应，移工的回流很大程度秉承一种"成功范式"，即移工在国外取得成功才回国。至此可以明确，移工跨越国界的地理流动产生了移工及其家庭的相对社会流动。经济流动和经历流动及基于经济资本的消费流动，促进了移工及其家庭的地位流动，移工首次流动和重复流动的最终目的是社会流动，而移工的回流也遵循了回流的"成功范式"。

第三节　规制集中化与移工管理碎片化

国家与中介机构在亚洲移工跨国流动中发挥至关重要的作用。国家采取一系列实践对跨国流动进行保护和规制，但无力对准每一位移工，因此推动了中介机构的私有化和商业化发展，继而使亚洲内部劳工跨国流动呈现规制集中化和移工管理碎片化双重特征。

一　规制集中化

移民研究关注家庭、社区、中介和国家，这种方法论的差异以认识论的不同为基础。移民控制（涉及边界规制和移民身份）在19世纪末产生，导致了一种新的社会科学，即将"民族国家"作为迁移效应的起点（Lindquist et al., 2012）。在亚洲临时移工系统中，国家不仅受流动的影响，还是流动的促进因素，国家日益成为国家网络的催化剂，且成为复杂系统中一个层级的行动者（Hirst & Thompson, 1996），任何脱离"民族国家"这一层级对劳工移民流动进行的研究都是不完善的。

国家在跨国移民中是一种强有力的组织力量，这往往被称为"治理学派"或"治国学派"，即强调移民如何成为治理的关注主体，及国家如何设计一系列实践来规制流动（Lindquist et al., 2012）。规制集中化强调国家与流动间的联系。国家为维持空间（领土）边界和国籍边界的明确，对移工进行强有力的控制，无论是日本、韩国还是新加坡，抑或亚洲其他一些国家和地区，都采取了一系列法律及制度对移工进行规制。

移工来源国的法律主要包括宪法、劳动法、合同法、涉外经济法及相关部门制定的规章制度（范姣艳、殷仁胜，2013：113）。就中国而言，规范对外劳务合作的法律文件是2012年8月1日起施行的《中国对外劳务合作管理条例》和1997年1月1日实施的《对外经济合作企业外派人员工资管理办法的补充规定》等，这两份法律文件分别适用于不同时期的对外劳务合作。《中国对外劳务合作管理条例》由中国商务部对外投资和经济合作司制定，后者则由财政部和对外贸易经济合作部制定。随着对外贸易经济合作部的撤销及商务部的设立，开始使用2012年新制定的《中国对外劳务合作管理条例》。除管理条例外，中国商务部经济合作司还制定了一系列政策法规。移工目的国的法律则不尽相同。日本针对移工的法律制度主要包括《宪法》《入管法》《劳动法》《合同法》（范姣艳、殷仁胜，2013：179）和《关于研修生及技能实习生入国·在留管理指针》（入国管理局）等，劳动方面的法律又包括《劳动基准法》（厚生劳动省）、《最低工资法》和《年金及税金法》等；韩国的法律制度主要包括《外国劳动者雇佣许可法》《外国劳动者雇佣许可法实施令》和部门规章《外国劳动者雇佣许可法施行细则》；新加坡的法律制度则主要包括《移民法令》和《外国人力雇佣法案》。

国家主义理论对中国赴日本、韩国和新加坡的移工流动有非常强的解释力。国家治理层面，中国（移出国）、日本、韩国和新加坡（移入国）等国家的法律制度对跨国移工的流动进行了一系列规制，包括移工在跨国流动前的报名、面试、适应性培训、体检、护照、签证等，在进入目的国后从事的行业和工种、移工招募人数和与当地工人的比例、与固定雇主绑定，在回流上的合同制和最长停留时间限定及遣返等。虽然各国法律可以为跨国移工提供保护，但同时也对他们进行着规制，出国前的烦琐程序和复杂文书系统将使移工承担巨大的时间和金钱成本，而移工进入目的国后又受制度约束，移工人数的限制一定程度导致社会网络拖网，"用脚投票"权利的缺失加剧了移工与雇主间的地位不平等，对移工驱逐出境的恒常威胁，维持着整个客工系统的运作（Walzer，1983：58）。国家对移工回国进程的规制表明民族国家主权的强化（Xiang，2014），而这种规制既体现在对移工最长停留期限的限定，也包括移工的遣返政策。这些规制一定程度上导致移工面对雇主剥削时的隐忍和承受，及在合同过程中或合同结束时选择跑黑。而移工"临时性"特征也使移工在重复流动上受到限制，续签不能超过最长停留时间，或只能选择到不同国家就业。

这些都说明移工个体行动不是完全可以自己选择的，在整个迁移进程（发生、继续和结束）中结构因素发挥着重要作用（Battistella，2014：9）。亚洲的劳工移民受移出国和移入国法律制度的规制，在移工流出过程中确保国民能出国，移入和回流政策则体现了国家主权（Battistella，2014：10）。佐尔伯格（Zolberg，1999）所强调的"将国家带回分析中，作为理解迁移的一种重要因素"这一观点是本研究采用的视角之一。本研究的贡献是，细化并指出国家所设计的一系列规制实践，并对这些实践在移工跨国流动中的作用进行探究，包括复杂程序和文书系统及不许携带家属等产生的时间成本、情感成本和金钱成本对首次流动的影响，不许携带家属、行业工种和人数限制、与雇主绑定、临时性特征等对移工国外日常体验的影响，与雇主绑定、最长停留时间和遣返政策对回流的影响，及临时性特征和最长停留期限对重复流动的影响。

二　移工管理碎片化

项飚在研究亚洲内部跨国迁移系统时使用"跨国移植"而非"流动"，目的是将关注点由移民转移到移动移民的一种系统或一系列行动者（Lindquist et al.，2012），"民族国家"或"跨国劳务中介"作为切入点就属于关注点转变的一种体现，但本研究没有使用"跨国移植"术语，因为这一术语没有过多考虑移工作为行动者的主体性，但不可否认，移动的结构应当在实证或分析的术语中被有效考虑。除上文探讨的规制集中化，移动的结构特征还体现在移工管理的碎片化。移工管理碎片化[①]指随着跨国流动移工数量的增加和对外劳务合作程度的加深，招募市场变得日益去中心化，许多私人机构作为劳务中介进行劳工招募，合同劳工的招募呈多元化和市场化特征。本节中"劳务中介"指具有对外劳务合作经营资格的企业，即上层正式中介。这些经营公司既包括少量的国有企业，还有大量已获得许可的私人机构。项飚认为，政府允许中介企业发挥自主作

[①] 林奎斯特（Lindquist）和项飚等人虽然提到"移工管理碎片化"，但并没有给出明确概念界定。本书按照他们的观点及中国跨国劳工招募市场的实际情况，对这一概念进行界定。这种移工管理的碎片化很大程度源于中介机构的私有化。

用的同时，还控制了中介的"脖子"，即控制劳工的跨国移动而不用了解流动的详情（Lindquist et al.，2012）。移工管理碎片化与规制集中化密切相关，因为跨国劳工招募市场并非完全自由的市场，受国家政策制度约束，国家规制下的劳工管理碎片化是中国移工跨国流动的主要趋势。

截至 2016 年 10 月 13 日，中国对外承包工程企业共计 4269 家①，对外劳务合作企业 750 家②。移工管理碎片化推动了跨国劳务中介市场的繁荣和发展。伴随招募市场逐渐分散化，中介经纪开始协调资本、信息并促进繁文缛节的过程，推动迁移的进行（Lindquist et al.，2012）。对外劳务合作中正式的跨国劳务中介必不可少，但它的发展受来源国和目的国双边协议和政策制度的影响，不同国家采取了差异性的外籍劳工输入模式。韩国的输入模式属政府主导型，新加坡的属市场驱动型，而日本介于两者间，是混合驱动型。其中，中韩劳务合作下劳工管理碎片化程度较低，而中日、中新合作下的碎片化程度较高，因为日本和新加坡允许中国跨国劳务中介介入和参与。

在劳务公司与国家的关系上，本研究并不完全认同国家权力持续论。本研究认为，招募机构的迅速发展是满足增加的跨国务工需求和对外劳务合作需求的结果，国家无力对准每个移工，因此允许商业化的发展形式，虽然采取了一系列政策制度对劳务中介进行规制，但由于国家无法准确了解流动的详情，而产生了中介机构自主发挥的空间，国家对中介机构的规制往往表面化、形式化，中介机构仍有在出国服务费和押金的缴纳、合同的签订、国外派遣管理费的征收等方面的发挥空间，而避开国家的法律制度。本研究无意抹黑劳务中介，而这些情况确实存在。但可以肯定，在移工首次流动、回流及重复流动上，劳务中介采取的行动往往在来源国和目的国法律制度和政策框架下实施。正是因为劳务中介受国家制度的约束，因此有研究者将劳工跨国流动日益增加的成本看作一种制度安排的结果，而不能归咎于跨国经纪人（Lindquist et al.，2012）。该视角进一步指出，正是日益增加的政府规制创造出复杂文书系统，进而导致成本增加（Lindquist et al.，2012）。因此，劳务中介对移工采取的行动与国家规制

---

① 商务部"走出去"公共服务平台，网址：http://wszw.hzs.mofcom.gov.cn/fecp/zsma/corp/corp_ml_list.jsp。

② 商务部"走出去"公共服务平台，网址：http://femhzs.mofcom.gov.cn/fecpmyc/pages/fem/corp_ml_list2.jsp。

密不可分。

移工管理碎片化与"点对点"的跨国流动相对应（项飚，2011）。基于以往关于中介机构和移工跨国流动的研究，本研究有四点贡献：第一，在首次流动中探讨了劳务中介的作用，并将劳务中介分为两大类：上层正式中介（对外经营公司）、底层半正式中介（公司业务代理人）和非正式中介（个人劳务中介），将后两者称为"间隙经纪人"，连接基层社会劳工和上层中介经营公司。第二，对跨国流动金钱成本的视角补充，在国家制度归因、中介归因视角基础上提出全球化不平等视角，并认为三种归因并不冲突，共同解释了跨国流动的高成本。第三，在国家与中介机构的关系上，部分质疑了国家权力持续论，因为中介机构的多元化和商业化推动了移工管理的碎片化，中介机构在国家规制下存在一定自主空间，即"中介机构自主论"也有一定解释力。第四，细化了劳务中介机构在移工首次流动、重复流动和回流中的作用，如中介机构在被雇主辞退中的作用。

第四节　跨国流动与社会网络的多重功能

在亚洲临时劳工移民迁移系统中，社会网络的作用与一般国际移民中的作用不同，因为亚洲移工受更严格的结构约束，具有临时性特征，在目的国不能超过最长停留期限，导致他们在目的国没有形成有效且长期的社会网络，但在整个跨国流动过程中，社会网络仍发挥了不可替代的功能，且不同的社会网络类型，在不同的流动进程中发挥着不同作用。因此，需要充分认识社会网络的复杂性和多样性。社会网络发挥正负双重功能。在移工首次流动中，社会网络通过直接的经济与非经济动机、相对剥夺感机制、心理陪伴机制和信息传递机制发挥推动作用，通过情感成本、时间成本发挥阻碍作用；在移工的国外生活中，社会网络为移工提供重要的工具性和情感性支持，帮助移工完成合同回国，但移出国的亲属网络和移入国的同事网络可能会产生阻碍作用，使移工流动过程中断而回国；在重复流动中，家庭的经济动机将推动移工重复流动，而家庭情感和责任及与家人时空分离的日常体验会阻碍移工的后续跨国流动。

一　非经济相对剥夺感与跨国流动

劳工移民新经济学强调基于收入和土地的相对剥夺感对移民的影响。本研究认为，相对剥夺感不仅包括经济相对剥夺感，还包括非经济相对剥夺感，且两种相对剥夺感对移工的首次流动都有重要作用。相对剥夺感的参照群体是社区网络、亲属和友谊网络，而经济引致的相对剥夺感在以往研究中已阐述过，可能发生在移工个体层面，也可能发生在家庭层面，通过对移工父母的影响，推动父母主导或劝说下的移工跨国流动。以往研究忽视了非经济相对剥夺感，这种相对剥夺感主要产生于移工个体层面，与移工的非经济动机相对应，在首次流动中居次要地位。

家庭网络可直接产生跨国流动的非经济动机，如父母支持未婚子女出国长见识，磨炼自己，而已婚女性则一定程度上为了摆脱家庭束缚，追求暂时的自由。此外，这种非经济动机还来自非经济的相对剥夺感。非经济相对剥夺感指对国外的生活、见闻等比较所产生的个体心理的成本或收益，主要体现在两个方面：移入国的风土人情认知和移工休闲活动体验。移工对国外风土人情的描述基本一致，"环境干净、安全、素质高"。移工休闲活动体验则体现在由劳务中介或雇主组织的年度旅游、移工在日常生活中自主参与的一些休闲活动等。

与经济收益的隐性传递不同，非经济相对剥夺感是一种显性的，通过语言、照片、录像等方式传播。移工国外的生活见闻会通过这些显现方式对国内非移工产生影响。而产生非经济相对剥夺感的原因除上述国外因素外，还因为在广大农村出国仍是一种稀缺资源，象征着移工与其他人相比的"优势地位"，是移工能力的证明。稀缺资源、国外冒险、体验和探索及自我能力证明都是产生移工非经济相对剥夺感的重要因素。这种非经济相对剥夺感在首次流动中的作用非常明显，而在重复流动中的作用则逐渐消退。

二　心理陪伴与跨国流动

社会网络可提供重要的心理支持和情感陪伴。心理陪伴指亲属、朋友和同乡网络在出国前后提供给移工的心理和情感支持。以往关于跨国移民的研究明确指出，社会网络可降低移民的心理成本，促进移入地的社会适应。对跨国劳工移民的研究得出与此一致的结论。社会网络的心理陪伴主体，主要包括亲属网络（国内亲属）、朋友网络（朋友和同学）和移工同事网络（一起报名和出国的同乡或亲属）。移工同事网络的支持主要体现在出国前的一起报名培训和出国后的相互扶持，是村庄效应与亲属效应的混合，他们所提供的心理陪伴是移工迈出跨国打工第一步的重要推动力，也是移工国外打工顺利结束的保证。而国内的亲属、朋友网络则与移工同事网络相互补充，提供后者所无法提供的心理陪伴，尤其是移工在国外打工期间遭受委屈或伤心难过时，国内的亲属、朋友可能是移工首选的倾诉对象。无论在最初的流动决定中、报名和培训中，还是国外打工期间，都离不开各种社会网络的心理支持和帮助。

三 间隙经纪人与跨国流动

林奎斯特（Lindquist，2010）从劳工招募和移植入手，指出正式机构依赖非正式的移工招募者来连接农村地区，这是印度尼西亚移工招募的一种关键因素，其中非正式的劳工招募者以利润取向为主，这些中介人并不是外在于移民社会环境的，恰是社会网络中的朋友和亲属，因此信任是劳工招募中的重要资源（Lindquist et al.，2012）。中国移工的招募网络与印度尼西亚劳工的招募网络既存在相似之处，又有所不同。第一，与印度尼西亚两层级招募网络相比，中国劳工招募网络至少两层，甚至多层。中国劳工招募信息的传递与扩散并不仅依赖上层正式劳务中介（经营公司），还需依赖广大底层中介（半正式的公司业务代理人和非正式的个人劳务中介），底层中介间存在"层层转介绍"现象。第二，本研究将半正式和非正式中介人统称间隙经纪人。间隙经纪人在本研究中的范畴大于印度尼西亚，后者仅指非正式的劳工招募者。第三，虽然中国的间隙经纪人，尤其是非正式的个人劳务中介也来自农村社会网络，如亲属、同乡、朋友同事和同学网络等，这些人为农村地区意欲出国的人提供重要信息，但他们可能盈利，也可能非盈利，这与印度尼西亚盈利型经纪人不同，且他们不一定作为担保人，可能仅提供信息。

招募机构与公司业务代理人、个人劳务中介结合，为移工提供较可靠的务工信息，推动移工跨国流动。这在一定程度上导致了先前讨论的跨国流动金钱成本过高，即与国家制度归因视角相对应的中介归因视角。

四 社会网络的双重作用与回流

社会网络在迁移过程中发挥促进和阻碍双重作用。正向作用主要是促进移民在流入地的适应，降低风险，减少心理成本，负向作用则主要体现为因恋家而回流和为家庭而回流。本研究首先对移工出国后的社会网络进行概括，指出日常社会网络包括四层：核心亲属关系、次核心朋友关系、次外围同事关系、外围劳资关系。其次，对不同网络类型发挥的功能进行概括。家人、朋友和中国移工同事可以为移工提供重要的工具性和情感性支持，工具性支持主要包括实物支持和抚育性支持，情感性支持则包括陪伴性支持、慰藉性支持及赞成性支持。

社会网络的正向作用是移工顺利回国的重要保证，但社会网络还发挥负向阻碍功能，除因恋家而回流和为家庭而回流外，还指出另一种回流形式——同事关系不易处引致回流，既关注流出地的家庭网络，也关注流入地的同事网络。以往研究虽然强调正向功能，但并未对正向功能进行具体分类，也并未针对不同网络类型进行功能分析，虽然强调了负向功能，即家庭网络会产生回流，但却对其他网络类型引起的回流关注不够，如同事网络引起的回流。移工跨国流动中社会网络的双重功能及不同网络类型的具体功能应被准确且全面认识。

五 家庭网络与重复流动

关于移工重复流动的研究很少从家庭网络出发进行探究，本研究将"家庭"作为与移工相对的行动主体，考虑家庭网络对重复流动的影响。从主体和类型两个维度，即个体—家庭、经济需求—情感责任需求维度对移工重复流动进行探究。首次流动中当移工和家庭意见不一致时，无论他们遵循何种逻辑，经济逻辑都将占主导地位，即只要移工和家庭一方持经济需求，移工就会出国打工。在重复流动中当移工和家庭意见不一致时，无论他们遵循何种逻辑，家庭逻辑都将占主导地位，而家庭逻辑又存在明显性别差异，对男性遵循经济逻辑，对女性遵循情感逻辑，因此女性重复流动比男性困难许多。多数情况下首次流动中经济的重要性超过家庭的重要性，在首次流动结束后，家庭情感和责任重要性上升，甚至超过经济需求，因而移工回国后一般不会再次出国。

本书的研究主题是整个跨国流动过程中的移工行为选择，包括首次流动、重复流动和回流,以民族国家、市场和社会网络为切入点,探究在这三种因素的共同作用下,人们的首次流动、回流和重复流动是否发生、如何发生以及为何发生。以国家和劳务中介为起点共同体现了亚洲劳工移民管理的正规化趋势,这种正规化在移民控制集中化和劳工管理碎片化中形成。民族国家、市场和社会网络产生的"复合因素驱动机制"可以比较完整准确地勾勒移工跨国流动的行为选择。

第五节 移工跨国流动:一个逐渐开启的话题

劳工移民的跨国流动不是一个崭新话题,在历史进程中既有18—20世纪的契约华工、"二战"后的客工,也有目前的合同移工,但三个历史阶段劳工产生的结构背景和个体动机、劳工的招募与组织、性别职业结构、国外工作生活与身份性质及回流和重复流动都存在一些差异。合同移工伴随全球化的发展与国家间的经济合作增强而成为一种趋势。本研究以中国对外劳务合作下的移工跨国流动为例,对首次流动、重复流动和回流进行探究。由于对外承包工程与对外劳务合作存在政策、运作模式和实践的不同,因此,本研究没有探讨对外承包工程下的移工跨国流动,这需要纳入未来研究的范畴。

对外劳务合作下的移工跨国流动是非常复杂的议题,由于涉及多种因素和多个移民理论,因此很难将其纳入统一的理论框架进行探讨,"移民系统范式"为此做出了努力,希望提出一个综合性解释框架,这也是许多国际移民研究者对目前移民理论"碎片化"批评的一种结果。虽然移民系统理论对多种理论进行了综合,但它只是提出了一个宏观的、概括性的解释框架,关于移民系统的方法学者没有达成共识,移民系统模型是模糊的,且目前多数国际移民研究仅处理了这些潜在解释因素的一小部分,而劳工移民的行动往往由多种因素共同作用和决定。

本研究是在"移民系统范式"指引下进行的实证研究尝试,包含社会网络、劳务中介、劳动市场和国家等多种联系类型,即纳入了三种情境化因素:国家间的关系、移民机构的活动、家庭和个人网络,这三种因素既相互独立又相互影响。对国家而言,既要推动国家间的经济合作,又要保持国家政治的自主和主权,主权的表现之一是对流动的管理(Xiang,2014:173-174)。移入国和移出国制定一系列实践保护和规制移工的跨国流动,而移工的首次流动、回流和重复流动要在国家政策和制度框架下进行,任何违反相关政策制度规定的行为都将阻碍移工的跨国流动,如缺乏手续而无法正常出国,跑黑将面临遣返等。对劳动市场而言,移入国二元劳动市场导致对国外劳动力产生结构性需求,而移出国则具有丰富劳动力供给,进而推动了两国间的劳动力供需互补,这也决定了移工所从事的行业工种、工资待遇和消费水平等一系列条件。对劳务中介市场而言,劳务中介是移工与国外雇主连接的重要纽带,在组织和招募移工实现跨国流动的同时,还依据合同和国家规定对移工行为进行一系列约束。移工出国前所经历的复杂程序和出国后与雇主的关系处理,都离不开移出国和移入国的劳务中介机构,劳务中介是缠结在移工雇主和国家之间的,发挥着服务与管理作用。对社会网络而言,无论在首次流动中、国外打工期间、回流,还是重复流动中都发挥着重要作用,这种作用既可能是促进作用,也可能是阻碍作用。而社会网络的类型包括亲属、朋友和同事网络等,不同的网络类型在不同的流动过程中发挥的作用也存在差异。

在移工跨国流动中,国家、市场和社会网络交织在一起,相互影响。第一,国家通过制定劳工输入和输出政策有效回应了劳动市场的需求,而中介市场的迅速发展既源于移入国和移出国劳动市场的需求,也受国家政策推动的影响,社会网络是整个流动链条中与移工距离最近的连接,因此,在移入国和移出国政策制度背景下,移工、社会网络、(移出国和移入国)中介市场、国外雇主市场四者连接在一起,形成了移工跨国流动的整个链条。第二,国家通过制定制度、法律对劳动市场和中介市场进行规制,以保护移工的权益,保障跨国流动的有序进行。国家、劳动市场和中介市场对移工及其社会网络产生重要阻碍作用,拆分型劳工家庭再生产模式、从事行业工种和人数比例的规定、与雇主绑定、最长停留期限的规定、遣返政策等,及劳动市场和中介市场的合同制等,都使移工在种种约束下行动,他们的流动选择非常有限。在这种情况下,移工社会网络所能发挥的作用非常有限,社会网络呈"缩小化"和"核心化"特征。因此,国家发挥着对劳动市场和中介市场的规制作用,同时这三者又共同制约着移工及其社会网络,当移工与雇主产生矛盾冲突时,劳务中介的消极参与、移工社会网络的功能有限,及国家正式求助渠道的限制(如雇主受停产惩罚时移工将受影响,甚至被遣返回国等),都使移工处于不利位置,限制了移工的行动选择,而社会网络也可能对国家、劳动市场和中介市场形成挑战,如协助移工跑黑等。

从以上论述可看出,移民系统范式对跨国流动研究具有重要启示,通过移民系统理论中的三种情境化因素分析,可较为全面地认识和了解移工在不同流动过程中的驱动因素,即本研究所说的"复合因素驱动",但本研究仍存在一些缺陷和不足。第一,虽然比较全面地考虑了影响移工跨国流动的系列因素,也探讨了几种因素的互动作用,但对互动作用的探讨仍不足,未来研究需进一步探讨几种因素的互动作用。第二,缺乏明确统一的概念框架对研究进行概括总结。本研究主题是移工的跨国流动选择,包括首次流动、重复流动和回流,这三种行动构成了整个跨国流动过程;本研究的问题是这些行动选择如何发生,即驱动因素是什么,从社会网络、市场和民族国家三个层面进行探究。虽然通过实地调研对每种行动选择得出了大致的框架和结论,但缺乏一种统一的概念框架,且由于移民系统范式本身具有模糊性和不确定性,因此一旦研究落实到具体国家和地域的移工跨国流动中,就缺乏与以往理论对话的可能,又或说与许多理论进行了对话。但本研究定位是探索性研究,是运用移民系统范式对移工跨国流动分析的一种尝试,所存在的不足需后续研究者进一步弥补。第三,缺乏对国外田野点的调查。目前国际移民研究比较流行使用多点调查的田野研究方法,但受经费、语言和时间限制,本研究仅对国内田野点进行了调查,有关移工在日本、韩国和新加坡的工作生活资料来自移工及家人的访谈。鉴于此,本研究既关注移工的主观感受,又关注移工的客观描述,并结合移工家人的访谈、移工社交平台的动态及移工日记、其他学者的研究和各种新闻媒体报道等,尽量准确理解移工在国外期间的一些情况。未来进一步的研究还有三点需考虑:第一,就国家而言,国家对劳工跨国流动的发展话语和态度、基层政府对劳务中介的政策倾向等;第二,跨国移工和国际移民的比较;第三,跨国移工与国内移民工人的比较。

附 录

访谈对象基本情况

一 详细访谈者

家庭编号	个体编号	家庭身份	性别	年龄①	婚姻状况	流出时间	回流时间	合同期限	流入国家	打工工种
ZW-1	LXL	移工	男	27	未婚	2014.03.08	2017.01.15	3年	日本	农业、花卉种植
	LXL爸	父亲	男	55						
	LXL妈②	母亲	女	53						
	LXL妹	妹妹	女	26						
ZW-2	LXW	移工	男	27	1子	2012.08.27	2015.08.27	2+1年	新加坡	建筑
	LXW妈	母亲	女	58						
	LXW妻	妻子	女	27						
ZW-3	LX	移工	女	23	未婚	2014.12.26	2015.12.26	1年	日本	干洗
	LX妈	母亲	女	45						
ZW-4	LJX	移工	男	21	未婚	2011.08.05	2014.08.05	3年	日本	水产加工
	LJX妈	母亲	女	49						

---

① 此处移工和家人的"年龄"都指出国打工时的年龄。
② 个体编号里的"爸"和"妈",指原生家庭的父母,"夫"和"妻"分别指丈夫和妻子,"公"和"婆"分别指公公和婆婆。这三对称谓中,最后一对称谓针对已婚女性移工而言。

续表

家庭编号	个体编号	家庭身份	性别	年龄	婚姻状况	流出时间	回流时间	合同期限	流入国家	打工工种
ZW-5	GGF	移工	女	23	1女	2012.12.25	2015.12.25	3年	日本	服装制作
	LPH	移工	男	24	1女	2013.04.10	2015.04.10	3年	日本	装修+农业黑工
	GGF婆	婆婆	女	50						
ZW-6	FYQ	移工	女	26	1女	2012.12.25	2015.12.25	3年	日本	服装样品
	FYQ夫	丈夫	男	27						
	FYQ婆	婆婆	女	51						
	FYQ妈	母亲	女	50						
ZW-7	LFQ	移工	男	26	1女	2010.10.02	2011.10.02	1年	日本	水产加工
	FQQ	移工	女	28	1女	2012.05.10	2015.02.01	3年	日本	汽车零件检查
ZW-8	LPC	移工	男	32	1儿	2005.06	2008.06	3年	日本	铸造
				22	未婚	1997.05	1999.05	2年	韩国	服装加工
ZW-9	LJC	移工	男	28	1女	2013.05	2017.05	2+2年	新加坡	电焊工
	LJC妈	母亲	女	55						
ZW-10	JQQ	移工	女	34	1男	2012.07.10	2015.07.10	3年	日本	服装制作
	JQQ婆	婆婆	女	53						
	JQQ夫	丈夫	男	30						
XF-11	LBQ	移工	女	26	1女	2012.06	2015.06	3年	日本	肉食火腿加工
	DLB	丈夫	男	25						
	LBQ婆	婆婆	女	53						

续表

家庭编号	个体编号	家庭身份	性别	年龄	婚姻状况	流出时间	回流时间	合同期限	流入国家	打工工种
XF-12	HZS	移工	女	21	未婚	2008	2011	3 年	日本	水产加工
	HZT	移工	女	21	未婚	2009	2012	3 年	日本	水产加工
	HZS 妈	母亲	女	47、48①						
LZ-13	HJE	移工	女	19	未婚	2009.09	2012.09	3 年	日本	水产加工
LZ-14	HXE	移工	男	26	1 女	2015.08.30	2017.08.30	2 年	新加坡	木工
	HXE 妻	妻子	女	26						
MY-15	SCK	移工	男	27	1 儿	2012.05	2015.05	3 年	日本	农业种植
	SCK 妻	妻子	女	29						
MY-16	QYE	移工	女	28	1 儿	2012.11.26	2015.11.26	3 年	日本	服装加工
	QYE 妈	母亲	女	51						
	QYE 爸	父亲	男	51						
	QYE 公	公公	男	56						
YF-17	WXH	移工	女	29	1 女	2012.06.29	2015.06.29	3 年	日本	服装制作
	WXH 夫	丈夫	男	29						
	WXH 婆	婆婆	女	52						
YF-18	LHW	移工	女	23	未婚	2014.10.02	2015.10.02	1 年	日本	干洗
	LHW 爸	父亲	男	45						
	LHW 妈	母亲	女	44						
ND-19	BHY	移工	女	21	未婚	2010.04.18	2013.04.18	3 年	日本	电子
ND-20	DLZ	移工	女	21	未婚	2010.03	2013.03	3 年	日本	汽车配件检查

---

① 由于调查时间不一致，且前后进行过几次调查，因此非移工的年龄是家庭中移工出国打工时的年龄，如果家庭中存在多个跨国移工，则非移工的年龄分别指家庭中每个移工出国打工时点的年龄。

续表

家庭编号	个体编号	家庭身份	性别	年龄	婚姻状况	流出时间	回流时间	合同期限	流入国家	打工工种
GJ-21	LJL	移工	女	18	未婚	2011.02	2013.02	3年	日本	食品加工
	LJL妈	母亲	女	44						
GJ-22	ZZQ	移工	女	19	未婚	2012.02	2015.02	3年	日本	水产加工
	ZZQ妈	母亲	女	45						
GJ-23	ZQD	移工	女	19	未婚	2011.02	2014.02	3年	日本	水产加工
QW-24	SRQ	移工	女	27	1子	2014.10.02	2015.04	3年	日本	服装制作
	SRQ夫	丈夫	男	30						
WZ-25	QH	移工	女	29	1子1女	2011.05.02	2016.05.02	2+3年	新加坡	餐馆面点师
	QH夫	移工	男	29						餐馆服务员
	QH婆	婆婆	女							
	QH公	公公	男							
WZ-26	WYZ	移工	女	21	未婚	2011.03	2014.03	3年	日本	水产加工
WZ-27	HWE	移工	女	18	未婚	2012.12	2015.12	3年	日本	制作沙发皮套
	HWE爸	父亲	男							
CG-28	ZSJ	移工	男	26	未婚	2012.10	2015.10	3年	日本	工业制造
	ZSJ爸	父亲	男	52						
LG-29	WZJ	移工	女	25	1女	2008.07	2011.08	3年	日本	食品加工
	WZJ妈	母亲	女	50						
	WZJ弟	弟弟	男	21						
YZ-30	WLJ	移工	女	29	2子	2012.06	2014.06	3年	日本	农业种植
	WLJ婆	婆婆	女	52						
	WLJ哥	兄长	男	32						
XH-31	FSM	母亲	女	62、63						
	FSD	移工	男	34	1子1女	2014.05.02	2019.05.02	5年	韩国	汽车零件安装
	FSX	移工	男	32	1子	2015.07.30	2017.07.30	2年	新加坡	空调安装

续表

家庭编号	个体编号	家庭身份	性别	年龄	婚姻状况	流出时间	回流时间	合同期限	流入国家	打工工种
DH-32	WFY	移工	男	32	1子1女	2007.05	2009.05	2年	阿联酋	厨师
				36		2011.10.03	2016.10.03	5年	韩国	厨师+建筑黑工
	WFY妻	妻子	女	30、34						

二 简略访谈者

编号	受访对象	受访身份	性别	年龄	婚姻状况	流出时间	回流时间	合同期限	流入国家	打工工种
1	RZ	移工	男	28	未婚	2015.03	2016.11	3年	日本	农业种植
2	SG	移工	男	25	未婚	2015.10	2016.10	3年	日本	农业种植
3	XHT	移工	女	22	未婚	2013.06.29	2015.01	3年	日本	服装制造
4	SSL	移工	男	27	已婚	2013.08	2014.09	2年	新加坡	建筑
5	LXT	移工	男	26	已婚	2014.12	不确定（跑黑）	1年	日本	干洗
6	FYT	移工	男	29	已婚	2013.10	不确定	黑工	韩国	建筑
7	LXJ	意欲出国者	女		2子			打算1年	打算日本	
8	XX	出国培训中	女	22	未婚	2017.01	2018.01	1年	日本	制作毛巾
9	JTQ	未出国者	女	29	1女					
10	WH	移工	女	27	1子	2010.03	2011.01	3年	日本	汽车配件检查
11	JX	移工	女	38	1子1女	2012.12.25	2013.12.25	3年	日本	服装样品
12	WF①	移工	男	36	1女	2011.12	计划2018年12月	7年	日本	厨师

---

① WF在2016年12月通过网络视频接受访谈，在接受访谈时他在日本已工作5年，通过中级厨师签证赴日打工。中级厨师签证与技能实习生签证不同，该签证属技术劳工签证，对移工的国外停留没有时间限制，且满三个月后可携带家属。此外，他们出国的手续费和月收入也与低技能劳工存在显著差异，与低技能劳工出国服务费4万元左右相比，他们需缴纳十几万元服务费，而低技能劳工的月工资在10万—15万日元，他们的月工资则在26万日元左右。虽然对他进行了深入访谈，但由于并不在本研究的低技能劳工范畴中，因此将其归纳到简略访谈者中。

三 间隙经纪人、劳动局工作人员

受访者	身份	年龄	所在县镇	访谈内容
HH	公司业务代理人	36 岁	北县	出国劳务情况
LDG	公司业务代理人	41 岁	北县陵镇	出国劳务情况
LFB	个人劳务中介、行政村村会计	44 岁	北县安镇	村庄基本情况等背景因素
ZXM	个人劳务中介、镇计划生育委员会退休人员	72 岁	北县安镇	村庄基本情况等背景因素、出国劳务情况
LDJ	北县劳动局劳务输出办公室工作人员	52 岁	北县	北县出国劳务基本情况

参考文献

中文文献

[美]艾尔·巴比：《社会研究方法》（第十一版），邱泽奇译，华夏出版社2009年版。

白南生、何宇鹏：《回乡，还是进城？——中国农民外出劳动力回流研究》，《社会学研究》2002年第3期。

北县商务局：《北县商务局多措并举扎实推进涉外劳务工作》，2013年9月17日。

曹雨：《19世纪中叶赴美合同制华工与赊单制华工的比较》，《东南亚研究》2015年第3期。

常凯：《论海外派遣劳动者保护立法》，《中国劳动关系学院学报》2011年第1期。

陈程、吴瑞君：《国际移民理论中的回流研究——回顾与评析》，《西北人口》2015年第6期。

陈翰笙主编：《华工出国史料汇编》（第一辑·中国官文书选辑），中华书局1985年版。

陈林：《日本打工纪实》，《新闻出版交流》1994年第2期。

陈如：《来自农民"回流"现象的报告》，《上海经济研究》1996年第8期。

陈向明：《质的研究方法与社会科学研究》，教育科学出版社2009年版。

陈小谊：《新加坡外籍劳务政策及其经验借鉴》，硕士学位论文，上海交通大学，2010年。

狄金华：《被困的治理——一个华中乡镇中的复合治理（1980—

2009）》，博士学位论文，华中科技大学，2011年。

杜小敏、陈建宝：《人口迁移与流动对我国各地区经济影响的实证分析》，《人口研究》2010年第3期。

杜鹰、白南生：《走出乡村——中国农村劳动力流动实证研究》，经济科学出版社1997年版。

范姣艳、殷仁胜：《中国海外劳工权益保护法律制度研究》，中国经济出版社2013年版。

樊士德、沈坤荣：《中国劳动力流动的微观机制研究——基于传统与现代劳动力流动模型的建构》，《中国人口科学》2014年第2期。

风笑天：《社会调查方法》（第四版），华中科技大学出版社2008年版。

谷富夫：《流动的青年人》，《当代青年研究》1993年第2期。

国际研修协力机构JITCO：《关于外国人技能实习制度中的讲习津贴、工资以及监理费等的指导方针》，2010a。

国际研修协力机构JITCO：《面向技能实习生的技能实习指南》，2010b。

国际研修协力机构JITCO：《技能实习生手册（中国语版）》，2012年。

郭秀秀：《我国农民工回流问题的研究》，硕士学位论文，东北林业大学，2011年。

郭云涛：《家庭视角下的"农民工"回流行为研究》，《广西民族大学学报》（哲学社会科学版）2011年第1期。

何军、洪秋妹：《个人、家庭与制度：苏北农民外出务工的影响因素分析》，《农业经济》2007年第10期。

贺寨平：《国外社会支持网研究综述》，《国外社会科学》2001年第1期。

胡士华：《教育对我国农村劳动力流动影响研究》，《经济问题》2005年第10期。

胡义萍等：《日本研修——技能实习生制度概况》，《世界农业》2009年第1期。

黄晶：《我国农村剩余劳动力回流原因与对策分析》，硕士学位论文，陕西师范大学，2010年。

黄余国：《关于回流农民工问题的研究》，《华东交通大学学报》1999年第4期。

贾小刚、高媛：《中国对外劳务输出人员的现状和趋势》，王辉耀、刘国福主编《中国国际移民报告（2012）》，2012年。

江小容：《中国农民工回流问题研究》，硕士学位论文，西北农林科技大学，2007年。

金惠怡：《日本的外国人劳动力研究》，硕士学位论文，吉林大学，2015年。

金沙：《我国农村外出劳动力回流研究》，博士学位论文，兰州大学，2009年。

金永花：《韩国外籍劳动力雇佣许可制度评析》，《经济论坛》2009年第2期。

《就学生签证》，《出国与就业》2005年第7期。

蓝佩嘉：《跨国灰姑娘——当东南亚帮佣遇上台湾新富家庭》，吉林出版集团有限责任公司2011年版。

李聪、黎洁、李亚莉：《个人与家庭：西部贫困山区女性劳动力外出务工的影响因素分析——基于陕西秦岭山区的调查》，《妇女研究论丛》2010年第4期。

李丽、陈迅：《中国对外劳务合作现状》，《国际经济合作》2008年第1期。

李旻、赵连阁、谭洪波：《农村女性劳动力非农就业影响因素——基于辽宁省的实证分析》，《中国农村经济》2007年第12期。

李明欢：《女性在国际人口迁移中的地位、作用与影响——〈通向希望之路：妇女与国际移民〉评介》，《国外社会科学》2007年第4期。

李明欢：《国际移民的定义与类别——兼论中国移民问题》，《华侨华人历史研究》2009年第2期。

李明欢：《从跨境劳务中介看地方治理的多元博弈》，《开放时代》2011年第5期。

李其荣：《全球化视野中的国际女性移民》，《社会科学》2008年第9期。

李世军、李理：《日本、韩国外国劳工制度比较研究》，《合肥工业大学学报》（社会科学版）2014年第6期。

黎熙元、陈福平：《公共福利制度与社会网的功能互补——包容性社会政策的基础》，《中山大学学报》（社会科学版）2007年第6期。

黎相宜：《移民跨国实践中的社会地位补偿——基于华南侨乡三个华人移民群体的比较研究》，博士学位论文，中山大学，2013年。

李小云：《"守土与离乡"中的性别失衡》，《中南民族大学学报》（人文社会科学版）2006年第1期。

李艳、帅玉良、李树茁：《农村大龄未婚男性的社会融合问题探析》，《中国农村观察》2012年第6期。

梁玉成：《在广州的非洲裔移民行为的因果机制——累积因果视野下的移民行为研究》，《社会学研究》2013年第1期。

廖小健：《新加坡外籍员工政策的变化及影响》，《东南亚纵横》2011年第10期。

林梅：《新加坡的中国劳务人员状况调查分析》，《南洋问题研究》2009年第3期。

刘兴花：《乡村妇女性别角色对其家庭地位的影响及机制研究——基于X村和L村扶贫项目的比较》，《云南民族大学学报》（哲学社会科学版）2015年第4期。

刘兴花：《性别视角下已婚女性赴日打工家庭策略研究》，《青年研究》2015b年第6期。

刘兴花：《"家本位"视角下农村已婚出国劳工的家庭功能失衡研究》，《广州大学学报》（社会科学版）2016年第4期。

刘兴花、王勇：《劳工输出、跨国生产政治与剥削关系的形成——中国赴日劳工的案例研究》，《社会》2019年第3期。

刘爽、蔡圣晗：《谁被"剩"下了？——对我国"大龄未婚"问题的再思考》，《青年研究》2015年第4期。

伦丽：《大龄青年婚恋问题研究——以剩男剩女现象为视角》，硕士学位论文，遵义医学院，2013年。

罗小锋：《农民外出流动动因分析》，《福州大学学报》（哲学社会科学版）2010年第4期。

吕开宇、迟宝旭、吴蓓蓓：《子女受教育状况在农户非农外出务工决策中的作用》，《中国农业大学学报》（社会科学版）2008年第4期。

吕少辉：《新形势下河南省农民工回流问题研究》，硕士学位论文，郑州大学，2009 年。

马骊：《一战华工在法国》，莫旭强、胥弋译，吉林出版集团有限责任公司 2015 年版。

[美] 朴尹正：《荣誉至上——南非华人身份认同研究》，吕云芳译，广东人民出版社 2014 年版。

钱平桃、陈显泗：《东南亚历史舞台上的华人与华侨》，山西教育出版社 2001 年版。

秦永红、胡兰：《国际劳工移民在南亚国家反贫困中的作用》，《南亚研究季刊》2010 年第 4 期。

任艳艳：《论日本研修生制度改革与赴日劳务人员的权益保护》，硕士学位论文，山东大学，2013 年。

[法] 尚·布希亚：《物体系》，林志明译，上海人民出版社 2001 年版。

《上海出现有闲阶层》，《社会》1992 年第 4 期。

盛来运：《中国农村劳动力外出的影响因素分析》，《调研世界》2007 年第 9 期。

石智雷、杨云彦：《家庭禀赋、家庭决策与农村迁移劳动力回流》，《社会学研究》2012 年第 3 期。

苏群、刘华：《农村女性劳动力流动的实证研究》，《农业经济问题》2003 年第 4 期。

孙福滨、李怀祖：《中国人口迁移和人口流动的分类界定》，《西安交通大学学报》（社会科学版）2000 年第 1 期。

谭深：《家庭策略，还是个人自主？——农村劳动力外出决策模式的性别分析》，《浙江学刊》2004 年第 5 期。

田艳：《非法移民遣返的法律制度研究》，硕士学位论文，辽宁大学，2014 年。

王桂新：《在日中国人劳动力就业状况之考察》，《人口研究》1997 年第 3 期。

王国连：《韩国雇佣许可制政策评估》，《国际工程与劳务》2007 年第 11 期。

王辉耀：《中国海外国际移民新特点与大趋势》，载王辉耀、刘国福主编《中国国际移民报告（2014）》，社会科学文献出版社 2014 年版。

汪建华：《实用主义团结——基于珠三角新工人集体行动案例的分析》，《社会学研究》2013年第1期。

王宁：《代表性还是典型性？个案的属性与个案研究方法的逻辑基础》，《社会学研究》2002年第5期。

王宁：《消费流动：人才流动的又一动因——"地理流动与社会流动"的理论探究之一》，《学术研究》2014年第10期。

王子成、赵忠：《农民工迁移模式的动态选择：外出、回流还是再迁移》，《管理世界》2013年第1期。

魏晨：《日本改变"现代奴隶制度"？》，界面新闻，2017-01-12，http://www.jiemian.com/article/1066914.html。

韦艳、张力：《农村大龄未婚男性的婚姻困境：基于性别不平等视角的认识》，《人口研究》2011年第5期。

项飚：《劳工移植：东亚的跨国劳动力流动和"点对点"式的全球化》，吕云芳译，《开放时代》2011年第5期。

杨龙：《我国农村剩余劳动力转移中的农民工"回流"问题研究》，硕士学位论文，中央民族大学，2006年。

杨善华：《"家本位"观念缓解代际关系》，《人民日报》2010年7月29日。

杨善华、贺常梅：《责任伦理与城市居民的家庭养老——以"北京市老年人需求调查"为例》，《北京大学学报》（哲学社会科学版）2004年第1期。

杨肖丽：《城市化进程中农民工的迁移行为模式及其决定》，博士学位论文，沈阳农业大学，2009年。

杨雪燕、伊莎贝尔·阿塔尼、李树茁：《性别失衡背景下大龄未婚男性的商业性行为——基于中国农村地区的研究发现》，《人口学刊》2013年第1期。

杨云彦、石智雷：《家庭禀赋对农民外出务工行为的影响》，《中国人口科学》2008年第5期。

叶华：《他乡·故乡——拉美华人社会百年演变研究（1847—1970）》，中国人民大学出版社2015年版。

袁艳：《融入与疏离：华侨华人在古巴》，暨南大学出版社2013年版。

张春汉、钟涨宝：《农村大龄未婚青年成因分析——来自湖北潜江市Z镇Y村的个案分析》，《青年探索》2005年第7期。

张文宏、阮丹青：《城乡居民的社会支持网》，《社会学研究》1999年第3期。

赵晶：《我国对外劳务输出存在的问题及法律对策探析》，硕士学位论文，河北大学，2013年。

中国驻大阪总领事馆教育组：《在日中国"就学生"缺乏必要的关怀》，《世界教育信息》2004年第4期。

钟颖：《论我国政府在对外劳务输出中的监管作用》，硕士学位论文，南京工业大学，2012年。

周皓：《国外移民模式》，《人口研究》1999年第3期。

周林刚、冯建华：《社会支持理论——一个文献的回顾》，《广西师范学院学报》（哲学社会科学版）2005年第3期。

周敏：《唐人街——深具社会经济潜质的华人社区》，鲍霭斌译，商务印书馆1995年版。

英文文献

Abella, Manolo, 1995, Asian Labor Migration: Past, Present and Future, *ASEAN Economic Bulletin*, Vol. 12, No. 2, pp. 125 – 135.

Agunias, Dovelyn R. & Newland, Kathleen, 2007, *Circular migration and development: Trends, policy routes and ways forward*, MPI policy brief, Washington, D. C.: Migration Policy Institute.

Akguc Mehtap, Xingfei Liu, Massimiliano Tani & Klaus F. Zimmermann, 2016, Risk attitudes and migration, *China Economic Review*, Vol. 37, pp. 166 – 176.

Athukorala, Premachandra, 1993, International Labor Migration in the Asia-Pacific Region: Patterns, Policies and Economic Implications, *Asia-Pacific Economic Literature*, Vol. 7, No. 2, pp. 28 – 57.

Aydemir, Abdurrahman & Chris Robinson, 2006, Return and Onward Migration among Working Age Men, *Working paper*.

Battistella, Graziano, 2014, Migration in Asia: In Search of a Theoretical Framework, in Graziano Battistella (ed.), *Global and Asian Perspectives on International Migration*, Springer International Publishing Switzerland, pp. 1 – 25.

Bhandari, Prem, 2004, Relative Deprivation and Migration in an Agricultural Setting of Nepal, *Population and Environment*, Vol. 25, No. 5, pp. 475 – 499.

Bilsborrow, Richard E. , 2015, Concepts, Definitions and Data Collection Approaches, in White Michael J. (ed.), *International Handbook of Migration and Population Distribution*, Springer Science + Business Media Dordrecht, pp. 109 – 156.

Bohning, Wolf R. , 1981, Estimating the Propensity of Guestworkers to Leave, *Monthly Labor Review, Communications*, Vol. 104, No. 5, pp. 37 – 40.

Boyd, Monica, 1989, Family and Personal Networks in International Migration: Recent Developments and New Agendas, *International Migration Review*, Vol. 23, No. 3, pp. 638 – 670.

Brown, Lawrence A. & Moore, Eric G. , 1970, The intra-urban migration process: A perspective, Geografiska Annaler Series B, *Human Geography*, Vol. 52, No. 1, pp. 1 – 13.

Brubaker, Rogers W. , 1989, Membership without Citizenship: The Economic and Social Rights of Noncitizens, in Rogers W. Brubaker (ed.), *Immigration and Politics of Citizenship in Europe and North America*, Lanham, Md. : University Press of America, pp. 145 – 162.

Burawoy, Michael, 1976, The Functions and Reproduction of Migrant Labor: Comparative Material from Southern Africa and the United States, *American Journal of Sociology*, Vol. 81, No. 5, pp. 1050 – 1087.

Cassarino, Jean-Pierre, 2004, Theorising Return Migration: The Conceptual Approach to Return Migrants Revisited, *International Journal on Multicultural Societies*, Vol. 6, No. 2, pp. 253 – 279.

Cassarino, Jean-Pierre, 2014, A Case for Return Preparedness, in Graziano Battistella (ed.), *Global and Asian Perspectives on International Migration*, Springer International Publishing Switzerland, pp. 153 – 165.

Castles, Stephen, 1986, The guest-worker in Western Europe-An obituary, *The International Migration Review*, Vol. 20, No. 4, pp. 761 – 778.

Castles, Stephen, 2006, Guestworkers in Europe: A Resurrection?, *The International Migration Review*, Vol. 40, No. 4, pp. 741 – 766.

Castles, Stephen & Alastair Davidson, 2000, *Citizenship and Migration: Globalization and the Politics of Belonging*, London: Routledge.

Castles, Stephen & Derya Ozkul, 2014, Circular Migration: Triple Win, or a New Label for Temporary Migration?, in Graziano Battistella (ed.), *Global and Asian Perspectives on International Migration*, Springer International Publishing Switzerland, pp. 27 – 49.

Castles, Stephen & Kosack, G., 1973, *Immigrant workers and class structure in Western Europe*, London: Oxford University Press, pp. 39 – 43.

Castles, Stephen & Mark J. Miller, 1993, *The Age of Migration: International Population Movements in the Modern World*, New York: Guildford Press.

Cerase, Francesco P., 1974, Expectations and Reality: A Case Study of Return Migration from the United States to Southern Italy, *The International Migration Review*, Vol. 8, No. 2, pp. 245 – 262.

Chapman, Murray & Prothero, R. Mansell, 1983 – 1984, Themes on circulation in the third world, *International Migration Review*, Vol. 17, No. 4, pp. 597 – 632.

Chib, Arul, Holley A. Wilkin & Sri Ranjini Mei Hua, 2013, International Migrant Workers' Use of Mobile Phones to Seek Social Support in Singapore, *Information Technologies & International Development*, Vol. 9, No. 4, pp. 19 – 34.

Cohen, Jeffrey H., 2005, Remittances outcomes and migration: Theoretical contests, real opportunities, *Studies in Comparative International Development*, Vol. 40, No. 1, pp. 88 – 112.

Constant, Amelie F. & Klaus F. Zimmermann, 2011, Circular and Repeat Migration: Counts of Exits and Years Away from the Host Country, *Population Research and Policy Review*, Vol. 30, No. 4, pp. 495 – 515.

Constant, Amelie & Douglas S. Massey, 2003, Self-Selection, Earnings, and Out-Migration: A Longitudinal Study of Immigrants to Germany, *Journal of Population Economics*, Vol. 16, No. 4, pp. 631 – 653.

DaVanzo, Julie, 1978, Does Unemployment Affect Migration? Evidence from Micro Data, *The Review of Economics and Statistics*, Vol. 60, No. 4, pp. 504 – 514.

DaVanzo, Julie, 1983, Repeat Migration in the United States: Who Moves Back and Who Moves On?, *The Review of Economics and Statistics*, Vol. 65, No. 4, pp. 552 – 559.

De Jong, G. F. et al. , 1985, Migration Intentions and Behavior: Decision Making in a Rural Philippine Province, *Population and Environment* 8, Number 1 & 2, Spring/Summer 86, pp. 41 – 62.

De Jong, G. F. & James T. Fawcett, 1981, Motivations for Migration: An Assessment and a Value-Expectancy Research Model, in G. F. De Jong and R. W. Gardner (eds.), *Migration Decision Making: Multidisciplinary Approaches to Microlevel Studies in Developed and Developing Countries*, New York: Pergamon Press, pp. 13 – 58.

De Jong, G. F. & R. W. Gardner, 1981, Introduction and Overview, in G. F. De Jong and R. W. Gardner (eds.), *Migration Decision Making: Multidisciplinary Approaches to Microlevel Studies in Developed and Developing Countries*, New York: Pergamon Press, pp. 1 – 10.

Douglass, Michael & Glenda Roberts, 2000, Japan in a Global Age of Migration, in Michael Douglass and Glenda Roberts (eds.), *Japan and Global Migration: Foreign Workers and the Advent of a Multicultural Society*, London: Routledge, pp. 3 – 37.

Durand, Jorge & Douglas S. Massey, 1992, Mexican Migration to the United States: A Critical Review, *Latin American Research Review*, Vol. 27, No. 2, pp. 3 – 42.

Durand, J. , Parrado, E. & Massey, D. S. , 1996, Migradollars and development: A reconsideration of the Mexican case, *International Migration Review*, Vol. 30, No. 2, pp. 423 – 444.

Dustmann, Christian, 2001, Return Migration, Wage Differentials, and the Optimal Migration Duration, *The Institute for the Study of Labor (IZA) Discussion Paper*, No. 264, pp. 1 – 23.

Dustmann, Christian & Joseph-Simon Görlach, 2016, The Economics of

Temporary Migrations, *Journal of Economic Literature*, Vol. 54, No. 1, pp. 98 – 136.

Edwards, Wayne, 2013, Temporary Internal Migration: Inferences from Survey Data, *Journal of Northern Studies*, Vol. 7, No. 2, pp. 75 – 93.

Espenshade, Thomas J., 1995, Unauthorized Immigration to The United States, *Annual Review of Sociology*, Vol. 21, No. 1, pp. 195 – 216.

Fawcett, James T., 1989, Networks, Linkages, and Migration Systems, *The International Migration Review*, Vol. 23, No. 3, pp. 671 – 680.

Fawcett, James T. & Fred Arnold, 1987, Explaining Diversity: Asian and Pacific Immigration Systems, in Fawcett JT, Cariño BV (eds.), *Pacific bridges: the new immigration from Asia and the Pacific Islands*, Centre for Migration Studies, New York, pp. 453 – 473.

Findley, Sally E., 1987, An Interactive Contextual Model of Migration in Ilocos Norte, the Philippines, *Demography*, Vol. 24, No. 2, pp. 163 – 190.

Galor, Oded & Oded Stark, 1990, Migrants' savings, the probability of return migration and migrants' performance, *International Economic Review*, Vol. 31, No. 2, pp. 463 – 467.

Glick, Paul, 1947, The Family Cycle, *American Sociology Review*, Vol. 12, No. 2, pp. 164 – 174.

Global Commission of International Migration, 2005, *Migration in an Interconnected World: New Directions for Action*, Geneva: Global Commission of International Migration, p. 70.

Goss, Jon & Bruce Lindquist, 1995, Conceptualizing International Labour Migration: A Structuration Perspective, *International Migration Review*, Vol. 29, No. 2, pp. 317 – 351.

Goss, Jon & Bruce Lindquist, 2000, Placing Movers: An Overview of the Asian-Pacific Migration System, *The Contemporary Pacific*, Vol. 12, No. 2, pp. 385 – 414.

Gugler, Josef & W. G. Flanagan, 1978, *Urbanization and Social Change in West Africa*, Cambridge, U. K.: Cambridge University Press.

Haas, Hein de & Tineke Fokkema, 2010, Intra-Household Conflicts in

Migration Decisionmaking: Return and Pendulum Migration in Morocco, *Population and Development Review*, Vol. 36, No. 3, pp. 541 - 561.

Harris, John R. & Michael P. Todaro. , 1970, Migration, unemployment, and development: A two-sector analysis, *American Economic Review*, Vol. 60, No. 1, pp. 126 - 142.

Haug, Dr Sonja, 2008, Migration Networks and Migration DecisionMaking, *Journal of Ethnic and Migration Studies*, Vol. 34, No. 4, pp. 585 - 605.

Hirst, Paul & Thompson, Grahame, 1996, the chapter of eight, *Globalisation in Question*, Cambridge: Polity.

Hofmann, Erin Trouth & Cynthia J. Buckley, 2012, Cultural Responses to Changing Gender Patterns of Migration in Georgia, *International Migration*, Vol. 50, No. 5, pp. 77 - 94.

Hugo, Graeme J. , 1981, Village-community ties, village norms, and ethnic and social networks: A review of evidence from the Third World, in Gordon F. De Jong and Robert W. Gardner (eds.), *Migration Decision Making: Multidisciplinary Approaches to Microlevel Studies in Developed and Developing Countries*, New York: Pergamon Press, pp. 186 - 225.

Hugo, Graeme J. , 1998, Theory and reality in Asia and the Pacific, in D. Massey (ed.), *Worlds in motion. Understanding international migration at the end of the millennium*, Oxford: Clarendon, pp. 160 - 195.

Hugo, Graeme J. , 2009, Best Practices in Temporary Labour Migration for Development: A Perspective from Asia and the Pacific, *International Migration*, Vol. 47, No. 5, pp. 23 - 74.

Jessica, Hagen-Zanker, 2008, Why do people migrate? A review of the theoretical literature, *Working Paper MGSoG/2008/WP002*, pp. 1 - 25.

Kikuchi, Masao & Yujiro Hayami. , 1983, New rice technology, intrarural migration, and institutional innovation in the Philippines, *Population and Development Review*, Vol. 9, pp. 247 - 258.

King, Russell, 2012, Geography and migration studies: Retrospect and prospect, *Population, Space and Place*, Vol. 18, No. 2, pp. 134 - 153.

Lauby, Jennifer & Oded Stark. , 1988, Individual migration as a family strategy: Young Women in the Philippines, *Population Studies*, Vol. 42,

No. 3, pp. 473 – 486.

Lee, Sanglim, 2008, Racial and Ethnic Comparison of Migration Selectivity: Primary and Repeat Migration, *All Graduate Theses and Dissertations*, Paper 201.

Lee, S. – H., Nopparat Sukrakarn & Jin-Young Choi, 2011, Repeat migration and remittances: Evidence from Thai migrant workers, *Journal of Asian Economies*, Vol. 22, No. 2, pp. 142 – 151.

Lindquist, Johan, 2010, Labour Recruitment, Circuits of Capital and Gendered Mobility: Reconceptualizing the Indonesian Migration Industry, *Pacific Affairs*, Vol. 83, No. 1, pp. 115 – 132.

Lindquist, Johan, Biao, Xiang & Brenda, S. A. Yeoh, 2012, Opening the Black Box of Migration: Brokers, the Organization of Transnational Mobility and the Changing Political Economy in Asia, *Pacific Affairs*, Vol. 85, No. 1, pp. 7 – 19.

Lindstrom, David P. & Giorguli-Saucedo, Silvia, 2007, The interrelationship of fertility, family maintenance and Mexico-U. S. migration, *Demographic Research*, Vol. 17, pp. 821 – 858. Rostock: Max Planck Institute for Demographic Research.

Lipton, Michael, 1982, Migration from rural areas of poor countries: The impact on rural productivity and income distribution, in R. H. Sabot (ed.), *Migration and the Labor Market in Developing Countries*, Boulder, Colo.: Westview Press, pp. 191 – 228.

Mabogunje, Akin L., 1970, Systems Approach to a Theory of Rural-Urban Migration, *Geographical analysis*, Vol. 2, No. 1, pp. 1 – 18.

Martin, Philip, 2010, Merchants of Labor: Labor Recruiters in Asia, paper presented at the workshop, "Opening the Black Box of Migration: Brokers and the Organization of Transnational Mobility", Asia Research Institute, National University of Singapore, August 19 – 20.

Martin, Philip L. & Mark J. Miller, 1980, Guestworkers: Lessons from Western Europe, *Industrial and Labor Relations Review*, Vol. 33, No. 3, pp. 315 – 330.

Massey, Douglas S., 1988, International Migration and Economic Development in Comparative Perspective, *Population and Development Review*, Vol. 14, No. 3, pp. 383 – 413.

Massey, Douglas S. , 1990, Social Structure, Household Strategies, and the Cumulative Causation of Migration, *Population Index*, Vol. 56, No. 3, pp. 3 – 26.

Massey, Douglas S. , 1999, International Migration at the Dawn of the Twenty-First Century: The Role of the State, *Population and Development Review*, Vol. 25, pp. 303 – 323.

Massey, Douglas S. , 2015, A Missing Element in Migration Theories, *Migration Letters*, Vol. 12, No. 3, pp. 279 – 299.

Massey, Douglas S. , Joaquin Arango, Graeme Hugo, Ali Kouaouci, Adela Pellegrino & J. Edward Taylor, 1993, Theories of International Migration: A Review and Appraisal, *Population and Development Review*, Vol. 19, No. 3, pp. 431 – 466.

Massey, Douglas S. , Rafael Alarco'n, Jorge Durand & Humberto Gonza'lez, 1987, *Return to Aztlan: The Social Process of International Migration from Western Mexico*, Berkeley and Los Angeles: University of California Press.

Massey, Douglas S. & Kristin E. Espinosa, 1997, What's Driving Mexico-U. S. Migration? A Theoretical, Empirical, and Policy Analysis, *American Journal of Sociology*, Vol. 102, No. 4, pp. 939 – 999.

Massey, Douglas S. & Fernando Riosmena, 2010, Undocumented Migration from Latin America in an Era of Rising U. S. Enforcement, *The Annals of the American Academy of Political and Social Science*, Vol. 630, pp. 294 – 321.

Oberg, Stina, 1997, Theories of Inter-Regional Migration: An Overview, in H. H. Blotevogel and A. J. Fielding (eds.), *People, Jobs and Mobility in the New Europe*, Chichester, West Sussex, England : Wiley, pp. 23 – 49.

OECD, 1992, *Organization for Economic Co-operation and Development, Trends in International Migration*, Paris: OECD.

Palloni, Alberto, Douglas S. Massey, Miguel Ceballos, Kristin Espinosa & Michael Spittel, 2001, Social Capital and International Migration: A Test Using Information on Family Networks, *American Journal of Sociology*, Vol. 106, No. 5, pp. 1262 – 1298.

Peck, Jamie & Adam Tickell, 2002, Neoliberalizing Space, *Antipode*, Vol. 34, No. 3, pp. 380 – 404.

Peng & Wong, 2013, Diversified Transnational Mothering via Telecommunication: Intensive, Collaborative, and Passive, *GENDER & SOCIETY*, Vol. 27, No. 4, pp. 491 – 513.

Piore, Michael J. , 1979, *Birds of Passage: Migrant Labor in Industrial Societies*, Cambridge: Cambridge University Press.

Portes, Alejandro & John Walton. , 1981, *Labor, Class, and the International System*, New York: Academic Press.

Portes, Alejandro & Leif Jensen. , 1989, The Enclave and the Entrants: Patterns of Ethnic Enterprise in Miami before and after Mariel, *American Sociological Review*, Vol. 54, pp. 929 – 949.

Reyes, Belinda I. , 2001, Immigrant Trip Duration: The Case of Immigrants from Western Mexico, International Migration Review, Vol. 35, No. 4, pp. 1185 – 1204.

Ritchey, P. Neal, 1976, Explanations of migration, *Annual Review of Sociology*, Vol. 2, pp. 363 – 404.

Runciman, W. E. , 1966, *Relative deprivation and social justice: A study of attitudes to social inequality in twentieth-century England*, University of California Press, Berkeley, CA.

Sagynbekova, Lira, 2016, *The Impact of International Migration: Process and Contemporary Trends in Kyrgyzstan*, Springer International Publishing Switzerland.

Salt, John, 1989, A Comparative Overview of International Trends and Types, 1950 – 80, *The International Migration Review*, Vol. 23, No. 3, pp. 431 – 456.

Sana, Mariano & Douglas S. Massey, 2005, Household Composition, Family Migration, and Community Context: Migrant Remittances in Four Countries, *Social Science Quarterly*, Vol. 86, No. 2, pp. 509 – 528.

Sassen, Saskia, 1988, *The Mobility of Labor and Capital: A Study in In-*

ternational Investment and Labor Flow, Cambridge: Cambridge University Press.

Sassen, Saskia, 1996, Beyond Sovereignty: Immigration Policy Making Today, Social Justice, Vol. 23, No. 3, pp. 9 – 20.

Schilling, II Robert F., 1987, Limitations of Social Support, Social Service Review, Vol. 61, No. 1, pp. 19 – 31.

Semyonov, Moshe & Anastasia Gorodzeisky, 2004, Occupational Destinations and Economic Mobility of Filipino Overseas Workers, International Migration Review, Vol. 38, No. 1, pp. 5 – 25.

Semyonov, Moshe & Anastasia Gorodzeisky, 2005, Labor migration, remittances and household income: A comparison between Filipino and Filipina overseas workers, International Migration Review, Vol. 39, pp. 5 – 25.

Sharma, Nandita Rani, 1997, Birds of Prey and Birds of Passage: The Movement of Capital and the Migration of Labor, Labour, Capital and Society, Vol. 30, No. 1, pp. 8 – 38.

Sjaastad, Larry A., 1962, The costs and returns of human migration, Journal of Political Economy, Vol. 70S, No. 5, pp. 80 – 93.

Skeldon, Ronald, 2000, Trends in International Migration in the Asian and Pacific Region, International Social Science Journal, Vol. 52, No. 165, pp. 369 – 382.

Skeldon, Ronald, 2012, Going round in circles: Circular migration, poverty alleviation and marginality, International Migration, Vol. 50, No. 3, pp. 43 – 60.

Stark, Oded., 1984a, Migration decision making: A review article, Journal of Development Economics, Vol. 14.

Stark, Oded., 1984b, Rural-to-urban migration in LDCs: a relative deprivation approach, Economic Development and Cultural Change, Vol. 32, No. 3, pp. 475 – 486.

Stark, Oded., 1991, The Migration of Labor, Cambridge: Basil Blackwell.

Stark, Oded., 2003, Tales of Migration without Wage Differentials: Individual, Family, and Community Contexts, Paper prepared for Conference on

African Migration in Comparative Perspective, Johannesburg, South Africa, 4 – 7 June.

Stark, Oded. & David E. Bloom, 1985, The new economics of labor migration, *American Economic Review*, Vol. 75, No. 2, pp. 173 – 178.

Stark Oded & J. Edward Taylor, 1989, Relative Deprivation and International Migration, *Demography*, Vol. 26, No. 1, pp. 1 – 14.

Stark, Oded & Shlomo Yitzhaki, 1988, Labour migration as a response to relative deprivation, *Journal of Population Economics*, Vol. 1, pp. 57 – 70.

Tacoli, Cecilia, 1996, Migrating "For the Sake of the Family?" Gender, Life Course and Intra-Household Relations among Filipino Migrants in Rome, *Philippine Sociological Review*, Vol. 44, No. 1, pp. 12 – 32.

Taylor, J. Edward., 1986, Differential migration, networks, information and risk, in Oded Stark (ed.), *Migration, Human Capital, And Development*, Greenwich, Conn.: JAI Press, pp. 147 – 171.

Taylor, J. Edward., 1999, The New Economics of Labor Migration and the Role of Remittances in the Migration Process, *International Migration*, Vol. 37, No. 1, pp. 63 – 88.

Todaro, Michael P., 1969, A model of labor migration and urban unemployment in less-developed countries, *The American Economic Review*, Vol. 59, No. 1, pp. 138 – 148.

Todaro, Michael P. & Lydia Maruszko., 1987, Illegal migration and US immigration reform: A conceptual framework, *Population and Development Review*, Vol. 13, No. 1, pp. 101 – 114.

Tolley, George S., 1963, Population Adjustment and Economic Activity: Three Studies, *Papers in Regional Science*, Vol. 11, No. 1, pp. 85 – 97.

Tversky, Amos & Kahneman, Daniel, 1981, The framing of decisions and the psychology of choice, *Science*, Vol. 211, No. 4481, pp. 453 – 458.

Uhlenberg, Peter, 1973, Noneconomic determinants of nonmigration: sociological considerations for migration theory, *Rural Sociology*, Vol. 38, No. 3, pp. 296 – 311.

UN-DESA (United Nations Department of Economic and Social Affairs), 2013, *International migration report 2013*, ST/ESA/SER. A/346. New York:

UN – DESA.

Vadean, Florin P. & Matloob Piracha, 2009, Circular Migration or Permanent Return: What Determines Different Forms of Migration?, *The Institute for the Study of Labor (IZA) Discussion Paper*, No. 4287, pp. 2 – 26.

Wallerstein, Immanuel. , 1974, *The Modern World System, Capitalist Agriculture and the Origins of the European World Economy in the Sixteenth Century*, New York: Academic Press.

Walzer, Michael, 1983, *Spheres of Justice: A Defense of Pluralism and Equality*, Oxford: Basil Blackwell.

Wang, Wenfei Winnie & C. Cindy Fan, 2006, Success or Failure: Selectivity and Reasons of Return Migration in Sichuan and Anhui, China, *Environment and Planning A*, Vol. 38, pp. 939 – 958.

Wellman, Barry & Wortley Scot, 1989, Brothers' keepers: Situating kinship relations in broader networks of social support, *Sociological Perspectives*, Vol. 32, No. 3, pp. 273 – 306.

White, Michael J. , 2015, Introduction: Contemporary Insights on Migration and Population Distribution, in White Michael J. (ed.), *International Handbook of Migration and Population Distribution*, Springer Science + Business Media Dordrecht, pp. 1 – 10.

White, Michael J. & Colin Johnson. , 2015, Perspectives on Migration Theory – Sociology and Political Science, in White Michael J. (ed.), *International Handbook of Migration and Population Distribution*, Springer Science + Business Media Dordrecht, pp. 69 – 89.

White, Michael J. & Lindstrom, David P. , 2005, Internal migration, in D. L. Poston and M. Micklin (eds.), *Handbook of population*, New York: Springer, pp. 311 – 346.

Wickramasekara, Piyasiri, 2011, *Circular migration: A triple win or a dead end? Global Union Research Network*, Geneva: International Labour Office.

Wickramasekara, Piyasiri, 2014, Circular Migration in Asia: Approaches and Practices, in Graziano Battistella (ed.), *Global and Asian Perspectives on International Migration*, Springer International Publishing Switzerland, pp.

51 – 76.

Wong, Lloyd T., 1984, Canada's Guestworkers: Some Comparisons of Temporary Workers in Europe and North America, *The International Migration Review*, Vol. 18, No. 1, pp. 85 – 98.

Wright, Richard & Mark Ellis, 2016, Perspectives on Migration Theory: Geography, in Michael J. White (ed.), *International Handbook of Migration and Population Distribution*, Springer Science + Business Media Dordrecht, pp. 11 – 30.

Xiang, Biao, 2014, The Return of Return: Migration, Asia and Theory, in Graziano Battistella (ed.), *Global and Asian Perspectives on International Migration*, Springer International Publishing Switzerland, pp. 167 – 182.

Zhou, Min & John R. Logan., 1989, Returns on Human Capital in Ethnic Enclaves: New York City's Chinatown, *American Sociological Review*, Vol. 54, pp. 809 – 820.

Zolberg, A., 1999, Matters of state: Theorizing immigration policy, in C. Hirschman, P. Kasinitz, and J. DeWind (eds.), *The handbook of international migration. The American experience*, New York: Russell Sage Foundation, pp. 71 – 93.

后　记

　　三载复三载。本书脱胎于我的博士学位论文，成形于工作后的修改。我对合同移民工人跨国流动的兴趣始于 2013 年。2013 年 6 月我的家人——敬爱的哥哥大学毕业四年后做出一个"勇敢"决定即出国打工，这让我实感震惊。由于种种原因，前后经过近一年时间方办完各种手续到达日本，而 2012 年 6 月、2014 年 12 月、2017 年 1 月，家乡的三位亲戚也先后去日本打工。乡村社会中很多村民出国打工，这使我对合同移民工人的跨国流动产生了极大好奇。他们为什么选择出国打工？何时回国？是否会再次出国打工？他们在国外的日常体验是怎样的？这些体验对他们的流动行为产生了怎样的影响？带着这一系列疑问，我开始了田野调查。2015—2016 年前后累计大半年的田野调研，逐步解答了我的困惑。到了 2020 年 2 月，全国的肺炎疫情还没有完全得到控制，在自我居家隔离的时间里，我完成了本书最后的修订工作，但我深知，此书的付梓出版并不是我研究跨国移民工人的结束，而只是一个起点。

　　在漫漫求学之路中很多人给了我支持与帮助。在此，我要对他们表示诚挚的感谢。

　　感谢导师黎熙元教授，黎老师既在学业上给予我诸多指导，又在生活上给予我极大帮助和关心。虽然她表面看起来比较严肃，但私底下平易近人。在研究选题上，她给予我很大的包容性和独立性；在学术写作中，她更是以专业、严谨的态度对我提出要求。她将我引入学术之门，并使我不断进步，她一直是我的榜样，和她相处虽仅五载，却让我受益终身。

　　感谢中山大学社会学与社会工作系的蔡禾、李若建、丘海雄、刘祖云、王宁、梁玉成、王进、梁宏、王兴周、张永宏、任焰、张和清、万向东等老师的课堂教学，使我知识增长，视野开拓。

感谢"黎门"的师兄师姐、师弟师妹,他们是陈福平、黄晓星、龙海涵、张桂金、王才章、徐盈艳、郑婉卿、胡淼强等。在我学习期间,他们给予我许多帮助与照顾。感谢郑姝霞、钱红丽和王荣欣等博士同学与我探讨论文的相关问题。感谢汪建华、贾文娟、黎相宜等师兄师姐在我学术研究中给予的诸多指导。

感谢蔡禾、刘祖云、李若建、王宁、梁玉成和王进6位教授在博士学位论文开题中提出诸多中肯且宝贵的建议,感谢参加我博士学位论文答辩的刘能、王宁、李煜、朱亚鹏、王进5位教授,他们的意见给我进一步修改提供了很大帮助。

感谢吴毅老师以及"吴门"的师兄师姐和师弟师妹对我的支持与帮助。他们是郭亮、狄金华、吴帆、陈颀、燕红亮、王誉霖、刘杰、周浪、汪洋、张绍游等。我很庆幸能遇到他们,和他们的讨论经常激荡出许多思想的火花,让我十分受益。

感谢作为受访者的移民工人及家人和劳务中介,他们热情的态度和真诚的回应令我非常感动,因为学术研究规范,我不能将他们的真名一一列出,只能在此表达由衷的感谢。

感谢湖北省社科基金一般项目和华中科技大学马克思主义学院对本书的资助。

非常感谢中国社会科学出版社对本书出版工作的支持,特别要感谢责编宋燕鹏先生,感谢他对书稿的认真编审和校对。

最后,本书的出版离不开家人的支持和鼓励。在"扫村式"的实地调查中,父亲利用自身社会网络消解受访者对我身份的质疑,帮我快速进入田野,哥哥作为移民工人一员接受了我的多次访谈,并就许多问题耐心与我探讨,母亲、姐姐、姐夫和嫂子等也在调研过程中给予力所能及的帮助。还要感谢父母含辛茹苦将我养大,他们永远健康快乐是我最大的心愿。

相恋九载,感谢我的先生王勇博士一路的支持与陪伴,他与我同为社会学博士,非常庆幸我们拥有共同的价值理念,感谢他在百忙之中抽出时间,对本书的修改提出宝贵意见。

刘兴花
落笔于上党太行
二〇二〇年二月二十六日